高価格で収益を最大化する実践シナリオ
価格優位戦略

マイケル・V. マーン ＋ エリック・V. ログナー ＋ クレイグ・C. ザワダ 著
山梨広一 ＋ 菅原章 監訳　村井章子 訳

ダイヤモンド社

The Price Advantage
by
Michael V. Marn, Eric V. Roegner, Craig C. Zawada

Copyright © 2004 by McKinsey & Company, Inc.
All rights reserved.
Original English language edition published by John Wiley & Sons, Inc.,
Hoboken, New Jersey.
Japanese translation rights arranged with John Wiley & Sons, Inc.,
Hoboken, New Jersey.

監訳者まえがき

◉──「低価格」至上主義

　日本の多くの業界では、過去10年間に価格破壊が進行し、低価格こそが競争優位の源泉と位置づけられてきた。エブリデイ・ロープライス（EDLP）などに代表される低価格の提供が実現できなければ、競争のゲームにさえ参加できないという状態が続いてきたと言っても過言ではない。

　こうした風潮のなか、日本企業の多くは、「低価格」提供を前提として自社の組織や業務プロセスの構造改革を行うことでコストダウンを図り、利益を出せる体質への変革に取り組んできた。その企業努力は一定の効果があり、一つの戦略であることは間違いないが、別の疑問も湧いてくる。

　そこには、価格自体を巧みに操りそれをテコとして利益を創出するという観点は存在しないのだ。一種の「思考停止」状態である。低価格の実現のみが最大の目的かのように、それに猛進するという事態が続いた。

　しかし、消費者は本当に低価格を唯一無二のニーズとして掲げていたのであろうか。消費者は常に新製品、新サービスに期待している。当然のことながら、価格と同時に製品・サービス自体がもたらす、新しい付加価値にも強いニーズを示してきたはずである。

　過去10年間の価格破壊の趨勢は、どちらかと言えば提供者側に責任があるのではないだろうか。消費者の多様なニーズに十分応えようとせず、ただ価格を下げることだけを繰り返してきた提供者側の姿勢が、稀に見る価格マネジメント不在の時期を創り出したのではないかと思う。

◉──薄いプライシングへの認識

　そもそも日本企業は、欧米企業と比べて、マーケティング自体弱いと言われ

ており、とくにプライシングの重要性への認識が低い。マーケティングの基本的なレバーとして4つのP（Product、Place、Promotion、Price）があるが、このうちPriceに対してはマーケティング担当者でさえマインドシェアが低い。

　プロダクト・マネジャーがつくるマーケティングプランの中で、価格に関するプランニングは後回しにされることが多い。多くのプロダクト・マネジャーの関心は、どのような顧客に対してどのような製品・サービスを提供すべきかにフォーカスされており、その顧客に対してどのくらいの価格で提供しようかという検討は最後の最後につけ足しで行われることもある。ときには検討の時間切れとなる場合さえある。

　また、価格設定に関する検討がなされた形跡がないこともある。市場における過去からの「相場」が適用される。非常に受身の姿勢である。いくら切れ味のよいセグメンテーションを行っても、斬新なメディア・プロモーションを打っても、常に価格だけは現状維持、競合並み、もしくは××％引き下げといった程度の発想でしかない。

　売上げを分解すると数量と価格の掛け算になるが、昨今のマーケティングでは、この2つしかない分解要素のうち、数量を増やすことに偏った取り組みがなされてきたということだ。マーケティングの怠慢と言わざるを得ない。

　我々のコンサルティング経験から言っても、日本では、最近では増えてきたが、数あるマーケティング関連のプロジェクトの中でも、プライシングをテーマとして依頼されることは少ない。プライシングこそ、ファクト分析に基づく検討により大きく改善がもたらされるレバーであるにもかかわらず、まだまだ日本企業の間で理解が浸透されたとは言えない状況のようである。

◉——価格の最適化にむけて

　日本市場における高価格戦略は、一般に「プレミアム価格戦略」と称され、一部の高級品の特殊な戦略として設定されるものが多い。

　本来、高価格戦略とは、単なる高額品向けのプレミアム戦略を指すわけではない。価格帯に関係なく、製品の価値を向上することの見合いによって価格も上昇させる戦略を指す。よって、この戦略に従えば、低い価格帯であっても、

競合より価値が大きな製品であれば、相対的に高い価格を設定することで価値と価格の関係が最適化される。

　日本において、高価格により価値と価格を最適化させた戦略の成功例は、あまり多くはない。そんななかで、スターバックスコーヒーの成功例は大変興味深い。スターバックスが日本市場に参入する以前、テイクアウトコーヒーは、既存プレーヤーによって200円を切る価格で提供されてきた。しかし、スターバックスは、製品の質を徹底的に高めることに加え、店舗の雰囲気や店員のサービスなど、製品以外の価値を向上させることにより高いブランドイメージを構築した。その結果、スターバックスがパッケージングしてトータルで提供する付加価値への対価は、自ずと競合のテイクアウトコーヒーとは異なるものとなる。テイクアウトコーヒーに300円程度の価格をつけても消費者を引きつけ、それを維持できた。競合の約1.5倍の価格設定であるが、消費者は、その価格に適正な価値を見出しているのだ。スターバックスの参入により、競合も同様の店舗フォーマットを雨後の筍のように開発し、いまや、新しい価格帯のテイクアウトコーヒー市場を創出してしまった。

　これは価格破壊に苦しむ日本市場においても、価値のつくり込みを丁寧に行えば、それに見合った高い価格を設定できることを示している。日本の消費者は、やみくもに低価格を求めていたわけではない、という証でもある。それまで、何から何までロープライスでないと売れないと勝手に信じ込んでいたのは提供者側だけであった。企業は、価値に見合った価格を正確に把握し、設定できれば、それだけで追加的に莫大な利益を獲得できる可能性が大いにあるのだ。

　一方、過去継続されてきた低価格戦略であるが、これを否定しているわけではない。うまく実行できれば利益増が望める。これまでは、顧客はとにかく低価格を求めているという前提のもとに、単に「競合より安く」することに没頭してきたことが問題であった。その結果、シェアは取れても利益は減る、という事態は往々にして起きた。いったんこうなってしまうと二度と価格は元に戻せず、最悪の場合、市場からの撤退を余儀なくされてしまう可能性もある。

　価格を下げる際にも、どの程度下げると最適なのか、という論理的な値が存在する。競合が価格をいくらまで下げようが、自社の製品・サービスが持つ本

来的な価値に見合う価格に設定する、ということが重要なのである。こうすることで、低価格戦略であっても、シェアの拡大と利益率の低下の両方を勘案した最終的なパフォーマンスの最適化が可能となる。

●──本書の日本企業に対する意味合い

　本書は、こうした状況にある日本企業において、経営者の皆さんを始め、現場のマネジャーの方々にまでぜひともお読みいただきたい、プライシングの決定版と言える本である。原著者らはマッキンゼー・アンド・カンパニーにおいて、長年にわたって数多くのプライシング戦略のプロジェクトを実際に手がけてきたシニア・コンサルタントである。とりわけ、マイケル・V・マーンは、25年以上におよぶ現場の経験と研究成果からプライシングの世界で知れわたる第一人者であり、マッキンゼーを代表するコンサルタントの1人である。本書は、現場で経験したもの、培われたものがベースとなっており、それらを体系化した方法論は、今日では世界のあらゆる業種の企業に導入されており、いわばスタンダード化した手法と言える。

　本書ではフレームワークを使って説明を加えることで、体系的にプライシングの考え方を解説している。さらに、新製品を発売するときのプライシング、合併・統合後のプライシングなど、いくつかの重要なトピックを切り出して重点的に紹介をしている。また、全編にわたってふんだんに事例を盛り込んでおり、「明日から使える」きわめて実践的な内容と言える。

　これまで、価格戦略と言えば競合との間で価格の低さを競い合うものだとお考えだった日本企業の方々にとって、本書がご提案する価格の最適化の考え方はきわめて新鮮に映ると思われる。また、システマティックに取り組むことによって、それが実現可能なことであることをご理解いただき、今後のマーケティング戦略を実施するうえで活用いただければ幸いである。

2005年4月

監訳者　山梨広一

菅原　章

はじめに

　プライシングについての本を出版する話が持ち上がったとき、我々が最初にしたのは、読者の立場に立って自問することだった——なぜプライシングの本を書くのか。なぜマッキンゼーが書くのか。なぜいまプライシングなのか。まずはこの3つの問いに答えることにしたい。

◉── なぜプライシングの本を書くのか

　プライシングは経営を構成する要素のなかで最も重要度の高いものの一つだが、多くの企業ではそのことがいまだに正しく理解されていない。プライシングの知識を深め活用すれば、業績をさらに改善することができる。プライシングは、企業がコントロールできる利益改善手段のなかで最も強力である。平均価格をごくわずか変えるだけで、営業利益は大きく動く。

　プライシングの分野では、過去数十年の間に理論も知識も大幅に進歩した。業界誌にも学術誌にもプライシングに関する論文や記事がよく掲載される。それらを読むと、プライシングによる利益改善の機会を活かしている企業はごくわずかに過ぎないことがわかる。聡明な経営幹部ですら、ことプライシングに関しては自分たちには手も足も出ないと感じているらしい。プライシングによる業績改善の可能性を活かすどころか、そうした可能性がどこに眠っているかを突き止める方法さえ知らない企業が多いようだ。

　本書では、これまで開発されてきたプライシング理論を逐一解説するつもりはない。本書は、プライシングの改善を目指す——そしておそらくはプライシング理論を現実の利益につなげる難しさを痛感している——企業のための実践的な手引きとして執筆した。プライシングを改善する貴重な機会は会社のどこに眠っているのか——それを知るための論理的かつ体系的なアプローチを本書では提案する。さらに実際のケーススタディも多数採り入れ、そうした機会を

どのように活かせばよいかを説明していく。

● ── なぜマッキンゼーが書くのか

　過去20年の間に、マッキンゼーのコンサルティング業務のなかでも、プライシングは頻繁に扱う課題となってきた。地域を問わず、また特定業種に偏ることもなく、実にさまざまな企業がこの問題を抱えている。そこでクライアント企業への支援を充実させるため、マッキンゼーはプライシングのノウハウ開発に過去5年間だけで2000万ドル以上を投資した。その結果、いまの時代に最も効果的なプライシング・フレームワークを開発し確立できたと自負している。たとえばポケット・プライス・ウォーターフォールやバリュー・マップはマッキンゼーが開発したフレームワークのほんの一例である。

● ── なぜいまプライシングなのか

　我々はプライシングに関して、ここ10年間で20本以上の論文を発表した。その多くは研究の成果として新たに得られた知識に基づくもので、テーマは取引価格のマネジメント、価格戦争、プライシング革新、合併後のプライシングなど、さまざまな方面に及ぶ。このようにプライシングに関して幅広い知識が積み上がり、それらを統合する視点も定まってきたため、一冊の本にまとめるべきではないかと考えるようになった。

　くわえて現在は、価格優位を目指す企業に有利な条件が整ってきている。1990年代前半の頃は、価格優位を目指そうにも実際には手が届かない状況だった。企業組織が変わり、またITが登場して、初めてその成功確率が高まってきたのである。

　我々の経験から推定すると、世界の大企業のうちプライシングを専門に担当する部署を持っていたのは、10年前には全体の3分の1以下だったと思われる。したがってプライシングに規律をもって臨み、専門性を高めようとしても、核となる母体もなければ人材もいないということが多かった。だがいまでは、8割以上の企業がプライシング担当部門を発足させるか、少なくとも計画中である。いまや全社を挙げて価格優位を目指そうとする企業が続々と増えている。

1990年代前半にはまた、全部門を網羅する効率的な情報システム——顧客・取引・市場に関する正確なデータに迅速にアクセスできるシステム——を備えた会社も少なかった。しかし高度なプライシングは知識と情報の勝負であり、価格をめぐる意思決定をサポートする情報システムは必須である。そのうえ当時は、プライシングや意思決定を支援するソフトウェアもほとんど手に入らなかった。エンタープライズ・データ・システムを備えた企業でさえ、価格設定をサポートし結果を出力するソフトウェアは自前で開発せざるを得ない状況で、プログラムを実行するまでに数年はかかることが多かった。

こうした技術面の制約もいまではほとんど存在しない。多くの企業がいまでは全社的な情報システムを整備しており、価格優位の実現に必要なデータは十分に入手可能になっている。また最近は、市販のプライシング・ソフトウェアも豊富に出回っており、プライシングの改善は一段と取り組みやすくなった。

組織編成や技術面のこうした変化にくわえ、経営課題としてもプライシングの優先度が高まっている。今日の企業がまだ活かしきれていない業績改善手段の一つが、プライシングであることは言を俟たない。コスト削減という最も簡単な手段がすでにやり尽くされ、多くの市場で需要の伸びが鈍化している現在、優れたプライシングは今日の企業に残された、数少ない強力な——しかも未開発の——武器と言えるだろう。

プライシングが優先順位の上位に押し上げられ、組織面・技術面のハードルがもはやクリアされたことを考えれば、いまこそプライシングを通じた業績改善に真剣に取り組むべきときである。そしてこのときに実践的な手引書があれば、必ずや役に立つと確信している。

◉——本書の構成

本書は5部構成となっている。第Ⅰ部では価格優位とは何か、この貴重な優位性を追求する価値はどこにあるのかについて説明し、プライシングの改善機会を探り、活用するための総合的なフレームワークを紹介する。プライス・マネジメントを3つのレベルに分けて扱うこのフレームワークは、本書で扱うさまざまな要素に共通するプライシングの基本であり、ほぼあらゆる事業に適用

することができる。第Ⅱ部ではプライス・マネジメントの各レベルについて詳しく論じる。

　第Ⅲ・Ⅳ部では、企業が遭遇しうる特殊な状況でのプライシングを取り上げる。こうした状況について知識を深めることによって、プライシングを改善する余地が一段と広がるはずだ。第Ⅴ部はプライシング改革の促進要因、阻害要因について論じる。ここでは詳しいケーススタディも分析し、最終結論を下す。

　本書では、プライシングの概念、フレームワーク、実態を紹介するために多数のケーススタディを取り上げるが、登場する企業名はすべて仮名を使っている。その多くはマッキンゼーのクライアント企業であり、機密情報や戦略を保護するために細心の注意を払った。ただし、調査・分析によって突き止めたプライシング改善機会の内容や位置づけはすべて実態に即しており、達成できた改善も現実のものである。

　なおとくに断らない限り、簡潔にするため、本書中では企業が顧客に提供する製品、サービス、サポートをすべて「商品」と呼ぶことにする。

●──謝辞

　書いては書き直し、案を練り、編集し、やり直す……といったことに１年以上を費やしていると、この作業に辛抱強くつき合ってくれた人の数は相当なものになった。本書を執筆中に我々を励まし共に悩み支えてくれた、たくさんの人を可能な限りここで紹介し、感謝の意を表したい。

　本書は、プライシングに関する25年以上の経験に基づいて書かれたものである。この経験は、マッキンゼーの大勢のコンサルタントが何百もの案件から得た貴重な宝物である。プライシングの革新に我々を関与させてくれた企業の方々、そして貴重な知識をもたらしてくれたコンサルタントの面々に、まずは心から感謝する。

　続いてはプライシングの生みの親たち、つまりこの課題に潜む可能性を初めて認識したケント・B. モンロー、トム・ナゲル、ダン・ナイマー、アーレイ・ウォーカーに感謝したい。また、マッキンゼーでプライシングの規律について研究したデービッド・コート、ロブ・ロゼーロにも感謝する。彼らは本書

の依って立つ基盤を築いてくれた先駆者であり、いまなおその進歩に貢献している。

さて、プライシングに関する研究を一冊の本にまとめようと決意したとき、長期にわたる執筆作業の苦労を共にしてくれた２人も忘れてはならない。チェリ・アインクは忍耐強いプロジェクト・マネジャー役を引き受けてくれ、スケジュール調整・管理だけでなく、本書の内容に関しても聡明な相談相手となってくれた。ひるむ我々の背中を押し、読者が望むことを書くよう激励してくれたのは彼女である。そしてロジャー・マローンは信頼できる編集者として、完成までのすべてのプロセスを取り仕切ってくれた。冒頭から結末まで編集者として助言してくれただけでなく、我々を叱咤激励し、マッキンゼーとして最高のものを引き出して読者に届けられるよう奮闘してくれたのはロジャーである。２人のサポートには心から感謝する。

さらに本書で取り上げたテーマに貢献してくれた８人も忘れるわけにはいかない。ジョン・アベル（合併後のプライシング）、スコット・アンドレとロバート・マッスルワイト（業界レベルのプライス・マネジメント）、ウォルター・ベイカー（バリュー・マップ）、ダニエル・G．ドスター（ソリューションのプライシング）、ディーター・キーウェル（ITの活用）、ジョン・ヴォイジー（価格戦争）、そしてフィーボーン・アンド・ピーターズ法律事務所（シカゴ）の反トラスト法・通商規則グループ長のジーン・ゼレク（法律問題：翻訳書では割愛）に、ありがとうと言いたい。また、これらの分野で協力してくれたケビン・ブライト、ヒュー・コートニー、デービッド・ドブリン、クリスティーヌ・ケリー、アンディ・キンシュロー、マイク・シャーマン、フィリップ・スタッブ、そしてベイカー・アンド・マッケンジー法律事務所（ロンドン）のグローバル反トラスト法グループのリーダー、リンダ・マーティン・アレジにも感謝する。

マッキンゼー・クォータリーの編集担当者、とくにダン・ベルグ、スチュアート・フラック、アラン・ゴールドにも編集に協力してもらった。出版元ジョン・ワイリー・アンド・サンズのビル・ファルーンのチームにも、快く協力してくれたことに感謝する。読者もご承知のとおり、これほど大規模な出版プロジェクトになると、細かい点に配慮してくれる専門家の力を借りないと到底う

まく進行させることはできない。とくにメアリー・ターチョンには心から礼を言いたい。会議の手配から原稿の印刷、さらには事務的な仕事まで献身的に尽くしてくれた。研究助手のダニカ・リード、図表の作成に協力してくれたジャネット・クリフォードとメアリー・アン・ブレジにも、心からのありがとうを。

　ここに紹介した全員に、そして長いこと我々を支えてくれたすべての人に心からの謝辞を捧げる。感謝と敬意の念は、我々のつたない言葉では到底言い尽くせない。

価格優位戦略 目次

監訳者まえがき

はじめに
なぜプライシングの本を書くのか
なぜマッキンゼーが書くのか
なぜいまプライシングなのか
本書の構成
謝辞

第Ⅰ部 プライシングとは

第1章 価格優位はなぜ重要か……3
1%の威力
価格と売上数量のトレードオフ
価格に働く市場の圧力
価格それ自体の価値
価格優位を実現した企業はなぜ少ないか

第2章 プライス・マネジメント……15
3つの視点を統合するアプローチ
3つのレベルは相互に関連する
機会を見きわめる

第II部 プライス・マネジメントの3つのレベル

第3章 取引レベル……27
- ポケット・プライス
- ポケット・プライス・ウォーターフォール
- ポケット・プライス・バンド
- ケーススタディ：カーステレオ・メーカー、サウンドコ社
- ポケット・マージン・ウォーターフォール

第4章 製品・市場レベル……51
- バリュー・マップ
  - COLUMN　3種類の便益
  - COLUMN　価格弾力性
- ダイナミック・バリュー・マップ
  - COLUMN　競合の反応を読む
- バリュー・マップ上の顧客分布
- バリュー・プロファイリング

第5章 業界レベル……89
- 価格予測の精度を上げる
- プライス・リーダーシップ
- プライス・リーダーシップに影響を与える要素

第III部 プライシングの応用

第6章 新商品のプライシング……111
新商品には新しいアプローチを
> **COLUMN** 新商品投入時の位置づけ

新製品のプライシングに検討すべき6項目
> **COLUMN** 共食い（カニバリゼーション）
> **COLUMN** 浸透価格戦略

第7章 ソリューションのプライシング……133
ソリューションとは
サプライヤーと顧客の関係
偽のソリューション・プロバイダー
サプライヤー別のプライシング戦略

第IV部 特殊なプライシング

第8章 合併後のプライシング……153
合併が開く「機会の窓」
3つのレベルに潜む機会
合併後に陥りやすい罠
反トラスト法

第9章 価格戦争……173
価格戦争はなぜ回避すべきか
価格戦争はなぜ起きるか
価格戦争を賢く防ぐ
価格戦争から逃れる
価格戦争に意味があるとき

第V部 価格優位を目指して

第10章 ITの活用 ……………………………… 193
ITがプライシングに果たす役割
プライシング・ツール
自社にふさわしいソリューションを選択する

第11章 プライシング・アーキテクチャ ……………… 213
顧客認知のマネジメント
顧客の行動に影響を与える
パッケージ販売で顧客認知や行動に影響を与える
COLUMN パッケージ商品のプライシング

第12章 プライシング変革4つの柱 ……………… 229
理解の徹底
組織・仕組みの整備
人材・能力開発
ロールモデルの構築
変革が失敗する原因

第13章 マナーク・バッテリーの事例 ……………… 247
マナーク・バッテリー
取引レベル
製品・市場レベル
COLUMN マナーク製バッテリーの離散型選択調査
業界レベル
利益改善の機会を探る
プライシング変革を根づかせる

おわりに **267**
索引 **269**

Pricing Fundamentals

第 I 部

プライシングとは

第1章 価格優位はなぜ重要か

Introduction

　あなたの会社が誇れる競争優位は何だろう。どんな点で他社より優れていると言えるだろうか。あるいは何で競合に優る業績を上げ、株主に高い価値を提供しているのだろう。コスト優位、つまり他社より安く資材を調達し、他社より効率的に生産しているのか。それとも流通や販売を得意としていて、有力な卸売・小売業者と取引しているのだろうか。あるいはまた高い技術力があり、イノベーションに定評があるのか。それとも強力なブランドを抱えているのか。あるいは資本構成が有利だったり、サービスのクオリティが高いのだろうか。

　企業はさまざまな優位性を追い求める。だが、どんな企業も必ず手にできるはずなのに、ごくわずかの企業しか狙おうとせず、しかもあまり成功していない競争優位が一つある。それが、**価格優位**だ。

　モノやサービスに値段をつけることは、事業を経営するときの基本中の基本である。値段をつけずに何かを売ることはできない。売り物になるあらゆる商品、あらゆるサービスには、太古の昔から値段がつけられていた。プライシングすなわち価格設定は、どんな企業でもしなければならない最も重要な決定であり、しかも利益と最も深く結びついた作業である。だが残念ながら、上手に値段をつけている企業はほとんどない。そこにはいろいろな原因があるのだが、理由はともあれ組織の重要な能力として、全社的な価格優位を挙げられる企業は希少な存在である。つまり傑出した競争優位としてプライシング手法を確立できた企業はほとんどない。

本書では、優れたプライシングが株主価値を大きく高めることを踏まえたうえで、価格優位を確立し維持するための方法論を詳しく検討する。だがまずは、プライシングという武器を正しく使いこなすことがなぜ大切なのか、ほとんどの企業がそれに気づいていないのはなぜなのかを見てみよう。

1％の威力

適切なプライシングはなぜ重要か。理由は簡単だ。利益を最も手っ取り早く、効率的に増やす方法だからである。適切に価格を設定すれば、売上数量を増やすよりも早く増益を実現できる。反対に価格設定が不適切だとあっと言う間に利益は減ってしまう。図1-1に示すように、プライシングには劇的な効果がある。このグラフはグローバル1200企業（全世界の公開企業上位1200社）の損益計算書の平均値で計算したものだが、価格を適切に設定すればすぐに利益に結びつくことがわかる。

価格を100としたとき、固定費（間接費や土地・建物の家賃、減価償却費など生産量の変動に左右されない費用）は平均して24.5％を占める。変動費（人件費、原料費など生産量の変動に伴って変化する費用）は66.4％。残りの9.1％が営業利益である。

グローバル1200企業のこの平均的な数字を使って、価格を1％アップしたらどうなるかを調べてみよう。生産量が変わらない場合、価格が101になっても、固定費はその性質上変化しない。また生産量が同じなのだから、変動費も変わらない。だが売上高利益率は9.1％から10.1％へ1ポイント上がったことによって、結果として営業利益は、11％も上昇する。

これが何を意味するかは明らかだ。ごく小幅な価格引き上げで、営業利益は大幅に増加するということである。もしプライシングで優位に立とうとするなら、小さな違いの意味について考えを改めなければならない。平均価格を0.5％、いや0.25％上げるだけでも営業利益の大幅増につながるきわめて重要な戦略となりうるし、1％か2％の値上げができるとなれば、目覚ましい増益

第1章　価格優位はなぜ重要か

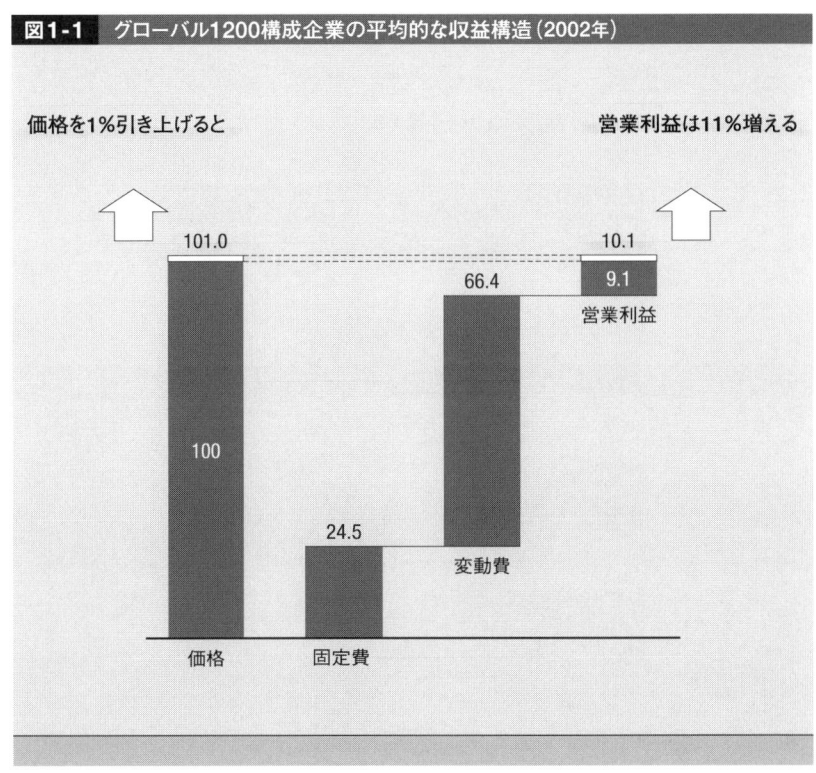

図1-1　グローバル1200構成企業の平均的な収益構造（2002年）

が期待できる。おそらく多くの企業が値上げと言われて考えるのは3％程度であろうが、そうなればグローバル1200企業の例で言うと、営業利益は30％以上跳ね上がるのだ。

　企業が利益を拡大する手段はたくさんあるが、プライシングはそのなかで飛び抜けて強力な手段である。グローバル1200企業を例にとり、他の手段を1％改善したときに営業利益にどのような影響が出るか比べてみよう（図1-2参照）。

　たとえば変動費を1％切り詰めると、営業利益は7.3％増える。価格ほどではないにせよ、それなりに大きな数字だ。だがここ数年、資材調達の合理化やサプライチェーン・マネジメントの導入、労働生産性の改善などを通じて、企業は熱心に変動費を圧縮してきた。これ以上の切り詰めは次第に難しくなって

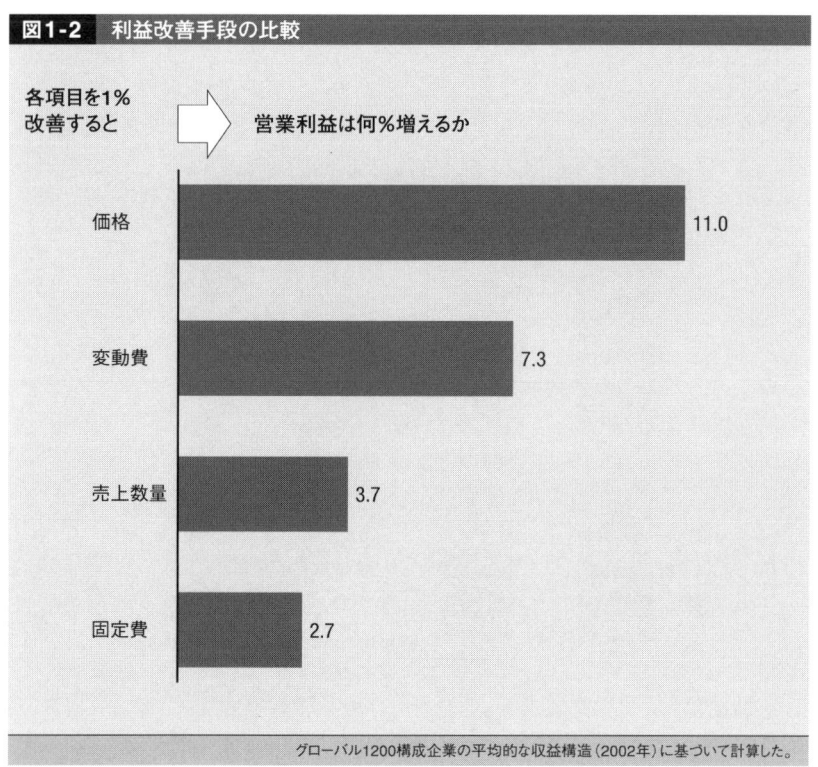

図1-2　利益改善手段の比較

各項目を1％改善すると　→　営業利益は何％増えるか

- 価格　11.0
- 変動費　7.3
- 売上数量　3.7
- 固定費　2.7

グローバル1200構成企業の平均的な収益構造（2002年）に基づいて計算した。

きている。

　固定費を切り詰めた場合の効果はもっと小さい。固定費を1％減らしても、営業利益は2.7％しか増えない。しかも企業は1990年代にコスト削減に取り組んだ際、固定費も必死に刈り込んでいる。したがって変動費同様、一段の切り詰めは現実的でない状況だ。

　それでは売上数量が変わると、利益はどう変化するだろうか。驚くべきことに、売上数量が1％増えても、単価が同じなら営業利益は3.7％しか増えない。つまり価格を1％引き上げた場合の3分の1である。ところがマーケティングや営業部門が血眼になるのは、拡販なのだ——拡販による利益押し上げ効果は、値上げにははるかに及ばないにもかかわらず。

とは言え、プライシングという強力な武器は両刃の剣でもある。1％か2％引き上げるだけで利益に即、効果をもたらす手段はほかにはないが、それは裏返せば、1％か2％引き下げるだけで利益は激減するということだ。たとえばグローバル1200企業と同規模の企業では、平均価格を1ポイント下げるだけで、営業利益は11％の大幅減となる。

価格と売上数量のトレードオフ

　そうなると、価格・数量・利益のどれが並び立つのか——昔ながらのトレードオフに直面せざるを得ない。だが本当に価格を引き下げたら、その分の利益を取り戻してあまりある売上げ増を実現できるのだろうか。図1-3には、両者のトレードオフがどのように成り立つか——正確に言えば、成り立たないか——を示した。ある企業が平均価格を5％引き下げる場合、売上数量をどの程度増やせば失われた営業利益を挽回できるのだろうか。

　グローバル1200企業の平均と同程度の規模を持つ企業の場合、価格を5％引き下げたら、値下げ前と同じ営業利益を確保するだけでも、売上数量を17.5％伸ばす必要がある。これはまったく現実的ではない。5％の値下げに対して17.5％の売上げ増を実現するには、価格弾力性が−3.5でなければならない。つまり価格を1％引き下げるたびに売上数量を3.5％増やす必要がある。だが経験から言うと、現実の市場での価格弾力性は、最高でも−1.7か−1.8といったところだ。稀に、衝動買いの多い消費財などで、−2.5程度まで上昇することはある。しかし現実の世界では、−3.5という途方もない価格弾力性は滅多に見られない。したがって、値下げをして売上数量を増やし利益を増やすという計算は、基本的に成り立たないと考えるほうがよい。自社事業について価格・売上数量・利益の関係をしっかり把握してから、このような試算をやってみていただきたい。

　以上のように、プライシングを重視すべき第1の理由は、価格のごくわずかな変化にも利益が大きく左右されるからである。価格はたとえ1％であっても

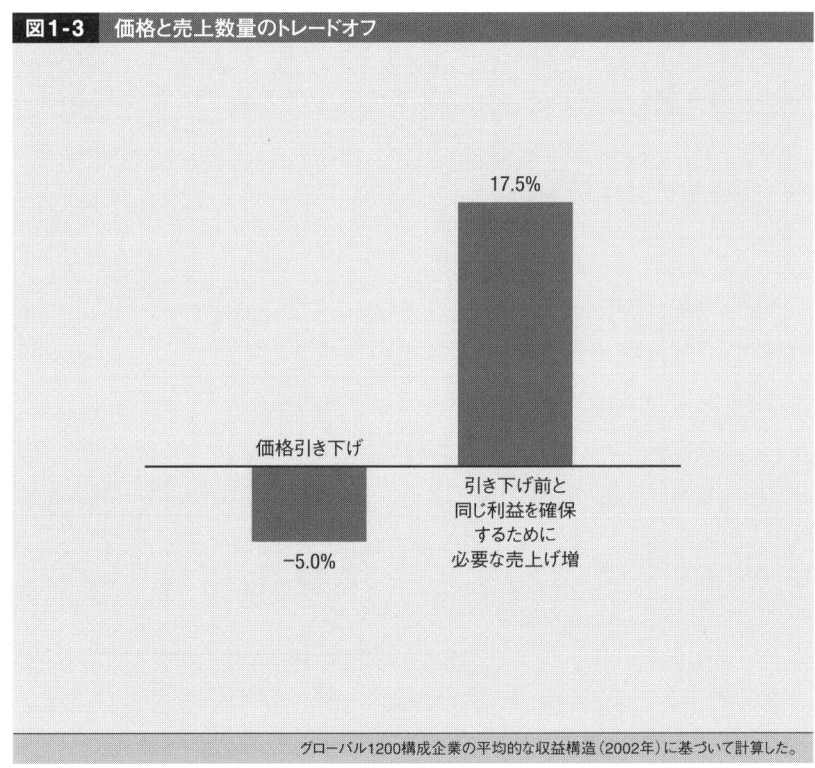

図1-3 価格と売上数量のトレードオフ

グローバル1200構成企業の平均的な収益構造(2002年)に基づいて計算した。

利益の貴重な源泉であり、しっかり維持し、滅多なことでは引き下げるべきではない。しかし残念ながら、販売奨励金などで尻を叩かれる営業部隊は、契約を取りたい一心で割引やら優待やら特例などを提供し、一度に5%もの値下げを簡単に約束してしまう。一方、優れたプライシング手法を開発し価格優位を武器にする企業は、大切な利益の源泉を簡単に手放すようなことはしない。

価格に働く市場の圧力

　プライシングを重視すべき2番目の理由は、市場で働く価格押し下げ圧力の

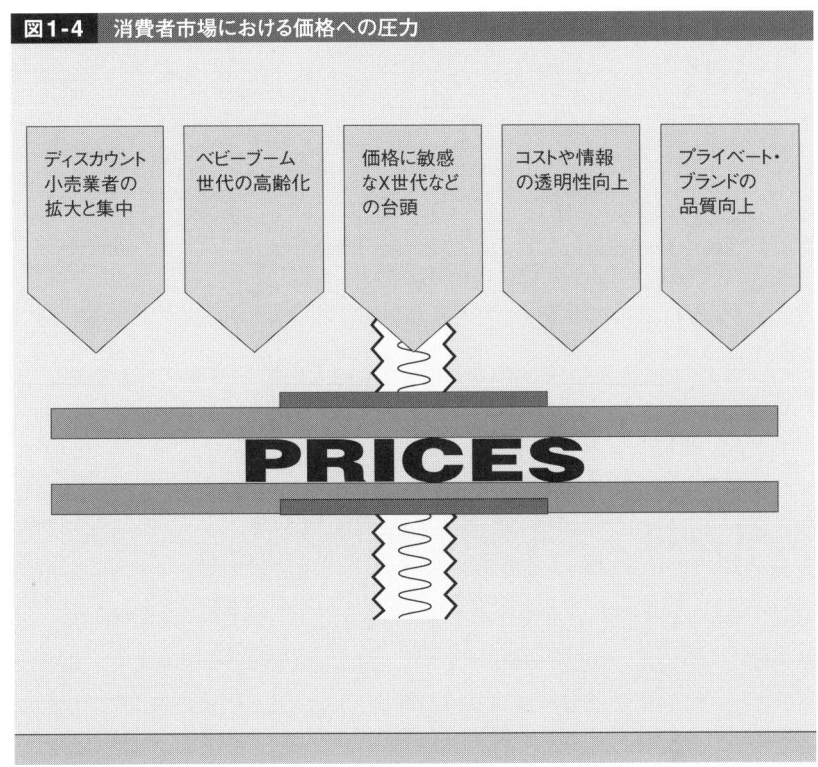

図1-4 消費者市場における価格への圧力

・ディスカウント小売業者の拡大と集中
・ベビーブーム世代の高齢化
・価格に敏感なX世代などの台頭
・コストや情報の透明性向上
・プライベート・ブランドの品質向上

PRICES

存在である。ほとんどの企業は、たとえ社内事情に何の変化がなくても、絶え間なく価格押し下げ圧力にさらされている。モノやサービスを売る相手が個人であれ法人であれ、この点は変わらない。手をこまぬいていると、外部から働くこうした力で価格を押し下げられ、いつの間にか利益を削り取られてしまう。

図1-4に示すとおり、事業環境の根本的変化と人口構造の変化が重なって、消費者市場では価格が圧迫される傾向にある。ウォルマート、ホームデポ、コストコといったディスカウント小売チェーンが市場を席巻し、小売業界では集中化が進行中だ。彼ら大手は規模にものを言わせてサプライヤーから値下げを引き出す。また、インターネットが発達したほか、ディスカウント大手が大々的に価格広告を打つこともあり、消費者は商品の価格を容易に比べられるよう

になった。一方でプライベート・ブランドの商品が小売企業のブランド名で売られるようになり、その品質も全般的に嵩上げされている。これも、多くの製品カテゴリーの在来ブランドに価格押し下げ圧力として働く。

　世代交代も消費者市場に影響を及ぼす。1990年代を通じて個人消費を牽引してきたベビーブーム世代は、ここにきて財布の紐を締め始めた。子どもたちに教育費がかかるうえ、年老いた両親の世話もあるし、自分自身の退職にも備えなければならない。おまけに住宅ローンなども背負っている。そしてベビーブーム以降の世代は、ディスカウント店に囲まれて育っただけに、価格にはひどくシビアである。

　企業相手にモノやサービスを売るＢ２Ｂ企業も、**図1-5**に示すとおり、市場環境の変化に伴う価格押し下げ圧力を受けている。買い手企業は強気になり、サプライヤーから最後の１セントまで絞り出させる技に長けてきた。1990年代に推進された効率改善プログラムの結果、多くの市場で生産能力が過剰になったうえ、買い手側がサプライヤーの絞り込みを始めたため、大量注文を少数のサプライヤーが奪い合うようになっている。こうして買い手の立場が強くなり交渉力を持つようになった。またコストの透明性が高まったことも、価格押し下げ圧力につながっている。有力な買い手企業は製品価格の内訳を詳しく知りたがり、材料費、直接人件費、経費の明細まで開示させるのが当たり前になった。このようにサプライヤーのコストの透明性が高まると、買い手はそれを材料に価格交渉を有利に進められる。

　しかも受けて立つサプライヤーの側は、コストの大幅削減に努力したおかげで、以前よりも贅肉を落とし競争力をつけてきた。したがって、契約を勝ち取るために価格面で激しい競争を繰り広げることにも自信を深めている。またグローバル企業は最安値を求めて世界の果てからでも製品を調達するようになり、世界中どこでも統一価格の適用を要求するようになった。そのうえ、消費者向け小売業と同じくＢ２Ｂ企業も集中化が進み、サプライヤーに対して一段と力をつけてきている。

　以上のように、企業——個人向け・法人向けを問わず——に働く価格押し下げ圧力は勢いを増しており、近い将来にこれが弱まる可能性は低い。したがっ

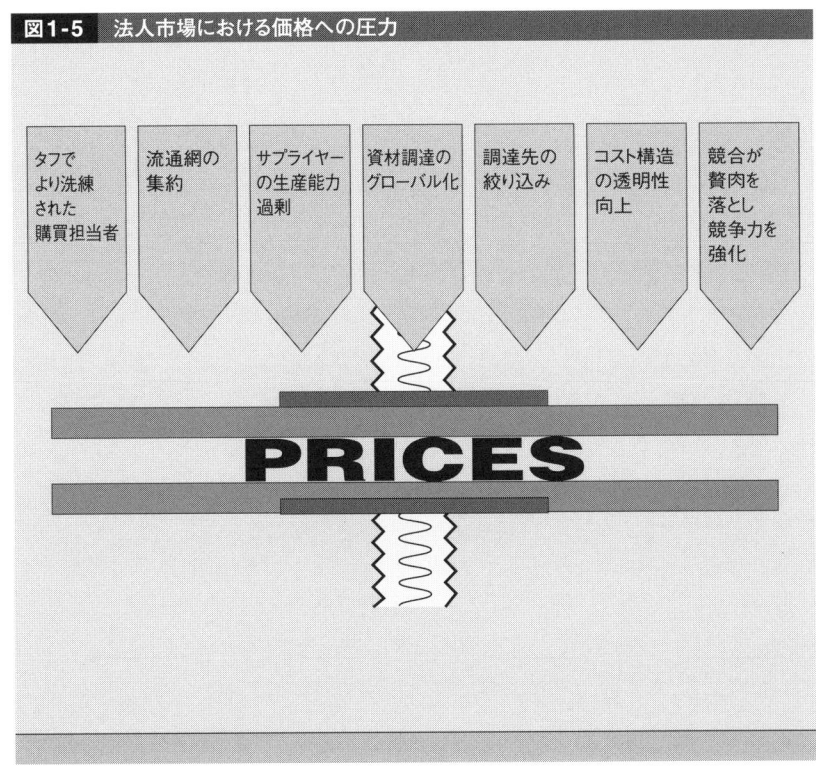

図1-5　法人市場における価格への圧力

てプライシングを無視する企業はもちろん、不利な条件を撥ね返すべく積極的に価格戦略に取り組み価格優位を確立しようとしない企業は、さまざまな押し下げ圧力に負けてずるずると価格が下がるのを茫然と見守ることになるだろう。

価格それ自体の価値

　プライシングが重要である最後の理由は、利益構造や市場の圧力といったものとは別に、それが企業の精神や誇りに関わるからである。適切に設定された価格には、それ自体に侵しがたい重みがあるということだ。したがって価格を

決める責任者は、価格に対して常に神聖な気持ちで臨まなければならない。競合を上回るモノやサービスに対しては、市場で正しく評価され適正な対価で報われるよう価格を設定しなければならないのである。それこそが、優れたモノやサービスに対する真の報奨にほかならない。

　価格優位とは、顧客をだまして余計な金を払わせることでもなければ、巧妙に立ち回って不当な利益を手にすることでもない。そういったこととはまったく逆に、本来の価格優位とは、企業が大いに誇るべきものである。顧客が売り手に対して与えうる最大の称賛は、その会社のモノやサービスに対し、承知のうえでほかのものより多く支払うことにほかならない。それは、顧客に「おたくの値段は高い。だがそれだけの価値がある。よそから買うよりおたくから買いたいから、高くても払う」と言ってもらえることだ。適切なプライシングを行わない企業は、高い価格によって報われるべき優位性を失い、その結果として、競争優位を維持するだけの意欲や能力をも失うことになる。

価格優位を実現した企業はなぜ少ないか

　ここまでで、価格優位を追求すべき理由は納得していただけたことと思う。それでは、価格優位と呼ぶに足るほどのプライシング手法や能力を身につけた企業がほとんど存在しないのはなぜだろうか。1990年代には当たり前だった2桁台の増益は、そのほとんどがプライシングのおかげではないかとおおかたの人は思うかもしれない。だが実際には、大幅増益の大半はコスト削減と需要増によるものである。当時の増益にはプライシングはほとんど貢献しておらず、せっかくの武器は眠ったままだった。

　プライシングに伴う機会を企業が活かしきれないのはなぜか。また、プライシングを通じて優位性を確保できた企業が少ないのはどうしてだろうか。その理由を以下に掲げる。

■これまでの右肩上がりの経済は、需要拡大とコスト削減によって実現した。

このため多くの企業は、高度なプライシング・スキルを開発し、利益の源泉としてプライシングを活用する必要を感じていない。
■企業の多くは、プライシングを主体的に管理できるとは思っていない。価格とは、市場、顧客、理性に反した行動をとる競合によって決まるものと考えている。
■リアルタイムで価格設定の決定を下そうにも、裏づけとなるデータが入手できないか、入手できても古すぎて役に立たない。
■価格の差別化など価格操作に類する行為は違法であると誤解されている。そのため、価格設定の自由度を自主的に制限しているケースが多い。
■プライシングのミスや失敗を探知できない企業が多い。たとえば遠く離れた子会社の営業マンが価格を5％下げすぎても、本社がそれに気づく可能性はきわめて低い。
■現場で価格を決める責任者は、値引せずに粘るべき理由を説明されておらず、そうする動機も与えられていない。
■経営幹部は滅多にプライシングに関与しない。

　次章以降で明らかにしていくが、このようにプライシングの阻害要因は数多い。しかし努力によって克服することは決して不可能ではない。価格設定のスキル開発は生易しいことではなく、価格優位を創出するのは至難の業と言える。それでも見返りの大きさを考えれば、努力するだけの価値はある。

POINT

　価格優位は努力して手に入れる価値のある競争優位であり、しかもどんな企業でも達成可能なものだ。それなのに、この点に気づいている企業はきわめて少ない。なぜ手に入れる価値があるかと言えば、第1に、価格はきわめて効率のよい利益改善の手段だからである。価格のごくわずかな変動で、利益は大きく動く。本章で見てきたように、価格を1％引き上げるだけで利益は11％増える。逆に価格を1％引き下げるだけで利益は11％減ってしまう。

値下げをすればある程度売上数量は伸びるかもしれないが、値下げに伴う減益分を埋め合わせ、かつ利益を上乗せできるほどに売上数量が増えるケースは滅多にない。

　価格優位が重要な第2の理由は、市場で働く圧力の存在である。消費者向け・企業向けいずれの市場でも、業界全体にわたって価格水準を絶えず下げる圧力が働いており、しかもこれは一向に衰える兆しがない。こうした状況にもかかわらずプライシングに本気で取り組まないでいるのは、毎年数％の価格下落を黙認し、ひいては営業利益が大幅に失われるがままに放置することに等しい。そして第3の理由は、価格優位は企業の誇りの源泉となりうるからである。適切なプライシングが維持されている企業の社員は、こう思うことができる——がんばってよいモノやサービスを市場に投入すれば、必ず対価としての評価が得られるのだ、と。

第2章 プライス・マネジメント

The Three Levels of Price Management

　価格優位の追求は、利益を増やすためにせよ、それ以外の理由にせよ、きわめて重要であることを第1章で示した。だが一言でプライシングと言っても途方もなく間口が広く、どこから手をつけるかを決めることすら難しい。

　プライシングは単独に切り離せる課題ではなく、事業のさまざまな側面と分かちがたく結びついている。価格に関して何らかの決定を下すのは単なる戦術のように思えるが、実際には戦略に絡んでくることが多い。他の製品の価格はもちろん、顧客や競合にも影響は波及する。プライシングがいかに幅広く多様な性質を持つかを示すエピソードとして、価格設定の失敗例を3つ紹介しよう。

■特殊ワイヤー業界では、ある大手の1社がヨーロッパの大規模プラントを閉鎖したため、業界全体で品不足が起きた。しかしこれを見落としたあるメーカーは、価格を10％引き上げる絶好のチャンスを取り逃がしてしまった。
■ある家電メーカーが、きわめて斬新なCDプレーヤーを発表した。だが消費者がこの新製品の特徴やデザインを高く評価していることを把握できず、価格をごく低い水準に設定してしまった。
■ある自動車部品メーカーは、ごく小口の顧客に対し、大口顧客より安い価格で部品を納入している事実に長らく気づかずにいた。現金割引やリベートなど、伝票外の値引が野放図に行われていたためである。

これらの例はプライシングの難しさを端的に示している。だが根本的な問題は、まったく違うところにある。プライシングに取り組むときに最も難しい課題の一つは、その守備範囲を明確に定義しなければならないという点だ。「価格（price）」という言葉で思い浮かべるイメージは、人によって異なる。受けた教育や職種などによって、着眼点も違えば考え方もさまざまである。

　たとえばエコノミストが連想するのは、需要・供給曲線や物価指数だ。彼らは業界全体の価格水準を問題にし、市場価格の動向をマクロ的に予想する。エコノミストが一番関心を持つのは、業界全体に影響を及ぼす要因を見逃したワイヤー・メーカーの事例だろう。

　一方、マーケティング担当者はまったく違う観点から価格をとらえる。彼らにとって、値決めで一番重要なのは顧客の見方や出方なのだ。つまり、自社の製品やサービスと競合のそれとを見比べたうえで顧客がどう判断するか、ということである。こちらのほうが優れているなら、それにふさわしく、競合よりどれだけ高めの価格に設定するかが重要になってくる。逆に劣っているときは、優位に立つ競合に対抗するために値引が必要なのか、あるいは売り方を工夫して価格を下げずに済ますか、頭を悩ませなければならない。マーケティング担当者なら、市場の反応を見落とした家電メーカーの事例にきっと興味を示すはずだ。

　さらに営業担当者も、価格に対してエコノミストやマーケティング担当者とは違う認識を持っている。彼らはミクロの観点から市場でのポジショニングを重視する。彼らの最大関心事は、個別の取引でいかにして価格支配力を手にするかということだ。つまり1件ごとに契約価格を交渉し、割引、値引、支払い条件、その他もろもろの条件を取り決めるときの力関係が問題になってくる。おそらく営業担当者は、個別の取引価格で失敗した部品メーカーの事例を見て身につまされるに違いない。

　さてそうなると、プライシングの問題を正しく認識しているのはだれだろうか。需給関係で決まる業界全体の価格水準に注目するエコノミストか。競合との比較で適正価格を追求するマーケティング担当者か。それとも、顧客ごとの個別の取引価格に専念する営業担当者なのだろうか。

3つの視点を統合するアプローチ

　一見すると、エコノミスト、マーケティング担当者、営業担当者は共通点のない問題にばらばらに取り組んでいるように見える。3者の間には何の関係もないのだろうか。そんなことはない。どの視点も、プライシングという間口の広い問題の一部なのだ。プライシングに長けた企業は、3つの視点それぞれに目配りし、プライシングの問題点・機会・リスクに対処する。**プライス・マネジメントの3つのレベル**（図2-1）を理解することは、この問題に対処する第1のステップと言える。

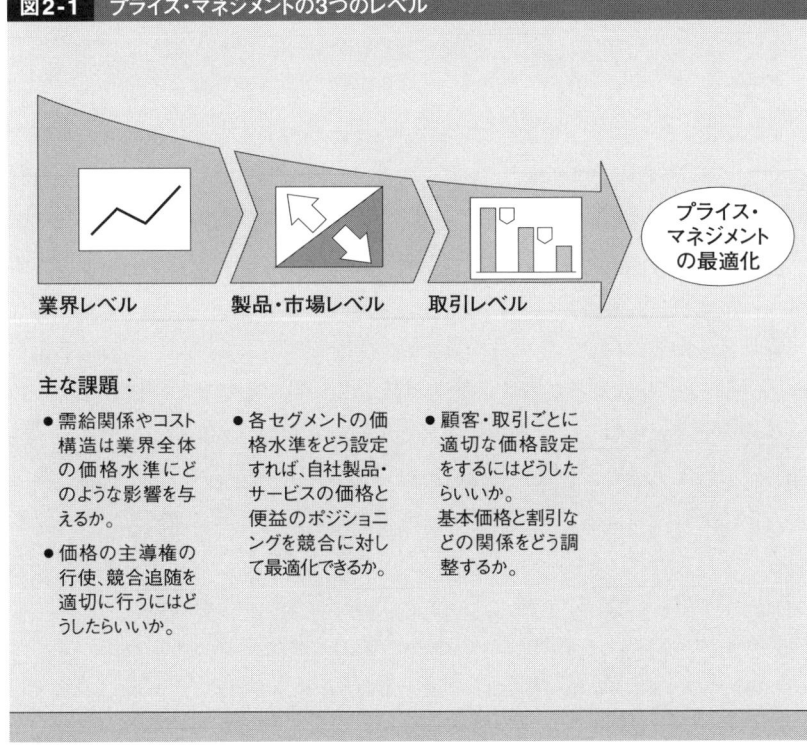

図2-1　プライス・マネジメントの3つのレベル

第3章以降ではそれぞれのレベルについて詳しく論じるが、ここではまず、全体像を俯瞰して見ることにしよう。

●──業界レベル

プライス・マネジメントの第1レベルは、業界全体の価格水準を考えることである。ここでは、無数の要因──供給、需要、コスト、規制、技術の進歩、競合の行動など──が価格水準に与える影響に注目しなければならない。このレベルのプライス・マネジメントを得意とする企業は、業界動向やその主要因について競合よりもよく理解している。こうした企業はさまざまな調査・研究などに予算を割いて深い知識を得、業界の価格水準が短期的・長期的にどの方向に向かうかを把握する。現在の供給量はどの程度か、それを変化させる要因は何か。需要はどの程度で、それを変化させる市場要因には何があるか。こうした点について事実に基づく知識を身につけているのが、第1レベルに優れた企業である。

業界戦略に長ずるためには、自社の価格構造や行動が市場価格に及ぼす影響について十分理解していることはもちろん、競合についてもよく知っていなければならない。他社の能力、コスト構造、設備投資、研究開発予算、将来の狙いなどは、業界の全体像を把握するために欠かせないデータだ。さらに、新規参入の可能性なども考慮に入れる必要がある。

これらの知識を総合して業界の価格動向を予測できる企業は、もはや市場の「見えざる手」には翻弄されず、先を見越して行動することが可能になる。豊富な知識や深い理解を生かして先手を打つのはこうした企業だ。たとえば市場価格の上昇を見越して長期固定価格を打ち切る戦術を採る、などである。第1レベルに優れた企業は、究極的には、業界全体に健全な価格設定を促すべく影響力を与える方法をマスターするはずだ。どのタイミングで値上げをすべきか（あるいは競合に追随すべきか）、すべきでないかを彼らは理解する。

プライス・マネジメントのこのレベルにもっと注意を払っていれば、ワイヤー・メーカーは業界の品不足に早い段階で気づいていたはずだ。そして素早く価格を引き上げていただろう。業界戦略をないがしろにしたせいで、同社は1

年間で価格の３％相当を取り逃がし、営業利益36％の向上機会を失った。

●──製品・市場レベル

　プライス・マネジメントの第２のレベルでは、価格を競合に対して適切に位置づけることを考える。すなわち、売り込みをかける市場セグメントのなかで自社を最適のポジショニングに導く価格水準はどの程度か、顧客の目から見た価格と便益のバランスを考慮して決めなければならない。このレベルで価格に関して起こす行動は、市場、すなわち顧客と競合の両方にあからさまになる。たとえば定価、基本料金、希望小売価格といったものははっきり公にされるので、自社の商品の価値を競合と比較してどう考えているのか、明確なメッセージを市場に発信することになる。このレベルでのキーワードは**顧客認知**だ。自社の製品・サービスのよさを、他社と比較して顧客がどう受け止めているのか、それがわからなければ定価も基本料金も当てずっぽうに決めざるを得ない。定価を競合よりどの程度上乗せしていいものか、あるいは値引を提供しなければならないのかもわからないだろう。ありがたいことに、顧客の認識を測定・評価する調査手法はたくさんある。これについては後述することにしたい。

　第２レベルに優れた企業は、製品・サービスとその価格に対する顧客認知を徹底的に知ろうとする。顧客は自社をどう見ているのか、競合をどう判断しているのか、そうした見方はセグメントごとにどう違うのか──彼らは頻繁に調査し、常に新しい知識を得ようと努める。そしてそれらを武器にして妥当な範囲で高めの価格を設定し、顧客ごとに価格・便益のバランスを最適化して、破壊的な価格競争を上手に回避する。

　例に挙げた家電メーカーは、製品・市場戦略に失敗したと言える。新製品の優位性に対する顧客認知をよく理解していれば定価を４％高く設定できただろうし、そうしても売上数量は犠牲にならなかったはずだ。

●──取引レベル

　プライス・マネジメントの第３のレベルでは、顧客ごとの一件一件の取引で適切な価格を設定することが眼目である。言い換えれば、製品・市場戦略で決

定した定価・基本料金・希望小売価格をスタートラインとして、どの程度の割引・値引・支払い条件・大口ボーナスその他のインセンティブを適用するか、考えていく。大抵の企業では、これは実に細かくて時間がかかり、情報システムを駆使しエネルギーをつぎ込まなければこなせない作業だ。このレベルで決まる価格こそ顧客が実際に支払う価格であり、最終的に企業が手にする金額もここで決まる。ほとんどの企業では毎日数百、数千の価格が決定され、しかもそれらは多数の部署に分散して行われている。

　優れた取引価格戦略を確立した企業は、この繁雑な作業を見事にクリアし、あらゆる取引、あらゆる顧客について収益構造を完全に理解している。取引の魅力を高める割引や台無しにしかねない経費項目を知り抜いており、自社にとって価値の高い顧客や取引のタイプを見分け、それらを獲得するためには努力を惜しまない。その一方で儲けの少ない客や取引を把握し、なぜうまくいかないかを突き止め、利益率の改善や取引の打ち切りなど積極的に対策を講じる。

　件の自動車部品メーカーが規律をもって取引レベルに臨んでいれば、小口顧客に対する過度の値引はすぐに探知され、修正されていただろう。取引一件一件を厳しくチェックし、伝票外の値下げにきちんと説明を求めていたら、売上数量にさしたる影響なく、平均最終価格を5％は引き上げられたはずだ。

3つのレベルは相互に関連する

　プライス・マネジメントの3つのレベルにはおのずと順序が決まっている。業界レベルは最も範囲が広く、業界全体にインパクトを与える要因すべてに目配りする。製品・市場レベルはもう少し範囲が狭く、顧客セグメントの固有の価値に注目する。このレベルは、主にセグメントごとの定価や基本料金に関わってくる。取引レベルはさらに範囲が狭く、個々の取引や顧客ごとの価格設定を扱う。

　3つのレベルは別々のものではなく、相互に関連性がある。業界レベルでは大きくは変わらない背景を把握し、それに基づいて製品・市場戦略が立てられ

る。そして製品・市場レベルの戦略が決まれば、定価や基本料金が決まるので、これが取引レベルのプライシングのスタートラインとなる。そして取引レベルでは、定価や基本料金から差し引かれる伝票上・伝票外の値引項目が決まっていく。

　価格優位を打ち立てた企業は、この３つのレベルすべてにおいて競合より優れているのがふつうだ。それだけでなく、３つのレベルにまたがってプライシングを自在に調整する技にも長けており、あるレベルで起こす行動が他のレベルに影響を及ぼすことをよくわきまえている。たとえばある業界で全般的に価格が上がりそうだとわかると（業界レベル）、市場に値下げ圧力をかけかねない低価格品の投入をやめる（製品・市場レベル）。あるいは高級セグメントがターゲットの新製品を発売するとき（製品・市場レベル）、大幅な値引をしないよう注意する（取引レベル）。

　３つのレベルはこのように互いに密接に関わり合っているのだが、一方で企業が価格絡みの手強い大問題に直面したとき、その問題を扱いやすい規模まで分解する役割も果たす。言い換えると、プライシング上の問題が発生したとき主にどのレベルの問題なのかを判別できれば、検討すべき点や背景がはっきりし、問題解決に役立つはずだ。ある問題が業界全体のプライシングに関わるものだとすれば、単なる取引価格の場合とはまったく違う角度から考えなければならない。

機会を見きわめる

　それでは、価格優位を確立する機会は３つのレベルのどこに潜んでいるのだろうか。各企業あるいは事業部門はそれぞれ固有の状況に取り囲まれており、状況に応じて異なる優先順位を持つ。以下に、まだ眠っているプライシングの機会を発掘するためのチェック項目を掲げた。

⦿──業界レベル

■業界の短期・中期・長期的な価格動向について、事実に基づく予想を立てているか。業界に対する見方は社内で共有されており、市場向けの価格は予想に沿ったかたちで設定されているか。これまで価格動向予想はどの程度的中したか。

■市場ごとの固有の現象──主力技術の変化、生産能力の拡大または縮小、部品・原料コストの変動、需要動向、それらが業界の価格動向に及ぼす影響──をきちっと評価する仕組みが整っているか。

■業界のリーダーとなって価格水準を押し上げようと試みたことはあるか。あるとしたら、その時期や上げ幅はどのように決めたか。結果はうまくいったか、他社は追随したか。業界内では、価格に関して主導権を握る企業（プライス・リーダー）、追随する企業（プライス・フォロワー）のパターンは決まっているか。

⦿──製品・市場レベル

■顧客に関して網羅的な意識調査をしたことがあるか。それとも営業スタッフの勘や断片的な情報に頼ったままか。調査の結果、顧客セグメントのことがよく理解できたか。各セグメントは何を最も重視するのか。購買決定に際しての比較対象は何か。一番望ましい商品属性に対して入手可能な製品・サービスをどう評価しているか。最近あなたの会社は、こうした調査結果に基づいて価格設定を変更したことがあるか。

■競合の価格データを定期的に収集し、総合的に評価しているか。競合からシェアを奪ったとき、奪われたとき、両方について調査を行っているか。

■自社の価格について、競合の価格を考慮して妥当な上乗せまたは割引率を理解しているか。上乗せ率や割引率が顧客セグメントごとにどう変わるかを正確に把握しているか。またそれを価格水準や価格構造に反映させているか。

●──取引レベル

■取引1件ごとに価格を正確に把握しているか。このとき割引、値引、リベートなどを、伝票外の値引も含めて逐一チェックしているか。これらの数字の評価基準は総平均だけが設定されているのか、取引・顧客・セグメントごとにきめ細かく決められているのか。

■実際の正味価格が取引ごとにどの程度違うか把握しているか。一番高い値段を支払ってくれるのはどの顧客・セグメントか、一番安い値段はどうか。最高の顧客やセグメントを呼び込むプログラムを用意しているか、最低の顧客やセグメントに対する価格を引き上げる、あるいは彼らとの取引を止めるプログラムはどうか。

■値引をする権限をはっきり定めているか、また限度額や率を定めているか。そうした規則は厳格に運用されているか。

■営業・マーケティング部門では、取引価格をできるだけ高く設定するためのインセンティブが用意されているか。

　次章からはプライス・マネジメントの3つのレベルを一つひとつ取り上げ、それぞれのレベルについて深く考察し分析手法を紹介する。またケーススタディを検討し、各レベルのプライシングが実際にどう働くかを見ていく。最初に取り上げるのは取引レベルである。このレベルは業種や業界を問わず一番広く応用がきき、価格優位を確立するうえで最も早く効果が出やすい。ケーススタディはどれも実際にあったものだが、プライバシー保護のために仮名を使ったことをお断りしておく。

POINT

　プライシングと一口に言うが、含まれている問題はきわめて広くかつ多様であり、価格優位を真剣に目指そうにも、問題を適切に理解して現実の成果を上げるのはなかなか難しい。しかしプライス・マネジメントを3つのレベ

ルに分けて考えれば、多くの企業が抱える幅広い問題を論理的に整理することができる。こうして問題点が絞り込まれれば、取り組みやすく解決もしやすい。

　3つのレベルは、業界レベル→製品・市場レベル→取引レベルの順で業界全体から一件一件の取引へと扱う範囲が狭まっていく。価格戦略に長けた企業は、プライシングに取り組むとき、いったいどのレベルが問題なのかをまず見きわめる。次に頭を切り替え、それぞれのレベルに適した分析フレームワーク、アプローチを決めて、プライス・マネジメントに臨むのである。

Exploring the Levels　　　　　　　　　　　　　　　第 II 部

プライス・マネジメントの
3つのレベル

Transaction

第3章 取引レベル

　取引レベルは、プライス・マネジメントのなかで言わば最もミクロなレベルである。このレベルで一番重要なのは、取引1件ごとに正確な最終価格を管理することだ。つまり割引、値引、リベート、支払い条件、ボーナスの類が定価あるいは希望小売価格にどの程度適用されたかを厳密に管理する。業界レベルでは業界全体を見渡し、製品・市場レベルでは競合との相対的なポジショニングに注意するなど、いずれも視野をかなり広くとるのに対し、取引レベルが扱うのはかなり顕微鏡的な問題である。顧客1社ごとに、取引1件ごとに、価格を管理しなければならない。

　その目的は、注文や取引ごとに**最適価格**を設定することにある。取引レベルのプライシングは1ミリ1センチの勝負であり、毎日行われる数百数千の顧客ごと、伝票ごとの価格設定で勝ち負けが決まる。企業が勝ち取るのは、あるいは失うのは、一回一回を見ればほんの数％に過ぎない。だが取引の数が多く複雑であったり、経営トップが無関心だったり、現場から正確な報告が上がらなかったり、一貫性のあるインセンティブが用意されていなかったりすれば、取引レベルで価格優位を実現する機会は失われてしまう。

　取引の件数が多く複雑でもあるため、たとえ取引レベルで何が起きているか見定めようと意欲に燃える珍しい経営幹部がいたとしても、実態は霞がかかったようにつかみにくい。おまけに経営情報システムでは取引価格の詳細データを収集しないか、したとしても平均価格しか扱わないことが多い。これでは失

った機会を1件ごとに追跡することは不可能だ。取引ごとに最適価格を実現したマーケティング・営業スタッフに報いる報奨システムとなると、実行している会社はさらに稀である。それどころかほとんどの報奨システムは、拡販を促すように設計されている。これでは営業スタッフは、契約を取り損なうリスクを冒してまで、数％の価格改善のために粘ろうという気にはなるまい。

ポケット・プライス

●──ケーススタディ：床材メーカー

　取引レベルを調べてみると、実際の価格を間違って把握している企業、不完全にしか理解していない企業が実に多い。ふつうの経営陣が目を向けるのは定価つまり基準価格か伝票価格であって、最終価格を構成するさまざまな要素はあっさり見落としている。**図3-1**には、ある床材メーカーの取引価格構成を掲げた。このメーカーはリノリウム・フローリングを全国・地域規模あるいは地元の販売店に卸し、販売店は商品を一般家庭や企業向けに売りさばく。グラフの一番左端に示したのが基準価格で、この商品の場合は6ドル（1平方ヤード当たり）である。これをスタートラインとして大口割引や特別値引（競合の価格と釣り合わせるための値引）が差し引かれ、伝票価格は5.78ドルとなる。これが、この商品の注文を受けたとき請求書に記載される金額だ。価格動向をウォッチする場合、この伝票価格で見ることが多い。

●──ポケット・プライス

　ところがほとんど全部のＢ２Ｂ取引や大半の消費者向けビジネスでは、話は伝票価格では終わらない。伝票価格が決まってからもさまざまな名目で値引が行われ、顧客との交渉次第で最終価格はだいぶ違ってくる（コラム参照）。

第3章 取引レベル

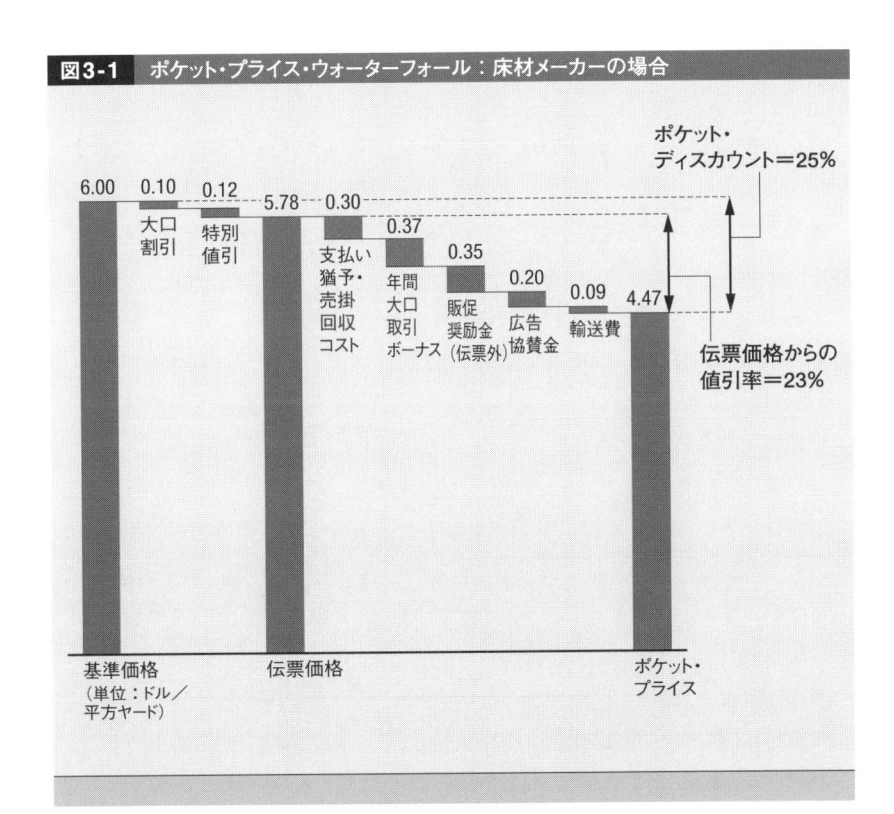

図3-1 ポケット・プライス・ウォーターフォール：床材メーカーの場合

```
6.00  0.10  0.12
      大口  特別   5.78  0.30
      割引  値引         支払い         0.37
                        猶予・                 0.35
                        売掛   年間           0.20
                        回収   大口  販促              0.09  4.47
                        コスト 取引  奨励金  広告  輸送費
                              ボーナス (伝票外) 協賛金
```

ポケット・ディスカウント＝25%
伝票価格からの値引率＝23%

基準価格（単位：ドル／平方ヤード）　　伝票価格　　ポケット・プライス

主な伝票外値引項目

ポケット・プライスをどんどん減らしてしまう伝票外値引項目は驚くほど多い。ここで、代表的なものを総復習しておこう。

- **年間取引ボーナス**：年間購入額が設定基準を上回った顧客に支払われるボーナス
- **現金割引**：短期日の支払い（一般に2週間以内）の場合、伝票価格に適用される割引

- ■**委託販売費用**：メーカーが販売店・卸売店の商品在庫を負担するためのコスト
- ■**広告協賛金**：小売店や卸売店が商品を広告してくれた場合に支払う協賛金
- ■**特別リベート**：販売店が大口顧客や全国規模の顧客などの特定顧客に割引を適用した場合に払い戻すリベート
- ■**輸送費**：顧客に商品を納入するまでにかかる輸送費
- ■**新規市場開拓ボーナス**：特定顧客セグメントを開拓するために適用する割引
- ■**販促奨励金(伝票外)**：キャンペーン期間中の売上げに対する割引などの販売奨励金
- ■**オンライン割引**：インターネット、イントラネット経由での注文に適用される割引
- ■**ペナルティ**：品質や配達時間などの約束が守られなかったときに適用される値引
- ■**売掛回収コスト**：代金請求から回収までにかかる金利など
- ■**販売枠確保のための費用**：一定の商品スペースを確保してもらうために小売店に払う費用
- ■**在庫ディスカウント**：季節的な需要増などを見込んで大量在庫を抱えてもらうときに小売店・卸売店に適用する割引

　取引1件ごとに適用されるこうした伝票外の値引項目をすべて伝票価格から差し引いた後に残るのが、**ポケット・プライス**である。つまりポケット・プライスとは、企業のポケットすなわち懐に実際に入ってくる金額であり、これでコストをカバーし利益を出さなければならない。取引レベルのプライシングが適切かどうかを調べる正しい基準は、伝票価格や基準価格ではなく、ポケット・プライスなのである。

　図3-1には、床材メーカーが実際に適用している一連の伝票外値引と、最後

に残ったポケット・プライスを示した。販売店が請求後30日以内に支払った場合、同社は現金割引2％を適用。このとき同時に、売掛回収コストも発生する。さらに年末時に払い戻す大口取引ボーナスも用意しており、その率は、販売店が支払った伝票価格合計額の最高8％に達する。このほか店内販促の奨励金、広告協賛金も販売店に提供される。後者は、販売店が地元の新聞や放送局に商品の宣伝を流してくれたとき、伝票価格の4％を上限に支払われるものである。さらに、あらかじめ設定された金額を上回る注文については、メーカーが輸送費を負担する。これらの値引は、一つひとつを見れば大した額ではなく、それほど影響はないように思える。だが合計すれば、伝票価格の23％にも達するのだ。図3-1を見るとわかるとおり、この商品の基準価格は6.00ドル（1平方ヤード当たり）だったのに、平均ポケット・プライスはわずか4.47ドルと、基準価格の75％を下回る。つまり基準価格からポケット・プライスにいたるまでの割引率は25％以上ということだ。なお、この割引率を**ポケット・ディスカウント**と呼ぶ。

　価格戦略に意欲を燃やす有能なマネジャーであっても、ポケット・プライスをコントロールするのはかなり難しい。会計システムは、顧客1社ごと、取引1件ごとに伝票外の値引データを収集できるようには設計されていないからだ。たとえば、支払期日割引は支払利息の項目に紛れてしまう。広告協賛金は全社的な販促・広告宣伝費に含められることが多く、輸送費も他の運輸経費と一緒にされやすい。これらの費用は、だいたいは全社で一括集計され会計報告に計上されるので、顧客ごと、取引ごとに取り出すのは難しく、さらにそれを管理するとなればなお難しい（なお最近では技術が進歩し、取引価格の追跡が容易になった。詳しくは第10章を参照されたい）。

ポケット・プライス・ウォーターフォール

　基準価格から伝票価格へ、さらにはポケット・プライスへと、小さな滝が流れ落ちるように値引が進む全貌を明らかにした図3-1のようなチャートを、**ポ**

ケット・プライス・ウォーターフォールと呼ぶ。ポケット・プライス・ウォーターフォールの各項目は、伝票上にせよ伝票外にせよ、企業が取り逃がした金額を表す。例に掲げた床材メーカーは伝票価格の23％を取り逃がしたことになり、ひどく高い率のように思えるが、これは決して法外な数字ではない。マッキンゼーの顧客企業について最近の実態を調べると、シリアル・メーカーのポケット・ディスカウントは24％、データ通信サービス会社が38％、家具メーカーが47％、回路スイッチ・メーカーにいたっては72％に達していた。ポケット・プライス・ウォーターフォールの構造や構成要素は、言うまでもなく企業や業界によってまちまちである。

　ポケット・プライス・ウォーターフォールの全貌を把握した企業にとって、プライシングは一段と興味深く注意を払うべき分野となるだろう。プライシングは単に定価や標準的な値引を決めるだけの作業ではなくなり、もっと自由度が高まって、ポケット・プライス・ウォーターフォールのあらゆる構成要素を逐一吟味し管理することまでが守備範囲に入ってくる。価格の１％の威力を思い出してほしい。ポケット・プライス・ウォーターフォールを見れば、その貴重な１％を掘り起こす余地が十分にあることがわかるだろう。いずれかの項目で、伝票上・伝票外を問わず割引率を１％圧縮できれば、最終的な利益率に驚くほどの差となって表れる。逆にポケット・プライス・ウォーターフォール全体を積極的に管理しようとせず、取引のたびにさまざまな名目で収入が目減りするのを放置するならば、価格優位を確立する機会は失われてしまうだろう。

ポケット・プライス・バンド

　ポケット・プライス・ウォーターフォールの構成要素は、顧客によって違う。そもそも基準価格の設定が顧客によって異なるだろう。さらに注文数量や年間の調達総額が値引率やリベートに、支払い条件が現金割引や売掛回収コストに影響を及ぼす。こうしたわけだから、どの時点であれ、あらゆる顧客に同じポケット・プライスで販売される商品は存在しない。それどころか、同一商品で

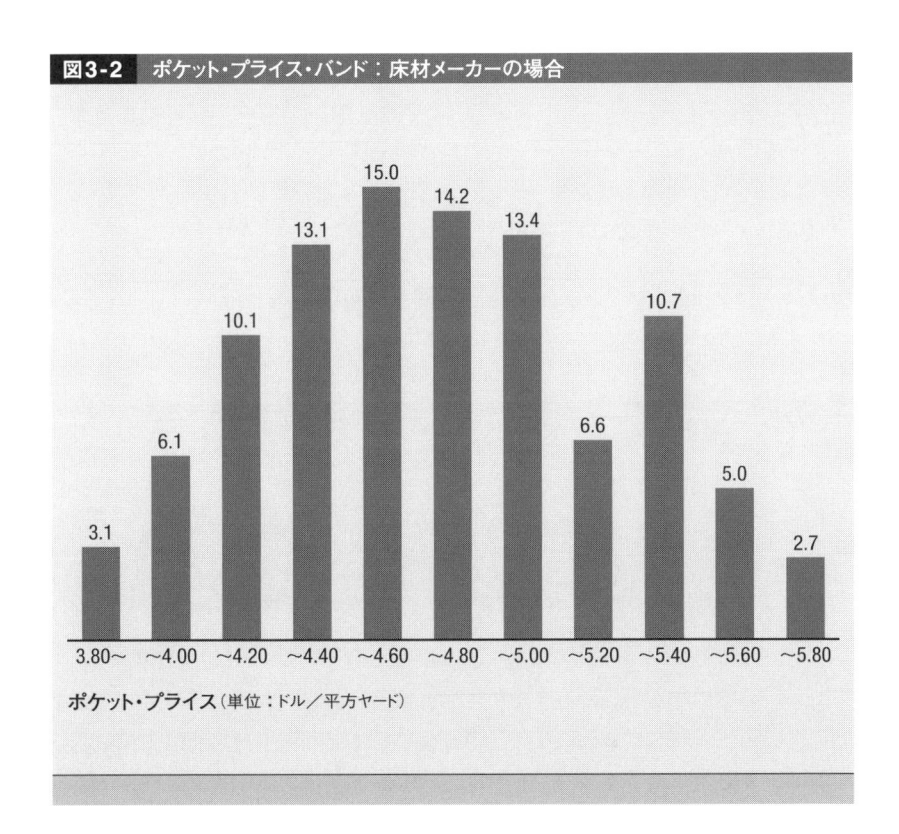

図3-2　ポケット・プライス・バンド：床材メーカーの場合

価格帯	3.80〜	〜4.00	〜4.20	〜4.40	〜4.60	〜4.80	〜5.00	〜5.20	〜5.40	〜5.60	〜5.80
比率(%)	3.1	6.1	10.1	13.1	15.0	14.2	13.4	6.6	10.7	5.0	2.7

ポケット・プライス（単位：ドル／平方ヤード）

あってもきわめて幅広い値幅で売られているのが実態である。このポケット・プライスの価格幅のことを**ポケット・プライス・バンド**と呼ぶ。

　図3-2には、先ほどの例に掲げた床材のポケット・プライス・バンドを示した。横軸にとったのは、1平方ヤード当たりのポケット・プライスである。棒グラフの高さは、そのポケット・プライスで売られた数量が売上数量合計に占める比率を表す。このグラフからは、この商品のポケット・プライスの最高価格は5.80ドル、最低価格は3.80ドルであること、売上数量のうち4.41〜4.60ドルの価格帯で販売される商品が全体の15％と最も多いこと、その平均価格は4.47ドルであることが読み取れる。一方、最高価格の5.80ドルで売られるのは全体の2.7％、最低価格の3.80ドルでは3.1％に過ぎない。

最高価格は最低価格の153％に相当する——つまりポケット・プライスの格差は53％に達する。ひどく大きく感じられるかもしれないが、これより大きいケースも珍しくない。マッキンゼーの調査によると、回路スイッチ・メーカーでは65％、医療機器メーカーで80％、特殊金属会社では170％、そしてファスナー・メーカーでは500％にも達していた。

◉── ポケット・プライス・バンドの幅と分布

　このように、ポケット・プライス・バンドは業種や企業を問わずかなり広い。要するに価格にはばらつきが出るもので、それが現実のビジネスなのだ。大抵のマネジャーはその存在すら知らないか、あるいは見て見ぬふりをしている。しかしプライシングに長けた企業はポケット・プライス・バンドを把握しており、マーケティング・営業部門に対し、規律をもって適切に管理するよう求めている。

　顧客あるいは取引によって異なるポケット・プライスの実態を知ることは、取引レベルで価格優位を手にするための基本中の基本である。ポケット・プライス・バンドの幅が把握でき、その理由も突き止められれば、自社の利益になるようにうまく管理できるはずだ。平均価格を１％引き上げるだけで営業利益が大幅に跳ね上がることを思い出してほしい。さきほどの床材メーカーの場合、ポケット・プライスには53％もの格差があった。となれば、ポケット・プライス・バンドの枠内で売り方や売上数量を少し変えるだけでも、価格を数％押し上げられることは容易に想像がつく。そうなれば営業利益を大きく伸ばすことができるだろう。

　ポケット・プライス・バンドの幅と分布を見れば、たくさんのことがわかる。初めてポケット・プライス・バンドを目にしたマネジャーは、例外なくその幅の大きさに驚かされる。そして伝票上・伝票外の値引が積み重なると取引価格にどれほど大きな差が出るかを知って恐慌を来す。ポケット・プライス・バンドの両極端にいるのがどんな顧客かを知って驚愕するマネジャーもいる。単に伝票価格が高いという理由からこれまで上得意と思い込んでいた顧客が、実は知らないところで伝票外の大幅値引を受け、最低価格帯に収まっていること

がままある。逆に儲けの少ない客だと思っていた顧客が、あまり値引を受けておらず、意外にも最高価格帯に位置することもある。

◉── 広いバンドに機会が潜む

　ポケット・プライス・バンドが広がっているとマネジャーは狼狽し、とかく悪いことと決めつけやすい。しかしこれは事実とかけ離れた思い込みだ。ポケット・プライス・バンドが広いとき、そこにはまず間違いなく価格設定を改善する機会が潜んでいる。広いバンドは、市場が不均質であり、そこに介入の余地があることを示す。不均質なのは顧客かもしれないし、競争状況かもしれないし、サプライヤーかもしれない。顧客は商品に対する評価が違うし、注文の仕方、熟練度も違えば、価値提供に要するコストにもばらつきがある。競争状況に関して言えば、セグメントや地域によって競争相手の数が違うほか、個々の競争相手の威力もその時々で異なる。またサプライヤーに注目すると、それぞれに得意とする市場、不得意な市場もあれば、提供する製品・サービスが顧客のニーズにフィットするセグメント、的外れのセグメントもある。さらに営業スタッフの交渉能力もまちまちだ。

　したがって、ポケット・プライス・バンドの幅が広いからと言って否定的になる必要はなく、なんとしてでも幅を狭めようと躍起になるにも及ばない。むしろ、幅が広いのは市場が変化しやすく多様であることの証ととらえるべきである。変化しやすく多様性に富む市場は、必ず自社に有利になるよう働きかけられるものだ。バンドの幅が非常に広ければ、分布状態がほんの少し変わるだけで──たとえば最高価格帯で売上数量が少し増える、最低価格帯で少し値上げをする、など──全価格帯の平均価格は数％押し上げられる。しかしバンドの幅が狭いと、市場は多様性や変動性に乏しく、何かを少し変えただけで平均価格に大きな影響を及ぼすのは難しい。

　さらにポケット・プライス・バンドの分布状態も、取引の実態を知る有力な手がかりとなる。とくに注意したいのは、全体のどの程度の割合が大幅値引をして売られているのか、高めの値段を快く払ってくれるのはどんな顧客層か、営業の現場で値引の権限が濫用されていないか、といった点である。

さてそれでは、ポケット・プライス・バンドの幅が広いとわかったら、何をすべきだろうか。まずは幅が広がった原因を詳細に調査し理解することだ。それがわかれば、広いポケット・プライス・バンドに潜む利益改善の機会はきっと発見できる。以下では実際の例を検討しながら、この点を確認していこう。

ケーススタディ：カーステレオ・メーカー、サウンドコ社

　サウンドコ社は、アフターマーケット向けカーステレオ、CDプレーヤーを手がけるメーカーである。標準装備された製品が故障して交換するとき、あるいはもっと高性能な製品がほしいときに、同社がつくるアフターマーケット製品の需要が発生する。以下ではサウンドコ社がどうやって失われた利益を発見し、プライス・マネジメントを改善したかを見ていこう。サウンドコ社の例から、取引レベルのプライシングがうまく機能していないときに、ポケット・プライス・ウォーターフォールやポケット・プライス・バンドがどのように役立つか、また海千山千の顧客がさまざまな値引・割引をいかにメーカーを手玉に取っているかを知ることができる。

　サウンドコ社の販売先は、地域あるいは全国規模の電気店、カー用品の通販業者、カー用品店や取付業者に卸す家電卸売業者である。**図3-3**にはサウンドコ社の収益構造を示した。売上高利益率（ROS）は6.8％で、小幅の値上げでも利益に与える影響は大きい。価格を1％引き上げたとき、売上数量が同じであれば、営業利益は15％跳ね上がる。図3-3からわかるように、1％値上げしたときの営業利益伸び率は、1％の売上数量増（平均価格が同じ場合）のほぼ3倍に達する。

　標準装備されるカーステレオがどんどん高品質化しているため、アフターマーケット業界は供給過剰気味になっている。かつては高性能だった交換用カーステレオも次第に目新しさがなくなり、サウンドコ社は自社製品の差別化を図るのに悪戦苦闘中だ。こうした背景から、同社の経営陣は、値上げが可能とは

第3章 取引レベル

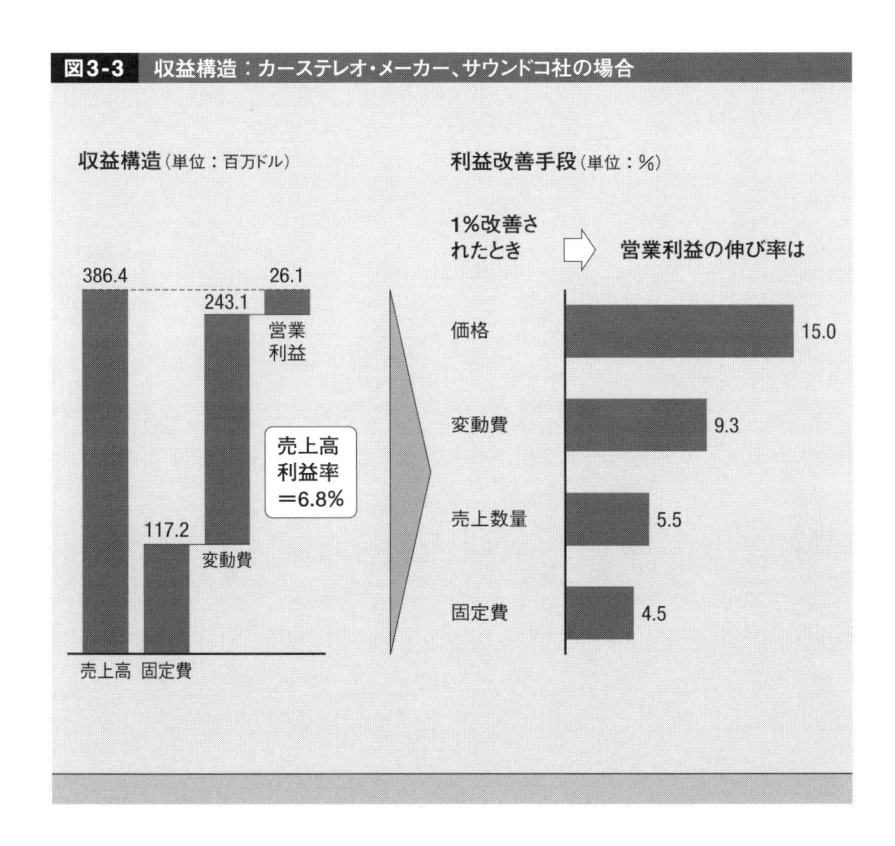

図3-3 収益構造:カーステレオ・メーカー、サウンドコ社の場合

収益構造(単位:百万ドル)
- 売上高 386.4
- 固定費 117.2
- 変動費 243.1
- 営業利益 26.1
- 売上高利益率=6.8%

利益改善手段(単位:%)
1%改善されたとき → 営業利益の伸び率は
- 価格 15.0
- 変動費 9.3
- 売上数量 5.5
- 固定費 4.5

夢にも考えていない。だが彼らは、取引レベルで価格設定を改善する絶好のチャンスを見落としていた。

◉──ポケット・プライス・ウォーターフォール

図3-4は、サウンドコ社の代表的な製品、CDR-2000の平均的なポケット・プライス・ウォーターフォールを示す。販売店の基準価格は109ドル。そこから伝票価格にいたるまでに、4種類の値引が適用されている。まず、標準的なディーラー・マージン。これは流通経路によってまちまちだが、平均すると製品1個につき15.45ドルになる。次に、販促奨励金がある。これは特定商品の売上げ増を狙って販売店に提供するもので、CDR-2000の場合、0.90ドルに設

図3-4　ポケット・プライス・ウォーターフォール：サウンドコ社製カーステレオCDR-2000の場合

単位：ドル

ポケット・ディスカウント＝41.50ドル（38％）

109.00　基準価格
15.45　ディーラー・マージン
0.90　販促奨励金（伝票上）
2.90　大口割引
8.42　特別値引
81.33　伝票価格
1.22　現金割引
1.07　売掛回収コスト
5.29　広告協賛金
2.18　販促奨励金（伝票外）
2.84　年間取引ボーナス
1.23　輸送費・梱包費
67.50　ポケット・プライス

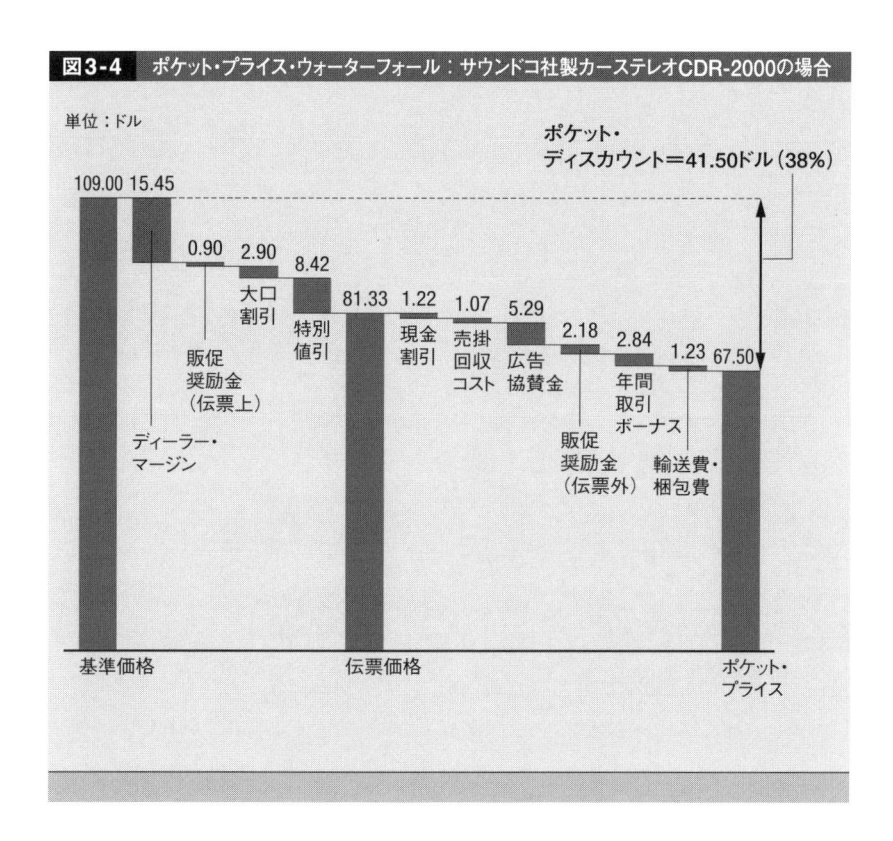

定されている。さらに大口注文に対して最大4％の割引が用意されており、これは平均すると2.90ドルになる。最後に、競合の価格をにらみながら顧客ごとに交渉する特別値引がある。以上4種類の値引を経ると、伝票価格は81.33ドルとなる。サウンドコ社はそもそも取引価格にごくわずかな注意しか払ってこなかったのだが、それでも、すべてこの伝票価格止まりだった。

　しかし伝票価格を見ただけでは、取引価格構成の全貌は見えてこない。伝票価格の先でも値引が適用され利益が失われるからだ。まず、一定期間内に決済すれば適用される2％の現金割引。次に、売掛金の回収コストがある。サウンドコ社は、特別なつき合いのある販売店や大口の顧客に対し、75日あるいは90日の支払い猶予を与えていた。これによって発生する回収コストは、平均

して製品1個当たり1.07ドルになる。また地域ごとでの広告宣伝に対して一部費用を負担する広告協賛金が平均5.29ドル。さらに販促や好業績の「ごほうび」として奨励金やリベートが顧客や小売店の営業マンに支払われる。これらは平均2.18ドルである。年間取引総額に基づいて提供されるボーナスが平均2.84ドル。そしてサウンドコ社が負担する輸送費・梱包費が平均1.23ドル。

こうしたさまざまな値引・割引を経てようやくたどりつくポケット・プライスは、平均すると67.50ドルにしかならない。つまり伝票価格より17%も低い。基準価格と比べると、実に38%のポケット・ディスカウントである。

◉──ポケット・プライス・バンド

CDR-2000は、いつも同一のポケット・プライスで販売されるわけではない。顧客によって購入する販売店は違い、販売店によって受けるディーラー・マージンは異なる。注文する数量は当然同じではないので、大口割引の率は違ってくる。競合を勘案した特別値引がケースバイケースで違うのは言うまでもない。伝票外の値引・割引も顧客によってさまざまだ。さっさと支払って現金割引を受ける顧客もいれば、売掛回収コストが発生する顧客もいる。また広告協賛金の対象になる顧客もいればそうでない顧客もいるし、販促奨励金や営業報奨金を受けられる顧客、受けられない顧客もいる。さらに年間購買額が違うから、ボーナスをもらえる顧客とそうでない顧客が出てくる。そしてサウンドコ社が負担する輸送費・梱包費は、顧客の所在地、注文パターン、特殊条件(複数言語を並記したマニュアルの要否など)によって変わる。

伝票上・伝票外のこうしたさまざまな要因が積み重なって、ポケット・プライス・バンドの幅は**図3-5**のように大きく広がっている。ポケット・プライスの平均は67.50ドルだが、最低は45ドル、最高は95ドルで、後者は前者の211%にもなる。つまり格差は111%だ。このポケット・プライス・バンドを見ると、すぐに次のような疑問が浮かんでくるだろう。ポケット・プライス・バンドの幅や分布がこうなった主因は何か。ポケット・プライスにこのようなばらつきがあるのは経営上問題ではないのか。また会社の市場戦略に反しないのか。ポケット・プライスはなぜこれほど差がつくのか。これをうまく管理す

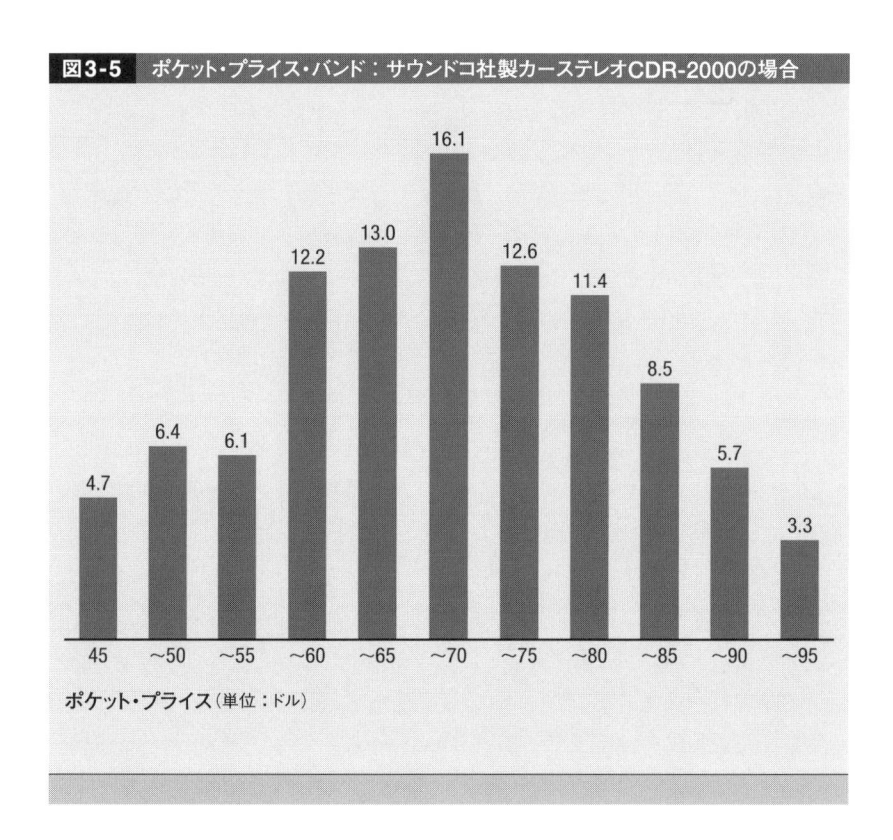

図3-5 ポケット・プライス・バンド：サウンドコ社製カーステレオCDR-2000の場合

```
            4.7  6.4  6.1  12.2  13.0  16.1  12.6  11.4  8.5  5.7  3.3
            45  ~50  ~55  ~60  ~65  ~70  ~75  ~80  ~85  ~90  ~95
```

ポケット・プライス（単位：ドル）

ることは可能なのか。

　サウンドコ社の経営陣は、最初はポケット・プライス・バンドの幅の広さに仰天した。だがよく考えれば、注文の規模が違うのだから当然ではないかと思い直す。そもそも年間注文量の多い顧客向けには商品提供コストが安くて済むという理由から、同社は発注量に応じて価格を下げる市場戦略を採ってきたからである。

　そこでポケット・プライスのばらつきは主に注文額で説明できるという仮定を確かめるため、サウンドコ社は、年間注文額に対する値引率をプロットした分布図（図3-6）を作成した。このチャートに書き込まれた一つひとつの数字は、その顧客に適用された割引率を示す。横軸にとったのは顧客ごとの年間注

第3章 取引レベル

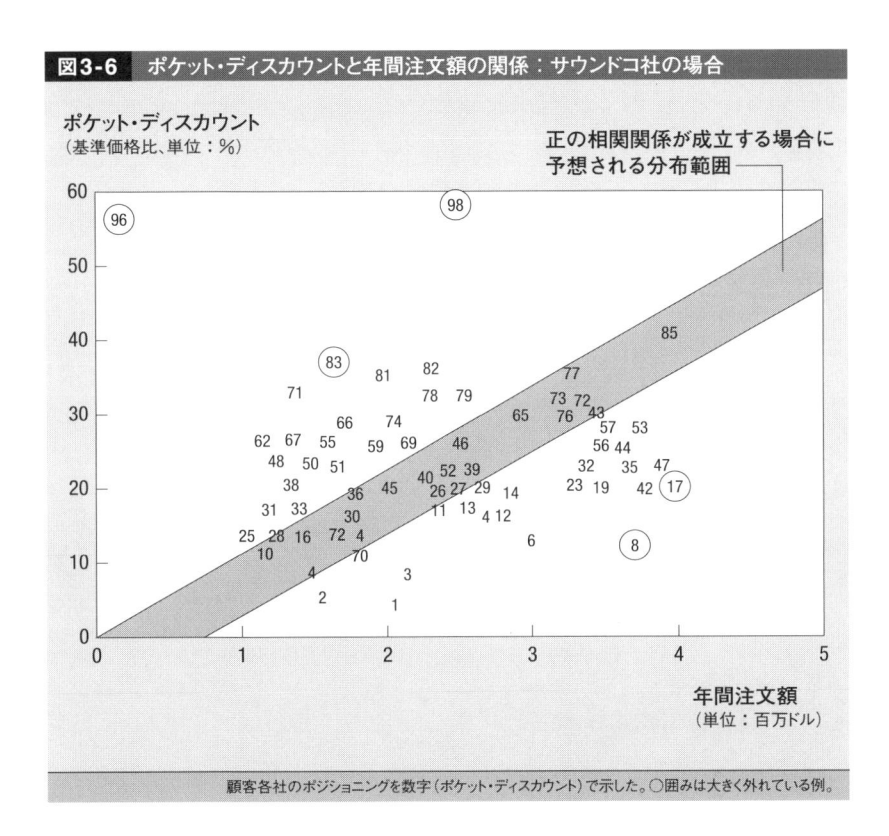

図3-6 ポケット・ディスカウントと年間注文額の関係：サウンドコ社の場合

文額、縦軸はCDR-2000のポケット・ディスカウントである。年間注文額がポケット・プライス・バンドの幅の決定因だとすれば、両者には強い正の相関関係がある（＝注文額が大きいほどポケット・ディスカウントは大きくなる）ので、顧客を表す数字は対角線の周辺に集中するはずだ。しかし実際には、数字は下手な鉄砲打ちのように散らばっている。つまり注文額とポケット・ディスカウントの間にはまったく相関が認められない。大幅値引を受けている96や83のような顧客の注文額は決して大きくない。逆に値引率が小さい8や17のような顧客が大口注文をしている。

明らかに無秩序なこの状況に当惑した経営陣は、本当の原因を探ろうとただちに調査を開始する。注文額が少ない顧客に大幅値引が適用されているのは、

何かもっともな理由があるのだろうと最初彼らは考えた。たとえば市場全体が停滞しているとか、競争がきわめて激しいとか、サウンドコ社が競争で不利な位置にある、等々。だが実際には、情状酌量の余地がある理由から大幅値引を受けていたのはほんの一握りの顧客に過ぎなかった。

　実はほとんどの顧客には、それほど大幅な値引を受ける妥当な理由がまったくなかったのである。そしてその多くは、業界では古参の老獪な顧客だった。彼らはサウンドコ社と20年以上にわたる長いつき合いがあり、特別に「おまけ」してもらうにはだれをくどけばいいかを、よく知っていただけなのだ。広告協賛金を引き出すにはだれ、支払いを30日か60日待ってもらうにはだれ、小口注文に大口注文割引をつけてもらうにはだれ、という具合である。彼らはまたサウンドコ社の地元の営業マンと仲良しで、伝票外の奨励金や報奨金の類をちゃっかり手に入れていた。要するに彼ら「常連客」は、取引の実績や利益貢献度とは無関係に割引を享受してきたのである。彼らはサウンドコ社のポケット・プライス・ウォーターフォールをサウンドコ社以上に知り抜いており、それをサウンドコ社ではなく自分たちに有利になるように巧みに利用していた。

●──利益改善機会を探る

　ついにサウンドコ社の経営幹部は、自社の取引価格決定プロセスが無秩序状態に陥っていることに気づく。ポケット・プライス・ウォーターフォールの上から下にいたるまで、意思決定には何ら規律が働いておらず、そうした決定が積み重なればポケット・プライスにどれほど大きな影響が出るか、だれも考えていなかった。その結果があの体たらくである。大口注文には値引で応じるという本来の戦略に反するうえ、何百万ドルもの利益が失われている。

　取引価格をめぐるこうした欠陥を修正するに当たり、サウンドコ社は3段階の計画を立てた。第1段階では、不必要な値引を受けてきた常連への対応を大幅修正する。具体的には営業・マーケティング担当マネジャーは問題顧客を洗い出し、現状とそれが会社の利益に与えるインパクトを実働部隊に詳しく説明する。そして9カ月の期限を設定し、それまでに問題顧客への対応を是正するか、問題顧客そのものを切り捨てる。つまりポケット・プライスが標準的な顧

客と横並びになるまで値引率を圧縮する前提で顧客と交渉し、それを納得させられない場合（あるいは値引してもよい水準まで注文数量を増やすよう説得できない場合）には、その顧客との取引を打ち切る。担当していた営業マンは、代わりの顧客を開拓しなければならない。

交渉期限の9カ月が終わる頃には、営業部隊は顧客の90％について交渉に成功していた。ポケット・プライス・ウォーターフォールのどの項目も交渉材料となりうることは営業部隊にとって大発見であり、結果的にはそれが交渉の成功につながっている。また取引を打ち切った10％についても、妥当な価格を喜んで払ってくれる代わりの客を見つけることができた。

第2段階では、大口顧客に対する拡販プログラムを開始した。ターゲットにするのは、同規模の顧客よりも高いポケット・プライスで大口注文をしてくれる顧客である。こうしたありがたい顧客を選び出して優待することが、このプログラムの眼目だ。彼ら上得意客が価格以外のどんな付加価値に最も敏感かを探るため、営業・マーケティング部門は注意深くリサーチを実施。必要に応じてインタビュー調査まで行った。こうした入念な調査が功を奏し、サウンドコ社は最終的に価格を下げずに売上数量を増やすことに成功した。最も期待されている付加価値が調査から判明したので、顧客1社ごとにそれをきめ細かく提供したこと——ある顧客にはサービスを、ある顧客には短納期での納品を、ある顧客には頻繁な訪問を、という具合に——が功を奏したのだった。

そして第3段階では、取引レベルでのプライス・マネジメント・プログラムを整備した。なかでも大切なのは、ポケット・プライス・ウォーターフォールの項目ごとに意思決定のルールと指針を明確に定めたことである。たとえば伝票上の裁量的な値引はどんな場合でも5％を上限とし、注文数量、マージン、市場への影響を総合的に評価してからでなければ適用できない。またIT部門が新たに情報システムを立ち上げ、取引価格の検討に役立つ情報の提供や決定のモニタリングを行う。さらにあらゆる経営情報システムでは、基準価格や伝票価格ではなく、ポケット・プライスを製品価格として扱うよう徹底した。こうしてサウンドコ社は、それまで全社のトータルでしかわからなかった伝票外の値引を、取引1件ごとに追跡調査し明確に把握できるようになった。そこで

同社はさらに一歩踏み込み、顧客ごとに製品ライン別のポケット・プライス目標値を設定する。せっかくの改革が元の木阿弥の無秩序分布に陥らないように、との配慮からだ。そして目標値の達成を、現場の営業スタッフや営業マネジャーはもちろん、製品マネジャーに対する報奨金の重要な評価項目に指定した。

　以上のような3段階の修正プログラムはサウンドコ社に素晴らしい成果をもたらし、しかもそれは長続きした。プログラムを開始した最初の年に平均ポケット・プライスは3％上昇。売上数量は前年並みを維持し、営業利益は44％の大幅増を記録する。さらにプライス・マネジメントのスキルが全社的に向上したこともあって、その後2年間にわたりポケット・プライスは引き続き上昇した。

　また取引レベルのプライシングに精通したおかげで、サウンドコ社は思わぬ余禄も手にしている。たとえば顧客別のポケット・プライスを調べているうちに、小粒ながら成長中の販売チェーンを発見し、そこへの売り込みと浸透に力を入れたところ、収益を大幅に増やすことができた。また経営陣は、取引レベルのプライシングに直接関与したおかげで新たな経営上の視点を持つことができ、戦略や機会開拓の面でも大いに得るところがあった。

ポケット・マージン・ウォーターフォール

◉──ケーススタディ：強化ガラス・メーカー、アレン社

　床材メーカーやカーステレオ・メーカーは、基本的にどの顧客にもいわゆる規格品を販売し、標準的なサービスを提供している。こうしたケースでは、ポケット・プライスが実勢価格を示す適切な指標となりうる。多数の顧客相手に単一商品が売られる場合には、一般にポケット・プライスが高いほど、その商品は相手にとって魅力が大きいと言ってよい。

　だが提供する製品・サービスが画一的な規格品ではなく、顧客の用途ごとに設計される特注品や特別なサービスだとしたらどうだろう。あるいは販売する

のは規格品でも、付随するサービスやそのコストが顧客によって大きく違う場合はどうだろうか。このような場合、ポケット・プライスが実際の価格を表すとは言いきれないし、顧客にとっての取引の魅力度を示すとも言えない。ここで有用なのは、ポケット・プライスを一歩進めた**ポケット・マージン**という概念である。以下では実際の例をとって、ポケット・プライス・ウォーターフォールをより洗練させて、ポケット・マージン・ウォーターフォールを導く方法を紹介する。

◉──ポケット・マージン

アレン・ガラス・カンパニーは、重量トラック・農機・建機用の強化ガラスを製造している。同社の製品はすべて強化ガラスだが、仕様は顧客ごとにすべて違う。たとえばあるトラックのために設計されたフロント・ガラスは、ほかのトラックでは使えない。製品はどれも、トラック・メーカーごと、農機メーカーごとに別々に設計される。そのうえ製品の寸法や形が違うだけでなく、年間発注数量も違えば顧客から要求されるサービスの内容もさまざまだ。たとえばある大手トラック・メーカーからは、フロント・ウィンドウとサイド・ウィンドウ用のガラスを専用コンテナに入れて納入するよう指示が来る。そのコンテナなら、組立工場で荷役機械に扱いやすいからだ。こうした状況では、ポケット・プライスが取引の実態を表すとは言えない。

ポケット・プライスを一歩進めてポケット・マージンを考えてみれば、こちらのほうがアレン社の取引状況にフィットすることがわかる。ポケット・マージンの場合にも、出発点は基準価格である。そこから製品原価と顧客別のサービス・コストを差し引くと、ポケット・マージンが計算できる。図3-7に、アレン社の平均的なポケット・マージン・ウォーターフォールを示した。

スタートラインとなるメーカー基準価格は、発注された製品の用途に応じて算出する。標準的な材料、加工コスト、そして予想される年間発注量に基づいて計算したうえで、用途別のセグメントごとに微調整する。比較しやすいよう図3-7では基準価格を100とし、その後の値引項目を基準値100に対するパーセンテージで示した。まずは価格交渉に応じて伝票作成前に10％の値引を行っ

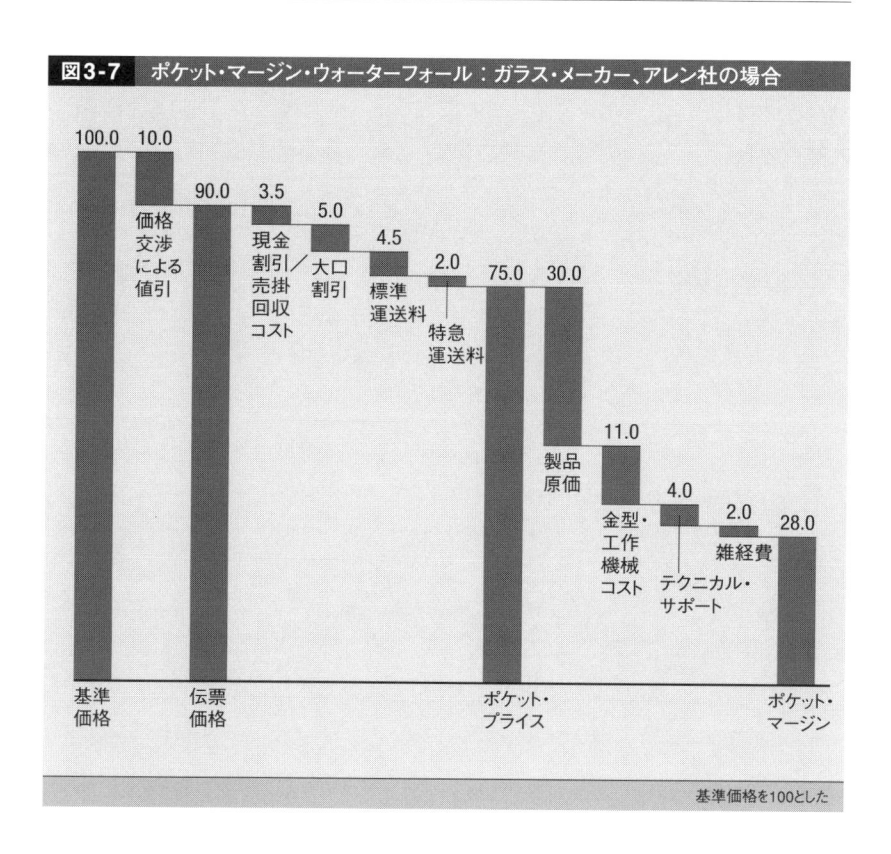

図3-7 ポケット・マージン・ウォーターフォール：ガラス・メーカー、アレン社の場合

```
100.0  10.0
       価格
       交渉
       による  90.0  3.5
       値引         現金
                   割引/  5.0
                   売掛   大口  4.5
                   回収   割引  標準  2.0
                   コスト       運送料     75.0  30.0
                                     特急
                                     運送料        製品
                                                  原価   11.0
                                                        金型・
                                                        工作  4.0
                                                        機械       2.0
                                                        コスト  テクニカル 雑経費  28.0
                                                              サポート
基準                伝票                      ポケット・                        ポケット・
価格                価格                      プライス                         マージン
```

基準価格を100とした

たため、伝票価格は平均して基準価格の90％となっている。伝票外では、現金割引と売掛回収コストが平均3.5％、大口注文割引が平均5.0％。標準運送料が平均4.5％、ときに応じてアレン社が負担する特急運送料が平均2.0％。その結果、ポケット・プライスは基準価格の75％となった。

　ポケット・プライスからポケット・マージンを計算するには、まず製品原価を差し引かなければならない。これが、30.0％に達する。さらに特殊仕様のガラスの場合には、金型や工作機械のコストが発生する。こちらは平均して11.0％である。テクニカル・サポートは顧客や製品の用途によってかなり異なるが、平均すれば4.0％。専用梱包や特別サービスといった雑経費が平均2.0％。以上をポケット・プライスから差し引くと、ポケット・マージンは基準価格の

第3章　取引レベル

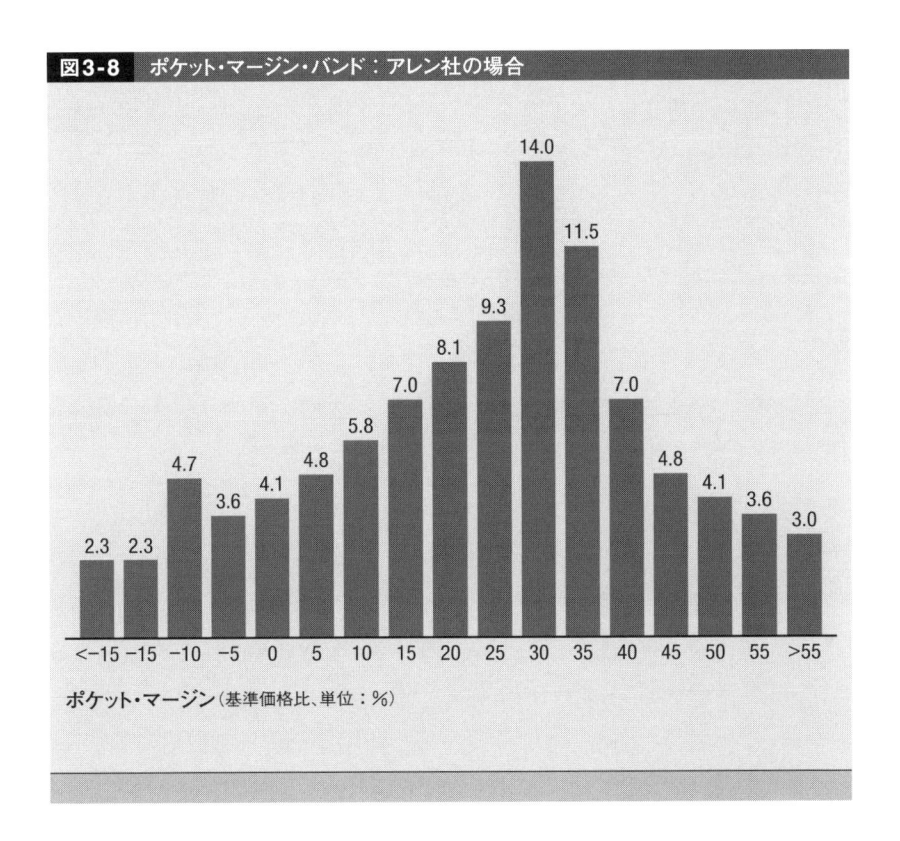

図3-8　ポケット・マージン・バンド：アレン社の場合

<-15	-15	-10	-5	0	5	10	15	20	25	30	35	40	45	50	55	>55
2.3	2.3	4.7	3.6	4.1	4.8	5.8	7.0	8.1	9.3	14.0	11.5	7.0	4.8	4.1	3.6	3.0

ポケット・マージン（基準価格比、単位：％）

28％ということになる。

　収入の基礎となるポケット・プライスから原価やサービス・コストを差し引いたポケット・マージンは、規格外商品を扱う取引について、その実態を示す有効な指標となりうる。ところがそれまでのアレン社のやり方は、規格品同様に目標基準価格を設定し、伝票上の値引の適用で顧客と交渉するものだった。そして顧客別の収益性を計算するときも、伝票外の項目にはほとんど注意を払わず、また原価以外のサービス・コストなどはすべて一般経費に組み入れていた。そのため、1件ごとの取引価格やそこに含まれるマージンをきちんと把握できていなかった。

　ところでポケット・マージンは――ポケット・プライスと同じく――顧客

によって、また取引によって大幅に異なる。したがってポケット・プライス・バンドに倣い、ポケット・マージン・バンドを作成するとよい。**図3-8**にはアレン社のポケット・マージン・バンドを示した。横軸にとったのはポケット・マージンである。ポケット・マージンは基準価格に占める比率で表した。棒グラフの高さは、そのポケット・マージンでの売上げが売上高合計に占める比率を表す。このグラフからは、ポケット・マージンの最高は基準価格の55％、最低は－15％（つまり15％の赤字）であること、ポケット・マージンの開きは70ポイントに達することが読み取れる。さらに現在の売上数量に固定費を配分するなら、ポケット・マージンを最低12％は確保しないと営業利益段階で損益分岐点に達しないこともわかった。しかしアレン社の場合、ポケット・マージン・バンドを見ると、売上高の4分の1以上が12％を下回るマージンで売られていることがわかる。

●──利益改善の機会を探る

利益改善の機会は、ポケット・プライス・バンドの場合とまったく同じように、ポケット・マージン・バンドから探ることができる。アレン社の営業・マーケティング担当マネジャーは、バンドの両極端に位置する取引を入念にチェックした。その結果、ポケット・マージンになぜこれほどのばらつきが出るのか、ようやく理解し始める。目標基準価格の設定と伝票上の値引には一貫した方針で臨み、規律も徹底していると信じていただけに、ポケット・マージンにこれほど開きがあることは同社にとって大変なショックだったのだ。しかしポケット・マージン・バンドを詳しく調べていくうちに、これまで気づいていなかった取引の実態が疑う余地なく明白になった。常にマージンが高い顧客＋製品の組み合わせがあるかと思えば、いつもマージンが低い顧客＋製品もある。たとえばフラットまたは単純カーブのドア・ガラスを中口注文するある顧客は、いつもマージンが高い。しかし複雑な曲面を持つフロント・ガラスを大量注文するある顧客は、決まってマージンが低かった。どちらのほうが利益率が高くどちらが低いかは一目瞭然である。

利益率の低い取引を詳しく調べた結果、ポケット・マージン・ウォーターフ

ォールに共通する問題点を3つ発見することができた。第1に、売掛回収コストが大きい。第2に、発注数量の読み違えなどで輸送費が嵩む。第3に、金型費や加工費の比率が高すぎる。これは、設計が非常に複雑だったり、年間発注量の見通しが甘すぎることなどが原因だった。

　問題点がはっきりしたところで、アレン社は明確な営業・マーケティング改善計画を立てることができた。まず最もポケット・マージンが高い取引パターンを見きわめ、そうした取引を増やすよう積極的に努力する。的を絞った努力が実を結び、儲けの多い商売の受注率は次第に上がっていった。その一方で、ポケット・マージンが低いタイプの製品については、契約交渉時に厳しくにらみを効かすようにした。交渉には強気で臨み、支払い遅延はもちろん、発注数量が不正確だった場合や契約時に取り決めた年間発注量を大幅に下回った場合にはきっちり違約金を科す。こうした強硬姿勢のせいでアレン社は何件か契約を取り損ねたが、どれもそもそもポケット・マージンがマイナスになるような取引だった。アレン社は抜かりなく契約条件を詰め、ポケット・マージンが損益分岐点を上回る水準になって初めて契約を取るようにした。このようにポケット・マージン・バンドの両極端に狙いを定めた明快な戦法が功を奏し、計画開始からわずか1年足らずの間にアレン社の平均ポケット・マージンは4％上昇。それは、営業利益の60％アップにつながった。

POINT

　プライス・マネジメントには3つのレベルがあり、取引レベルはそのなかで最も細部に及ぶため、高い精度が要求される。このレベルで重要なのは、顧客との取引1件ごとに最適価格をどのように実現するかということだ。ここで価格構成要素の理解と管理に役立つツールがポケット・プライス・ウォーターフォールである。ポケット・プライス・ウォーターフォールは、実際に企業のポケットに入ってくる価格に影響を及ぼすあらゆる要素を、伝票上・伝票外の別なく網羅する。そしてポケット・プライス・バンドは、たとえ売る商品が同じでもポケット・プライスにどれほど幅があるのかをはっき

りと示してくれる。

　商品が規格品でなく顧客によって異なる特注品の場合には、ポケット・プライス・ウォーターフォールを一歩進めてポケット・マージン・ウォーターフォールを分析してみるとよい。ポケット・マージン・ウォーターフォールなら、顧客ごと、取引ごとに異なる利益率を明確にできる。そしてポケット・マージン・バンドを描いてみれば、それぞれに違うポケット・マージンのばらつきをはっきり認識することができる。

　ほとんどの企業では、ポケット・プライス・バンドもポケット・マージン・バンドも非常に幅が広い。そして企業の多くはバンドの幅が広がるにまかせている。だが本章で見てきたように、取引レベルのプライシングに長けた企業は、ポケット・プライスやポケット・マージンを積極的に管理しようと試みる。彼らはバンドの幅や分布状態を知り抜いているし、個々の顧客や取引がどこに位置づけられるか、その理由は何かも把握している。そしてバンドの左端に位置する顧客、すなわち不当にポケット・プライスやポケット・マージンが低く儲けにならない顧客については、妥当な水準まで引き上げるべく交渉に努める。またバンドの右端に位置する顧客については、売上数量やそのシェアを増やすべく熱心に努力する。このようにして、顧客の好ましい行動につながらない項目はできるだけウォーターフォールから減らすか排除する方向に持っていくのである。優れた価格戦略を持つ企業は、顧客ごとにポケット・プライスとポケット・マージンの明確な目標値を設定し、達成状況をきっちり監視する。またポケット・プライスとポケット・マージンの改善を促すべく、営業とマーケティングのスタッフに効果的なインセンティブを設定する。

　取引レベルで優れたプライシング・スキルを身につけることは、価格優位の形成と維持を狙う企業にとって絶対に外せない条件と言える。取引レベルのプライシングが適切かつきめ細かく管理されていない限り、ほかのレベルのプライス・マネジメントは威力を発揮できない。

第4章 製品・市場レベル

　プライス・マネジメントの次のレベルである製品・市場レベルでは、競合に対して自社を適正にポジショニングすることを目指す。該当するどの顧客セグメントにおいても、価格・便益の点から見て競合品に対する自社商品の位置づけを最適化しうる価格を設定することが、このレベルの目標である。取引レベルのプライシングでは顧客ごと、取引1件ごとに価格を個別に設定していくが、製品・市場レベルではもう少し視野を広くとる。このレベルで注目するのは、定価や希望小売価格など顧客にも競合にも明示される価格である。この種の価格は公に表示され、「我々は競合品と比べてこれだけの価値を提供できる」という売り手の見解を広く市場に知らしめる役割を帯びている。製品・市場レベルでは定価・基本料金・メーカー希望小売価格といったものを決めるが、これらは次の取引レベルの出発点となる。

　このレベルの目標は、顧客セグメントごとに商品のポジショニングを最適化することにある。最適化するとは、商品が提供する便益に対して最大限の見返りが得られるような価格を設定することだ。しかもこのとき、業界全体のプライシング行動に悪影響を及ぼしてはならない。製品・市場レベルのプライシングに優れた企業は、競合との関係を常に考えながら巧みに商品開発・販売流通に投資し、投資に見合うリターンを確実に手にする。

　製品・市場レベルのプライシングでは、便益と対価を均衡させるという重大な問題をうまく処理しなければならない。自社商品を競合品に対してどう位置

づけるかを考え、競合より高めに価格を設定するか、あるいはやや低めにするかを決めるとき、売り手は自ずとこの問題に取り組むことになる。このレベルにおいて一貫性ある体系的なプライシングを実現するためには、価格を次の4つの視点からよく理解することが必要だ。

第1は、市場セグメントごとのバリュー・マップを理解することである。**バリュー・マップ**とは、あるセグメントにおける自社商品と競合品の相対的なポジションをプロットしたチャートのことだ。このチャートから、顧客が認知する便益と対価がどこで釣り合うかを明確に読み取ることができる。第2は、バリュー・マップの変化を知ることである。競合が値上げまたは値下げをする、商品に新たな便益を付加または削除する、あるいは両者を組み合わせて実行する、といった事態が発生すると、バリュー・マップは変化する。市場は絶えず変化しており、競合一社が動けば、他社はすかさずそれを察知して何らかの反応を示すことが多い。第3は、バリュー・マップ上の顧客分布を把握することである。市場はほとんどの場合、均質ではない。さまざまな顧客グループがそれぞれに異なった便益と対価のバランスを探している。そして第4は、顧客が認知する便益と対価の変化を理解することだ。**バリュー・プロファイリング**という手法を使えば、顧客の見方と自社の期待ポジショニングがどこで乖離しているかを突き止めることができる。製品・市場レベルのプライシングを改善するためには、以上4項目を総合的に理解することが必要だ。そうすれば、現状をはっきり認識したうえで、市場での価格の位置づけを最適化する適切な対策を立てられるに違いない。

バリュー・マップ

「**バリュー**」という言葉は、今日マーケティングやプライシングの分野で甚だしく誤用濫用されている。「バリュー・プライス」と言えば、単に安いだけか、いわゆるセット販売の値段と思われているほどだ。

しかし本当のバリューは、買い手が商品から受け取る便益とそれに対して支

払う対価が釣り合う点で生まれる。もっと正確に言うと、本当のバリューとは、顧客にとっての便益（認知便益）と顧客が払ってもいいと感じる対価（認知価格）のバランスに基づくものだ。両者の関係は「バリュー＝認知便益－認知価格」という単純な式で表すことができる。この式を見れば、認知便益が増えるか認知価格が下がれば（あるいはその両方）、バリューが大きくなることは一目瞭然だ。そうなれば、その商品を買ってもらえる可能性は高くなる。

とは言え、顧客が認知する便益というものは、企業にとってきわめて管理しにくい。多くの便益はそもそも主観的なものであって、定量化できないからだ。それに、たとえ便益が数値で表せる性格のものだとしても、顧客が考える便益と実際の便益との間にずれが出ることもある。たとえばＩＴ業界では長年にわたり、たとえ値段が高くてもIBM製品さえ買っていればマネジャーのクビは安泰と言われてきた。処理速度、耐久性、互換性など数値的な比較が可能な項目でIBMに太刀打ちできる競合はかなりいたのだが、総合的に見ればやはりIBMにはかなわないという見方が市場では圧倒的に優勢だったからである。しかもこの傾向は何年も揺るがなかった。

言ってみれば「思い込み」からくるこうした認識はひどく気まぐれで、論理的に理解して管理するのは難しい。価格は見たところただの数字なので、わかりやすく思える。しかし一皮剥けば、そこには悪魔が宿っている。簡単な例として、食品や日用品を考えてみよう。たとえばオレンジジュース。大抵の人は、大瓶のほうが小瓶より安くつくと思い込んでいる。だが実際の売り場ではそうでないことも多々ある。小瓶だけが販促対象として安売りされるときなどがそうだ。

Ｂ２Ｂ市場では、事態は一段と複雑である。買い手が素人ではないにもかかわらず、認知価格はやはりさまざまな問題を孕む。価格の構成・提案方法・代金回収方法次第で顧客の認知価格は簡単に変わりかねない（この点については、第11章で詳しく論じる）。

◉──バリュー・マップを作成する

バリューの意味が理解できると、バリュー・マップが役に立つ。バリュー・

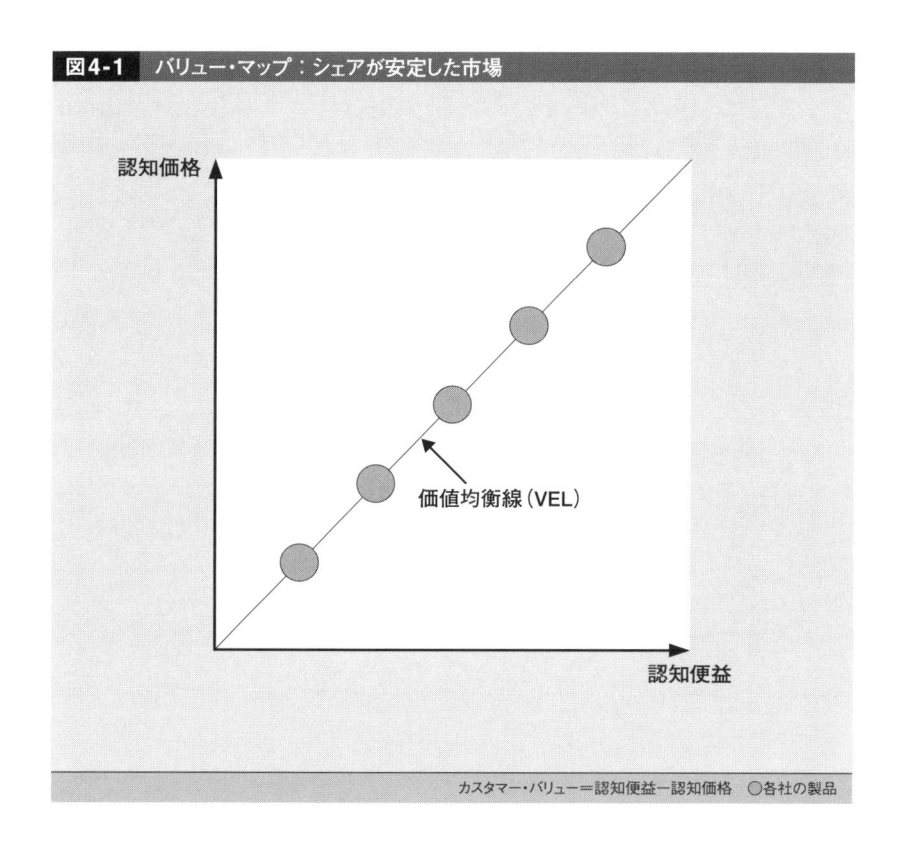

図4-1　バリュー・マップ：シェアが安定した市場

認知価格

価値均衡線（VEL）

認知便益

カスタマー・バリュー＝認知便益－認知価格　　○各社の製品

マップからは、実際の市場でバリューを形成する価格・便益のバランスを読み取ることができる。バリュー・マップの例を**図4-1**に掲げた。マップにプロットされた点は、それぞれが競合各社の商品を表す。縦軸にとったのは認知価格、横軸は認知便益である。認知便益とは、たとえばコンピュータの場合なら、処理速度、メモリ容量、信頼性といった要素を意味する。買い手にとって便益が大きく価格が高い商品は右上に、便益が小さく価格も低い商品は左下にくる。

　シェアが安定した市場（競合の間でシェアが変動しない市場）であって、かつ認知便益と認知価格が適切に計量化されていれば、競合各社の商品は対角線上に並ぶはずだ。線上では便益と対価が釣り合っていることから、この直線を**価値均衡線**（VEL：value equivalence line）と呼ぶ。買い手が望む価格や便益が

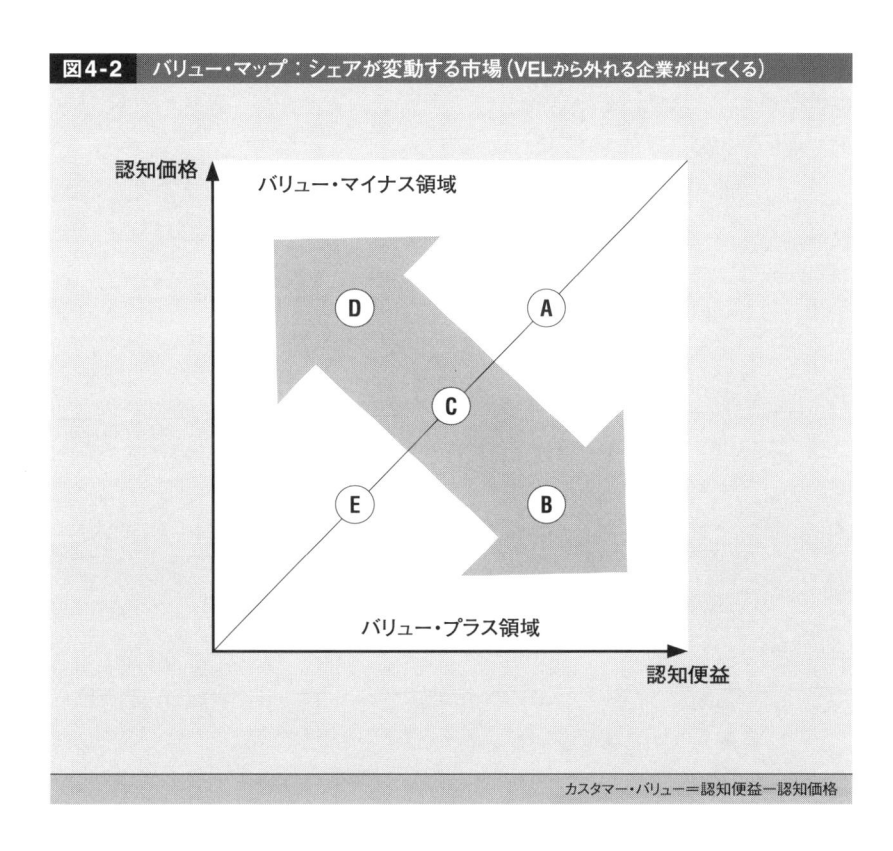

図4-2　バリュー・マップ：シェアが変動する市場（VELから外れる企業が出てくる）

（認知価格／認知便益の図：バリュー・マイナス領域にD、A、バリュー・プラス領域にB、対角線上にE、C）

カスタマー・バリュー＝認知便益－認知価格

　どの水準であれ、論理的な購買の選択肢はVEL上のどこかにある。つまりこうした市場は「対価に見合う便益が手に入る市場」と言える。高性能なコンピュータがほしければ高い値段を払わなければならない。安めの製品がほしいなら性能は妥協するしかない。どれを選ぶべきかが一目瞭然なので、自ずとシェアは安定する。ただし安定したシェアとは均等なシェアという意味ではない。高価なハイエンド機をほしがる買い手が安価なローエンド機をほしがる買い手より多い（あるいはその逆）という状況は、十分にあり得る。

　シェアが変動する市場の場合、バリュー・マップは図4-2に近くなり、一部の商品はVELから外れることになる。図4-2のBはVEL下側の**バリュー・プラス領域**（便益＞対価）にあり、理論的には同社のシェアは拡大するはずである。

低価格品をほしい買い手はEかBから選ぶことになるが、同じ値段でBのほうが性能がよい。同様に高性能品をほしい買い手はAかBから選ぶことになるが、同じ性能でBのほうが値段が安いからだ。

これとは逆に、DはVELの上側、すなわち**バリュー・マイナス領域**（便益＜対価）に位置づけられている。つまりEは性能は同じなのにDより安く、Aは価格は同じなのにDより高性能である。バリュー・マップが正しければ、Dは早晩シェアを失うはずだ。

●──認知便益

バリュー・マップの基本概念が理解できたところで、実際にこれを応用してみよう。マップを作成する方法は大きく分けて2通りある。第1は、デプス・インタビューやフォーカス・グループによる面接質問調査である。自由回答による対話形式のこうした調査手法は、購買傾向を理解し回答の背景を深く分析するのに最適の手法と言えるだろう。第2の方法は、コンジョイント分析や離散型選択分析などのトレードオフ分析である。これらの手法を適用するときはすでに購買傾向がわかっていることが前提であり、買い手が複数の商品属性をどのように組み合わせて考慮するかを評価して、買い手の意思決定プロセスを検証する（トレードオフ分析のケーススタディを第13章に紹介する）。

ここではアルファ・コンピュータ社を例にとり、社内の誤った認識がバリュー分析をいかに歪めてしまうか、そして正確なバリュー・マップが利益改善にどれほど役に立つかを見てみよう。アルファ社はハイエンドなネットワーク・サーバーのメーカーである。製造技術に優れ、高性能機を妥当な価格で提供できることが同社の自慢だった。ところがあるときから同社のシェアが顕著に減り始める。

事態を把握するために、アルファ社は顧客の認知便益と市場価格に基づきバリュー・マップを作成した。**図4-3**がそれである。ただしマップに示された認知便益は、あくまでアルファ社の社内の認識に基づくものである。認知価格に関しては、まず間違いはないと言ってよい。業界の価格構造は外部のアナリストが調査し定期的に発表しているので、きわめて透明性が高い。メーカー各社

第4章 製品・市場レベル

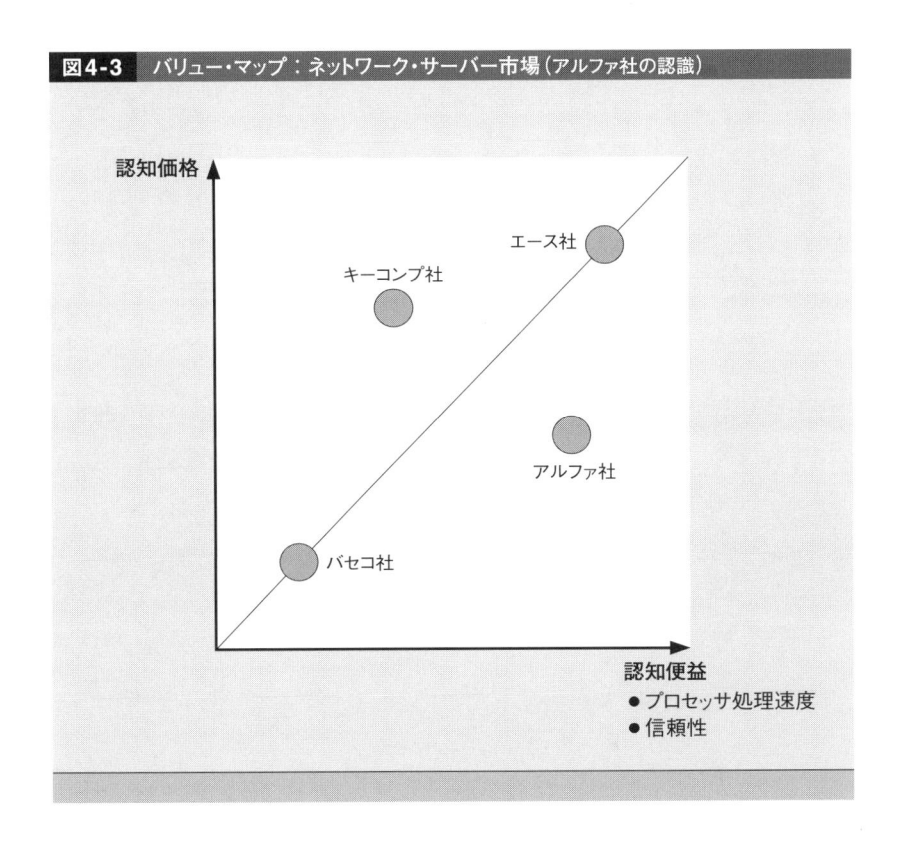

図4-3　バリュー・マップ：ネットワーク・サーバー市場（アルファ社の認識）

（縦軸：認知価格／横軸：認知便益
・プロセッサ処理速度
・信頼性

プロット：エース社（右上）、キーコンプ社（左上寄り）、アルファ社（中央右下寄り）、バセコ社（左下））

が提示する大口割引、リベート、支払い条件などもごく標準的なものだ。そしてアルファ社は、便益すなわち性能面でも自社の理解は正しいと自信を持っていた。彼らによれば、買い手はネットワーク・システムを選ぶとき、プロセッサの処理速度とシステムの信頼性を基準にするという。

　以上の前提に基づいて自社と主要ライバル——エース社、キーコンプ社、バセコ社——をプロットすると、図4-3のようになる。アルファ社は自社がバリュー・プラス領域に位置づけられると考えていた。つまりシェアは拡大するはずである。エース社は明らかにワンランク上のライバルだ。処理速度も信頼性も上だが値段も高い。しかしキーコンプ社との勝負なら、アルファ社は処理速度も信頼性も優れているうえに安い。にもかかわらずシェアを奪われるとい

図4-4 主な購買要因

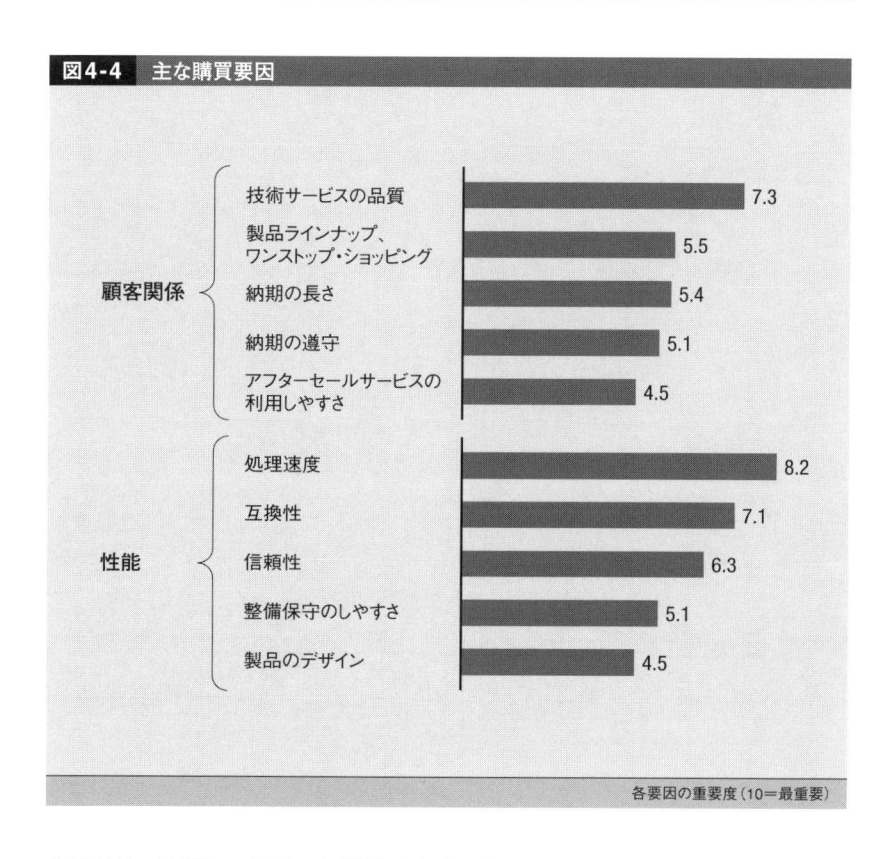

顧客関係
- 技術サービスの品質: 7.3
- 製品ラインナップ、ワンストップ・ショッピング: 5.5
- 納期の長さ: 5.4
- 納期の遵守: 5.1
- アフターセールサービスの利用しやすさ: 4.5

性能
- 処理速度: 8.2
- 互換性: 7.1
- 信頼性: 6.3
- 整備保守のしやすさ: 5.1
- 製品のデザイン: 4.5

各要因の重要度（10＝最重要）

う予想外の事態に、同社の経営陣は当惑した。バリュー・マップを見る限り有利な位置にあるのに、なぜシェアは増えずに減ってしまうのか。

アルファ社が直面した問題は、決して珍しいものではない。彼らは自社製品のことは熟知していたが、顧客のことに疎かったのだ。大切なのは技術的な性能だと思い込み、サーバーを選ぶとき買い手が何を重視するか、入念な調査を行っていなかった。そこで、購買決定を左右する認知便益がいったい何かを再確認するため、同社のマーケティング部門はそれまでの思い込みを捨て、市場調査を開始する。ターゲット・セグメントから60社を選び、ネットワーク・サーバー・メーカーを選定するときの評価基準は何か、インタビュー調査した。

まずは市場ではどんな要因が重視されているのかを知ること。次に要因ごと

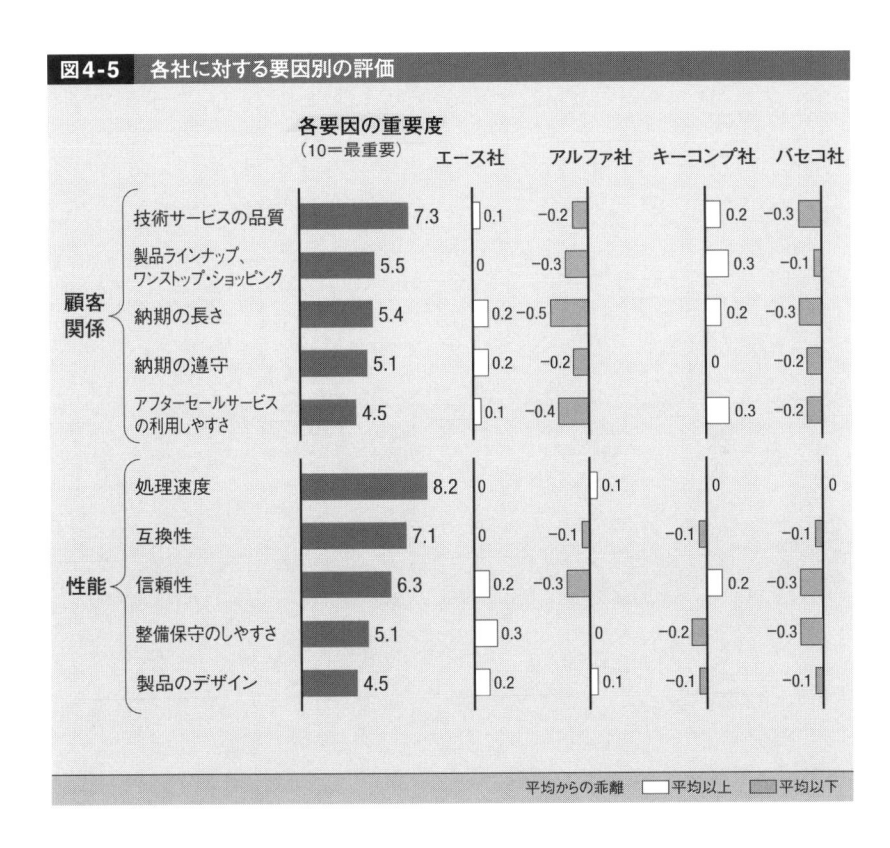

図4-5　各社に対する要因別の評価

	要因	各要因の重要度 (10=最重要)	エース社	アルファ社	キーコンプ社	バセコ社
顧客関係	技術サービスの品質	7.3	0.1	−0.2	0.2	−0.3
	製品ラインナップ、ワンストップ・ショッピング	5.5	0	−0.3	0.3	−0.1
	納期の長さ	5.4	0.2	−0.5	0.2	−0.3
	納期の遵守	5.1	0.2	−0.2	0	−0.2
	アフターセールスサービスの利用しやすさ	4.5	0.1	−0.4	0.3	−0.2
性能	処理速度	8.2	0	0.1	0	0
	互換性	7.1		−0.1	−0.1	−0.1
	信頼性	6.3	0.2	−0.3	0.2	−0.3
	整備保守のしやすさ	5.1	0.3	0	−0.2	−0.3
	製品のデザイン	4.5	0.2	0.1	−0.1	−0.1

平均からの乖離　□平均以上　■平均以下

　にアルファ社が競合と比べてどう評価されているのかを調べることが調査の狙いである。コンジョイント分析の結果、購買決定に影響を及ぼす要因が確かめられた。これを図4-4に示す。システムの処理速度は、アルファ社が考えていたとおりきわめて重要だった。だが優先順位をつけると、処理速度の次は技術サービス（営業スタッフの技術知識や専門技術者の派遣など）、システムの互換性、そしてシステムの信頼性となる。

　これらについてさらに深く掘り下げてみたところ、意外な事実が判明した。購買決定因ごとにアルファ社と競合を比較したのが図4-5である。図からもわかるように、最も重視される処理速度に関しては、4社はほぼ横並びだ。アルファ社はたしかに少々平均を上回っているが、他社もすべて最低基準はクリア

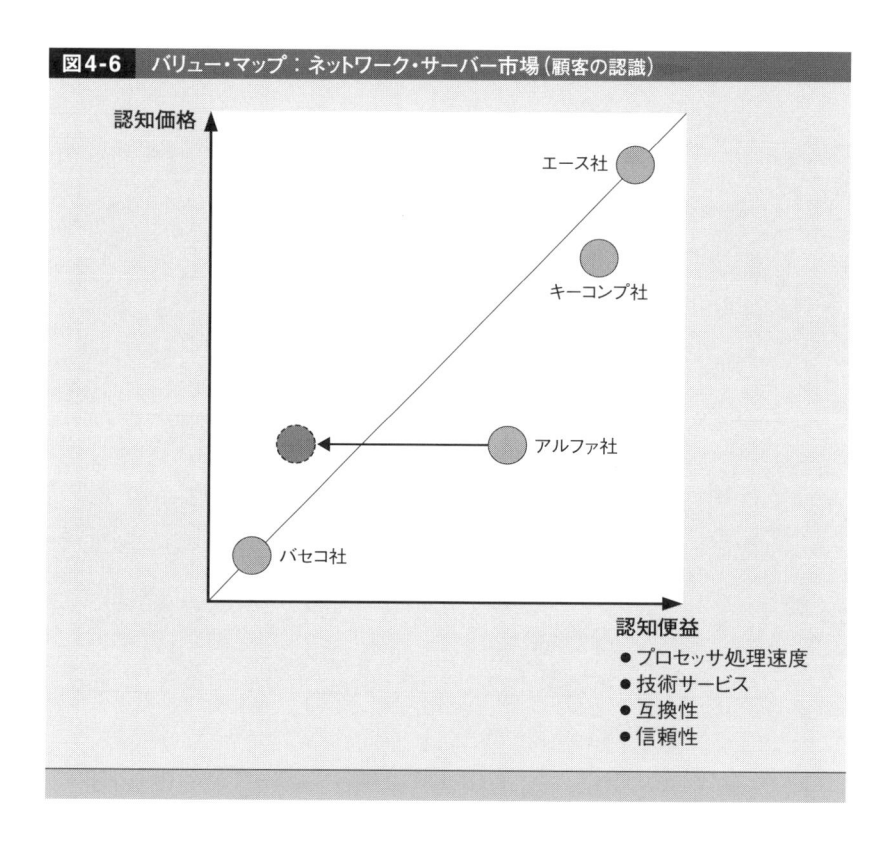

図4-6　バリュー・マップ：ネットワーク・サーバー市場（顧客の認識）

縦軸：認知価格
横軸：認知便益
- プロセッサ処理速度
- 技術サービス
- 互換性
- 信頼性

プロット：エース社、キーコンプ社、アルファ社（矢印で左方向へ移動）、バセコ社

しているので、買い手にとって決定的な要因とはならない。ところが他の項目、たとえば技術サービスの品質やシステムの信頼性などでは、アルファ社と競合の間に明らかな差がついていた。顧客の購買選択を左右するこれらの項目では、当面のライバルであるキーコンプ社のほうがはるかに優れている。

こうして顧客が重視する商品属性が判明し、メーカー各社に対する各属性ごとの顧客の評価も明らかになった。これに基づいて作成し直したバリュー・マップが図4-6である。キーコンプ社は重要な項目で高い評価を得ており、価格こそ高めだが、十分にバリュー・プラス領域に位置づけられる。キーコンプ社がシェアを増やすのは当然の結果と言えた。これに対してアルファ社は、購買決定に重大な影響を及ぼす項目で評価が低く、バリュー・マイナス領域になっ

てしまう。となれば、シェアが減るのは当然と言わざるを得ない。

　調査でわかった事実を踏まえ、アルファ社は問題に対処する集中的なプログラムを立てた。顧客企業の多くは基幹業務システム（ERP）を導入しており、互換性、システム構成、エネルギー節約の問題に悩まされている。これらの問題は、ソフトウェアの簡単な手直しを行い、標準化されたシステム構成ツールを導入すれば、十分に解決できた。信頼性に関しては、同社は初期モデルで失敗し市場で烙印を押されてしまった経緯がある。そこで大々的な販促キャンペーンを展開し、最新モデルの信頼性を強調した。さらに技術サービスの面では営業スタッフと技術スタッフのトレーニングを強化。改良したシステム構成ツールも携行させるようにした。こうすればシステム・インテグレーションに対する顧客の要望によりよく応えられ、営業もしやすくなる。

　プログラム開始から半年もしないうちに、図4-7に示すとおり、バリュー・マップ上のアルファ社の位置は大移動する。アルファ社の新製品に対する顧客の評価はぐっと上がり、価格を8％引き上げたにもかかわらず、シェアを5％奪回することができた。そして価格・売上数量が共に改善されたおかげで、その製品ラインの営業利益は従来の倍に飛躍したのである。

　アルファ社のケースは、カスタマー・バリューについて何を教えてくれるのだろうか。まず、顧客の購買決定因とその優先順位を正しく理解することがきわめて重要であるということ。顧客自身の声を聞かずに社内の思い込みに頼るのは致命的な失敗である。もう一つは、技術的な性能のように定量化できる便益よりも、目に見えず定量化しにくい要因（信頼性、サポートの品質など）が重視されるケースが多いことだ。とくに技術的な最低基準を競合各社がクリアしている場合には、こうしたソフトな要因が重要になってくる。

　さらに販売店などチャネル・パートナーの存在がバリュー・ポジショニングをいっそうややこしくする。パートナーと一口に言っても、単に各社の商品を販売するだけの小売店・通販業者から、システム設計・変更・据付・保守まで手がける高付加価値の販売業者まで多種多様だ。しかしどんなパートナーであれ、顧客の目から見れば、メーカーから提供される便益や価値の一部である。したがって、慎重な管理が必要なのは言うまでもない。

図4-7　バリュー・マップ：ネットワーク・サーバー市場（アルファ社の改善プログラム実施後）

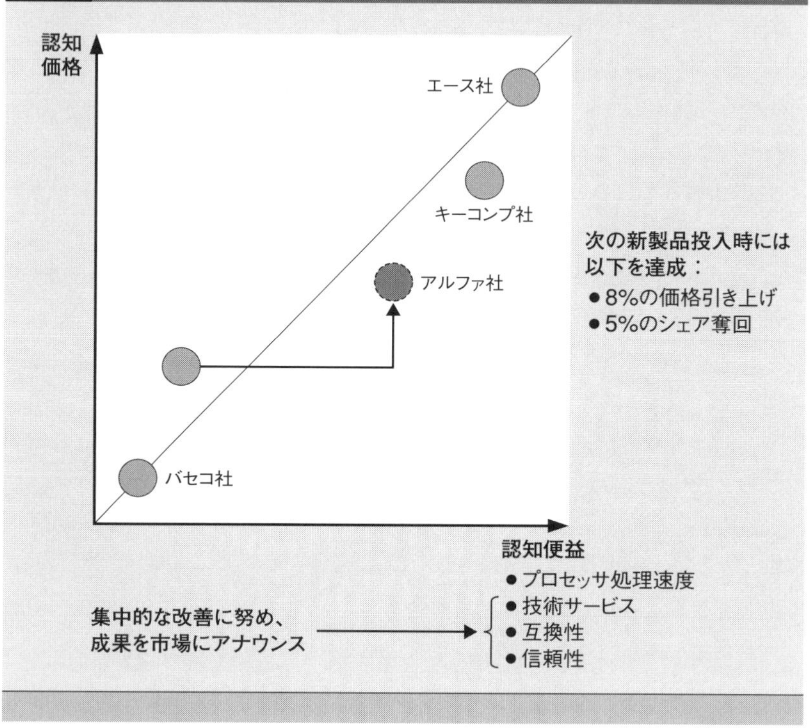
認知価格
エース社
キーコンプ社
次の新製品投入時には以下を達成：
● 8%の価格引き上げ
● 5%のシェア奪回
アルファ社
バセコ社
認知便益
● プロセッサ処理速度
● 技術サービス
● 互換性
● 信頼性
集中的な改善に努め、成果を市場にアナウンス

チャネル・パートナーとメーカーの間では、ある程度の利害相反は避けられない。販売店としてはメーカーからできるだけ安値で仕入れたいので、商品の便益をさほど評価していない振りをしてメーカーと駆け引きする。だが消費者に対しては、その同じ便益を大いに売り込んで売上げを伸ばそうとする。こうしたわけで、販売店が認識する便益や販売店経由で売り込まれる便益の本当の姿は見えにくくなるし、エンドユーザーのニーズも読みにくくなってしまう。つまり戦場には霧がかかっているのだ。だが売り手は販売店に伝える便益と販売店経由で伝えられる便益についても、ほかの場合と同様、常に同一基準を適用するよう努めなければならない。

第4章 製品・市場レベル

3種類の便益

　サプライヤーが顧客に提供する便益は、大きく分けて3種類ある。性能、プロセス、リレーションシップである。

■**性能的便益**：製品の性質や機能などが該当する。たとえばコンピュータの処理速度、ポンプの流量、化学品や金属合金の純度、スポーツカーの加速力などだ。性能は定量化しやすく比較も容易なため、便益のなかでも企業がとかく最初に注目しがちだ。しかも性能しか検討しないケースもままある。

■**プロセス便益**：売り手と買い手の間の取引を円滑化・迅速化・効率化するといった便益を指す。取引をより楽しくすることなども、ここに含まれる。たとえば製品情報にアクセスしやすくする、再注文のシステムを自動化する、電子データ交換（EDI）に決済手段を用意する、などだ。市場によっては、プロセス面の便益が性能面の便益より利益貢献度が高いことがある。とくにプロセス面でサプライヤーが差別化される場合にそれが言える。

■**リレーションシップ便益**：売り手と買い手が双方を利する関係を結んだとき、買い手が手にする便益である。たとえばブランドやパーソナライズされたサービスに対する愛着といった感情的なものもあれば、上得意客に対する報奨金や内密な情報の交換といった有形の便益もある。多くの市場では、こうしたリレーションシップ面の便益が次第に購買行動を左右する強力な誘因となりつつある。

●── 認知価格

　顧客が価格をどう認識しているかを調べるのは、認知便益の把握よりやさしそうに思えるかもしれない。だが、実際には同じくらい難しい。ある商品が企業向けであれ個人消費者向けであれ、価格はなかなか厄介な情報で、直接的な

調査をしにくいものだ。

　第3章では、売り手がポケット・プライスを必ずしも明確に理解していないことが確かめられた。同じように買い手も、あちこちで値引や割引を受けるうえ、競合各社の価格構造が異なることもあって、価格の単純比較ができにくくなっている。

　たとえば、伝票価格だけを見ればあるサプライヤーのほうが安い。しかし実際には伝票外の値引があるので、別のサプライヤーのほうが安くなっていることもある。いったん「割安」との評判が定着すると、実際にはさほどでもないのに消費者が安いと思い込んでしまうこともあるし、逆に高品質との評価が定着しているブランドは自動的に高いと認識され、価格に非常に敏感な市場に参入しにくくなるといったこともある。

　要するに価格は便益と同じく認識されるものであり、認知価格は多くの要素から影響を受けるのである。売り手が価格を市場にどうアナウンスするか、価格の構成はどうなっているか、支払い条件はどうか。そういったことがすべて認知価格に反映される（この点については第11章で改めて詳しく論じる）。

　認知価格は、バリュー・マップ・フレームワークの精度を上げる基本となるものである。さきほどバリュー・マップ上に価値均衡線（VEL）と呼ばれる直線を引いたが、この線を見ると、買い手の認知価格はきわめて精密であるとの印象を受けるかもしれない。つまり価格が少しでも変化すればサプライヤーのポジショニングは変化し、購買選択も変わるように思える。

　しかし実際には、ある商品を買ってもよいと買い手が考える価格には、ある程度の幅がある。これを**無感度ゾーン**と呼ぶ。このゾーンはひどく狭いケースもあれば（±1％程度）、非常に広いケースもある（±5％以上）。ゾーンの幅は顧客セグメントごとに違うし、サプライヤーごとに違ってくることもある。したがって価格弾力性調査を実施するときは、無感度ゾーンの幅を明らかにできるよう調査を設計しなければならない。ゾーンの範囲内で定価や基準価格を上げるのは、手っ取り早く利益を増やす最もリスクの少ない方法と言える。

価格弾力性

　市場価格、とくに変化の大きい市場での価格を分析するに当たっては、価格弾力性が重要な意味を持つ。価格弾力性とは、価格が変化したとき売上数量がどう変化するかを表すごく単純明快な概念だが、実際にはなかなか複雑であり、場面によって違うことを指す場合もある。ここでは価格弾力性の計算式などは説明せず(原注)、プライシングとの関わりが深い点だけを簡単に解説しよう。

■**無感度ゾーン**：価格弾力性は、このゾーンの幅を決める重要な要素である。知名度、乗り換えにかかる費用（スイッチング・コスト）や手間などの影響があり、価格を動かしても購買行動に何の変化も起きないゾーンが必ず存在する。

■**境界価格**：価格弾力性が正比例するケースは滅多にない。代替品との価格格差が広がるにつれて、価格弾力性は変化する。きわめて高い価格帯では（ときにはきわめて低い価格帯でも）、買い手は価格の変化に敏感になる。価格があまりに高くなると、それに見合う便益は存在し得ないと買い手は判断するし、あまりに低くなると、それほどの低価格ではその商品には何ら便益がないと考えるようになる。

■**顧客セグメント**：顧客のタイプによってニーズが違い認知便益が違うように、価格感応度もセグメントごとに異なる。したがって企業は、あるセグメントの価格弾力性を無思慮に別のセグメントに当てはめて考えてはならない。

原注：価格弾力性の計算は複雑であり、多くの書籍で詳しく紹介されている。なかでも以下の文献が参考になる。Kent B. Monroe, *Pricing: Making Profitable Decisions* (New York: McGraw-Hill/Irwin, 2003)

■**時間経過**：市場は時間が経つにつれて変化する。顧客のニーズは変化するし、既存品に慣れれば新しい商品、新しい便益がほしくなる。企業は常に価格弾力性をチェックし、最新のデータを把握していなければならない。

■**コミュニケーション手法**：価格がどのように市場に伝えられるのか、たとえば毎日か、月1回か、年に1回なのかによって、価格の変化率が同じでも、顧客の反応には大きな違いが出てくる。

■**ウォーターフォールの構成要素**：第3章で見たように、最終的なポケット・プライスはウォーターフォールの構成要素によって決まり、それぞれの要素が異なる購買行動を誘発する。ポケット・プライスが同じでも、ウォーターフォールの構成要素が変化したときの顧客の反応はそれぞれに違う。

■**需要とシェア**：値下げをして売上数量がかなり増えたとしよう。売り手はその市場の弾力性が高いと判断し、さらに値下げ攻勢をかけようとする。しかし、内実はまったく違うこともあり得る。本来の市場は価格弾力性に乏しい（したがって値下げをすれば損をするだけである）が、価格が安くなったせいで代替市場から買い手が呼び込まれることがあるからだ。100％果汁の値段を下げたら、ソフトドリンク市場から消費者がスイッチしてきたというケースがこれに該当する。状況を正しく読みきれれば適切なセグメンテーションができるが、読み違えると、不必要な値下げを繰り返すなど、戦術を誤ることになる。

■**製品間の弾力性**：顧客のニーズを満足させる製品が複数存在する場合がある。たとえばベルリンからパリへ行くには車でもバスでもいいし、列車、飛行機、どれでもいい。このようなケースで弾力性分析を行うときは、単純に価格の変化が個々の商品（この場合は輸送手段）に及ぼす影響を測定するだけでなく、顧客の行動がどう変わるかも調べなければならない。

ダイナミック・バリュー・マップ

　顧客の認知便益・認知価格を把握し、その結果として自社商品が競合品に対してバリュー・マップ上でどう位置づけられるかを見きわめることは、製品・市場レベルのプライシングの「いろは」の「い」である。

　これまでのところ、バリューは安定して「スタティック（静的）」なものと考えてきた。だが実際の世界では、バリューは絶えず変化する「ダイナミック（動的）」な要素である。競合のポジショニングも顧客の認識も決して不変ではない。供給サイドで言えば、目新しいデザインやこれまでにない機能が次々に提供される一方で、コスト削減・生産性向上によって価格は押し下げられる。また新たな企業が始終参入の機会をうかがっている。一方、需要サイドでも、顧客のニーズや期待は常に変化する。たとえばインターネットへの高速アクセスが可能になれば、高性能パソコンなど高機能品の需要が高まるといった具合だ。そもそも買い手は常によりよいものを、より安く買おうとする。

　つまりバリュー・マップとは本来止まっているものではなく動いているものなのだ。その変化が持つ意味は重大だが、しかしある程度は予測可能である。したがって企業は自社のポジショニングを、常に先を見越して管理することが大切だ。バリュー・マップをどの方向に変化させたいのか、動きの速い競争環境で自社の商品をどのように位置づけたいのか、明確に認識しなければならない。そして新商品をバリュー・マップ上にどう位置づければ最大のリターンを手にできるか慎重に計画を立て、経済情勢の変化や景気循環をすかさず利用できるよう、態勢を整えておく必要がある（新製品のプライシングについては第6章を参照されたい）。

◉── ダイナミック・バリュー・マネジメント

　競合する企業のなかでどこか1社が動くと──価格を引き下げる、性能を改善する、など──他の企業はそれに反応する。シェアを奪われないうちに素早く迎え撃ってくることもあれば、敵の動きに追随することもあるだろう。

いずれにせよ、企業は競合品のバリュー・ポジショニングや認知便益の変化を先へ先へと予測し、規律を持って価格・便益を管理しなければならない。これが、**ダイナミック・バリュー・マネジメント**である。

ここではある電動モーター・メーカーの例を挙げ、ダイナミック・バリュー・マネジメントを誤るとどのように利益が失われるかを見ていこう。シュア・モーターズ社は工作機械用など産業用モーターのメーカーである。腐食・損耗しやすい苛酷な条件下で使用されることが多いが、同社の製品は高品質で耐久性に優れるとの定評を得ていた。また同社は、幅広い用途について専門知識を持つという点でも評価が高い。この業界のシェアは安定しており、シュア・モーターズ社と主要競合3社はVEL上に位置づけられていた（すなわちどのメーカーも便益と対価が釣り合っていた）。

しかしシュア・モーターズ社が新製品のラインナップを発表したとき、各社の力関係は一変してしまう。新製品は旧型品よりもやや耐久性に優れ、保証条件も改善されていた。しかしシュア・モーターズ社は価格を据え置くことに決める。競争の激しい業界で、顧客は常によりよいものを求めているからだ。それに、実際に製造コストが旧型品とほとんど変わらないことも決め手になった。この戦略の結果、**図4-8**に示すように、シュア・モーターズ社はバリュー・プラス領域に移動。顧客が新しいバリューを認めるようになると、同社のシェアは徐々に拡大し始めた。

しかし市場そのものの規模が拡大するわけではないから、シュア・モーターズ社のシェアが増えれば競争相手のシェアは当然ながら落ち込む。とくに市場で最上位の機種を扱っているローテーション・カンパニー社のシェアが食われていった。最初はうまくいっているように見えたシュア・モーターズ社の戦略だが、結果的には競合各社のシェア奪回作戦を引き起こしてしまう。とりわけ便益で差を縮められたローテーション社は差し迫った脅威を感じ、自社の保証条件を改善すると同時に値下げを断行する。他のメーカーは上位2社のシェア争いでVELが押し下げられることを察知したが、対抗して便益を改善するだけの能力も経営資源もない。そこで2社は、唯一可能な策に出た。値下げである。

図4-9を見るとわかるとおり、シュア・モーターズ社の戦略は各社の一連の

第4章 製品・市場レベル

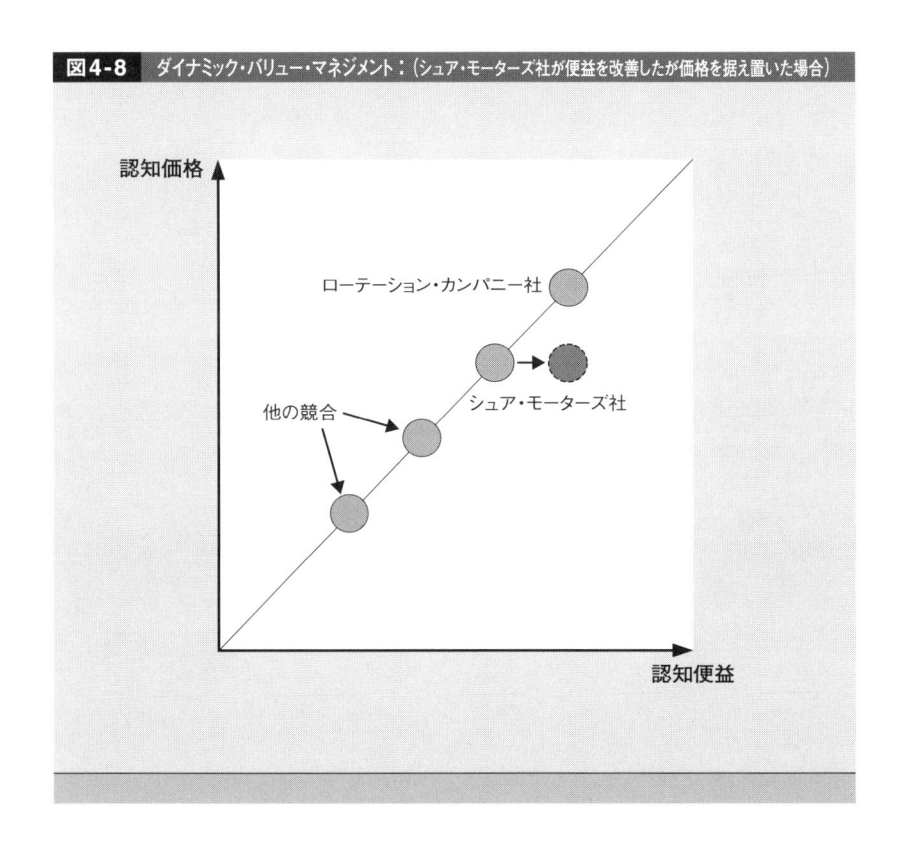

図4-8 ダイナミック・バリュー・マネジメント：(シュア・モーターズ社が便益を改善したが価格を据え置いた場合)

[図：認知価格（縦軸）と認知便益（横軸）の座標上に、ローテーション・カンパニー社、シュア・モーターズ社、他の競合が配置されたVELライン図]

動きを誘発し、結局はVELを押し下げた。よいものを安く買えるのだから、顧客にとっては結構な話である。だが売り手にとっては儲けを取り逃がしたことになる。つまり市場の利益が売り手から買い手に移転したと言える。

　シュア・モーターズ社はもう少しましなバリュー・マネジメントができなかったのだろうか。おそらくはできたはずだ。新型モーターの価格を便益に見合うだけ高く設定し、従来のVEL上にとどまっておればよかった。そうすれば従来どおりのシェアを、高い価格で維持できただろう。この場合、競合はシェアを奪われないため、何も手を打たないと予想される。すると業界全体の価格水準はそのまま維持され、シュア・モーターズ社は大幅増益を実現できたに違いない。

図4-9 ダイナミック・バリュー・マネジメント：（図4-8に対して競合が値下げで対抗してきた場合）

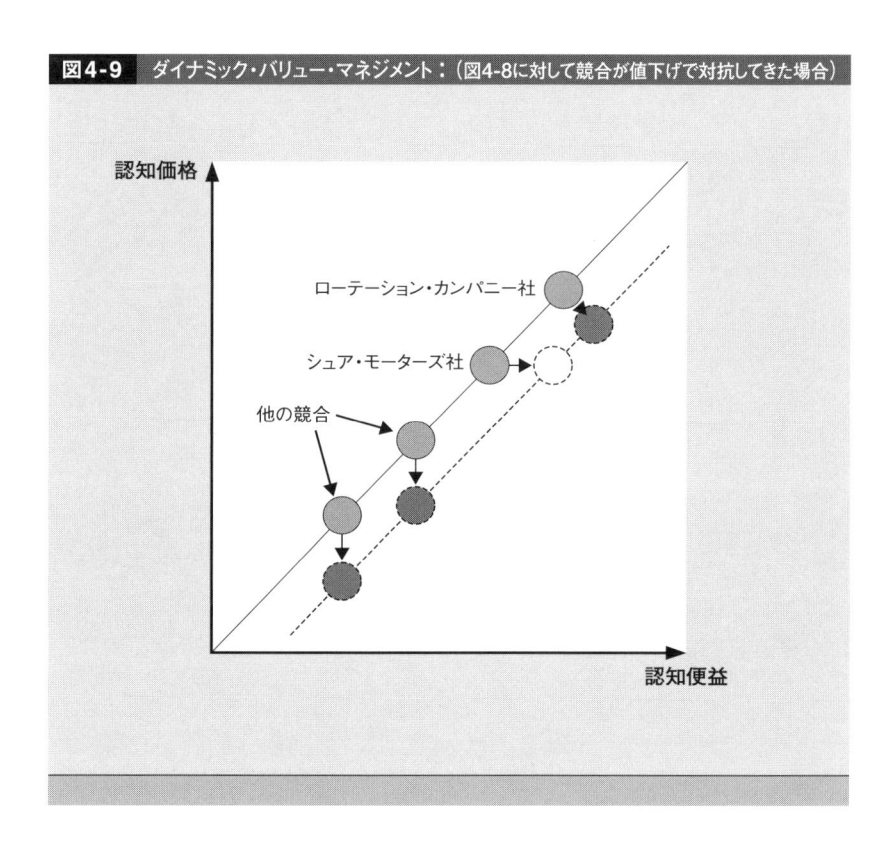

●── ポジショニングを変える

　自社製品のポジショニングを改善しようとするとき、先手を打つ場合でも後手に回った場合でも、基本的な選択肢は2つある。一つはVEL上でポジショニングを変えること、もう一つはVELから離脱する（そしてバリュー・プラス領域に移動する）ことだ。売り手は、それぞれの行動が持つ意味をよく理解しなければならない。どちらを選ぶかによって結果は大きく異なるからだ。競合や顧客の反応、価格、売上げ、利益、リスクなどすべてが違ってくる。

　バリュー・マップに何らかの変化を起こそうとするとき、まず問題にすべきなのは、将来バリュー・マップにどうなってほしいのか、という点である。価

第4章　製品・市場レベル

格優位を確立している企業は、数年先まで見越して望ましいバリュー・マップの未来像を描き出す。そこには自社や競合各社に期待するポジショニングがプロットされるはずだ。次にこの将来のバリュー・マップを目標に、自社にとって最善の戦略を立てる。同時に目標達成に向け、競合を自社にとって都合のいいポジションへと誘導していく。

　たとえばシェアが安定した市場に新規企業が参入し、シェア10％の獲得を宣言したとしよう。賢い古株企業は、新顔といきなり全面対決するような愚は犯さない。5年先のバリュー・マップを展望し、自社にとって最も好都合な新規参入企業のポジションを考える。たとえば低価格で低機能品のカテゴリーなら10％のシェアを譲ってもかまわない、ただしこのとき業界全体のVELが押し下げられることはなんとしても避けよう、という具合に。そして新規参入企業をこのポジションに追い込むべく、顧客獲得や便益創出の作戦を綿密に立てるわけである。

VEL上でのポジショニング変更

　VEL上でポジショニングを変える場合、便益と対価の両方を変更することになる。これは一般にあまり攻撃的でない手法と言え、VELから離脱する場合に比べ競合の反撃を招くおそれが少ない。VEL上でのポジショニング変更はシェアではなく利益の拡大が主目的であるが、顧客が密集して形成されるクラスター（集団）の位置や競合との位置関係次第では、シェアが変動する結果にもなる。ポジショニングを変えたらバリュー・マップはどう変化するのか。これを理解するためには、まずは自社のポジションを含め、バリュー・マップ上の現勢力の位置関係を把握しなければならない。

　VEL上でポジショニングを変える場合、現在の競争範囲内、すなわちハイエンド～ローエンド企業が提示する価格・便益の範囲内にとどまるか、範囲外まで移動するか、2通りの戦略が考えられる。現在の競争範囲内にとどまる戦法は、新しいポジションに有望な顧客クラスターが存在し、かつ自社商品が競合品を上回る場合には成功するだろう。しかし競争範囲内でポジショニングを変えても市場全体の規模が拡大するわけではないので、こちらのシェアが増え

れば、相手はどうしてもシェアを食われることになる。そうなれば必ず対抗してくるだろうし、対抗手段は多くの場合、値下げである。したがってポジショニングの変更を考えるときは、値下げが値下げを呼ぶ悪循環に陥らないよう、慎重に戦略を考える必要がある。

　これに対して現在の競争範囲外に活路を求める戦略なら、ハイエンド、ローエンドいずれかで潜在的な需要を掘り起こせるので、パイそのものが大きくなる。しかも新しい市場が開拓されるわけだから、競合はさほど脅威を感じず、直ちに反撃してくる可能性も低い（ただし市場開拓に成功した場合、競合が追随してくる可能性は大いにある）。したがってうまくいけば大きな利益が見込める。ただしそのためには、眠っている需要を突き止め正確に定量化することが必要だ。実は、これがきわめて難しい。そもそも消費者は自分が何をほしいのかよくわかっておらず、実際に商品が目の前に突き出されるまで、いくらならそれを買いたいのか想像できないからである（新製品のプライシングについては第6章で詳しく論じる）。

　競争範囲内にせよ、範囲外にせよ、いったんVEL上でポジショニングを変更したら、リスクを見落とさず商機を逸しないよう、よくよく注意することが必要だ。商品のポジショニングを変えれば、旧来の顧客の一部を失うことは避けられない。しかし代わりに、新しもの好きの顧客を呼び込める。失う数より獲得する数が多いことが望ましいのは言うまでもないが、このあたりのトレードオフを見誤ると、古きよき顧客層を失うのと引き替えに手に入れたのが移り気な顧客グループだったり、むやみに競争の激しいセグメントだったりという結果になりかねない。

　VEL上にとどまるつもりなら、便益を変えたとき、それに合わせて必ず価格も設定し直さなければならない（あるいはその逆。ただし逆は滅多にない）。シュア・モーターズ社のケースで見たように、便益を改善しながら十分な値上げをしないでおくと、競合の反撃――多くの場合は値下げ――を招きやすい。逆に必要以上の値上げをすれば、当然ながら売上げが落ちてしまう。適正な値上げ幅を決定するには、本章の冒頭で紹介した市場調査の手法を活用するとよい。

　VEL上でポジショニングを変える場合、こちらからの一方的な価格・便益

調整では済まなくなる事態にも注意が必要だ。たとえばハイエンド方向にポジショニングを変えたとき、そこで要求される便益は自社の能力や意図を超えるものかもしれない。もちろんそれに対して高い価格を設定することはできるが、価値提供に要するコストも膨らんでしまう。たとえば食品メーカーが有機食品カテゴリーにポジショニングを変更した場合、これまでより高めの価格は設定できるが、保管や包装のコストも増える。

　同様にローエンド方向にポジショニングを変える場合にも、意外な問題点がある。たとえばメーカーというものは、たとえ低価格品であっても、サービスの水準を下げたがらない。そんなことをして評判に傷がつくのを恐れるからだ。低価格品だからと言ってサービス水準を引き下げれば、顧客との関係にもひびが入りかねない。しかし低価格品のサービスが充実しているとなれば、自社の高価格品と共食いになってしまう。それに、もう一つ問題がある。ローエンド方向にポジショニングを変える場合、コスト面で不利になりやすいことだ。たとえば製品開発や製造プロセスがハイエンド製品を想定して設計されている場合、これを変えるのはなかなか難しい。そうなると利益率が低下し、ポジショニング変更に投資してもそれに見合うリターンは得られない。

VELからの離脱

　VELから離れてバリュー・プラス領域に進出するのは、魅力的な戦略に見えるかもしれない。だが多くの企業の例が教えてくれるように、VELから離脱するときはVEL上を移動するときより、業界の力関係やリスク、機会について深い理解が必要である。と言うのもVEL上でポジションを変えるときは隣り合う競合1、2社を考えればいいが、VELの下側に移動するとVELそのものが押し下げられ、競合全社に脅威を与える結果を招きやすいからだ。

　なお、VELを押し上げるのは難しく、現実には滅多にない。競合各社が同じ方向へ一斉に動き、しかも買い手が価値（価格ではない）の低下を受け入れなければならないからだ。VELの上方移動が起こるのは、原料や製造コストの大幅値上げ、あるいは新たな法規の出現でコスト増を余儀なくされるといった、構造変化によることが多い。また条件が整っているときに限られるが、価

格決定力（プライス・リーダーシップ）を握っている場合にもVELを上へ移動させることができる（プライス・リーダーシップとその条件については第5章で詳しく論じる）。

　VELから離脱すると決まったら、次は、どんなふうにどれだけVELから離れるのかを決めなければならない。便益を変えるのか、価格か、それとも両方か。ただし変更する前に、顧客の購買行動を左右するのがどんな商品属性や価格水準なのかをよく理解しておかなければならない。VELからどの程度離れるかは、複数の要素のバランスで決まる。たとえば、シェアの拡大にどれほどこだわっているのか。競合が反撃してくる危険性をどの程度までなら容認できるか。ポジショニングを変更してから結果が出るまでにどれほど待てるのか。そうした変更に対して市場はどの程度敏感に反応するのか。

　VELの下側にくるよう商品のポジショニングを変更すると、図4-10に示すように、潜在顧客の範囲は広がる。この場合、新しいポジショニングは旧来の顧客にも引き続き好感を持って受け入れられるはずだ。なにしろ、よりよい便益をより安く手に入れられるのだから（ただし新たな便益が余計と感じられる場合は別である）。同時にこの新しいポジショニングは、新たに2種類の顧客グループを呼び込めるはずだ。一つは、それまで高い金を払って同様の便益を手に入れていた顧客グループ。もう一つは、価格は同じだが得られる便益が少なかった顧客グループである。

　しかしVELから離脱して潜在顧客の範囲が広がるとしても、必ずしも成功が約束されるわけではない。まずは入念な市場調査を行い、拡大された範囲が無人の広野ではなく確実に顧客クラスターが存在することを確かめる必要がある。たとえば図4-11のケースでは、上位機種のサプライヤーが値下げをして新たな顧客層を摑もうとした。だがその程度の値下げでは新しい顧客グループを引きつけるには不十分である。次に控える顧客クラスターは、すでに受けている便益に満足しており、多少便益が改善されても、そのために高い金を出す気はない。つまり値下げをしたサプライヤーはシェアを増やせないどころか、大損を被る結果になってしまう。同じようなことは、VEL上のどの地点でも起こりうる。

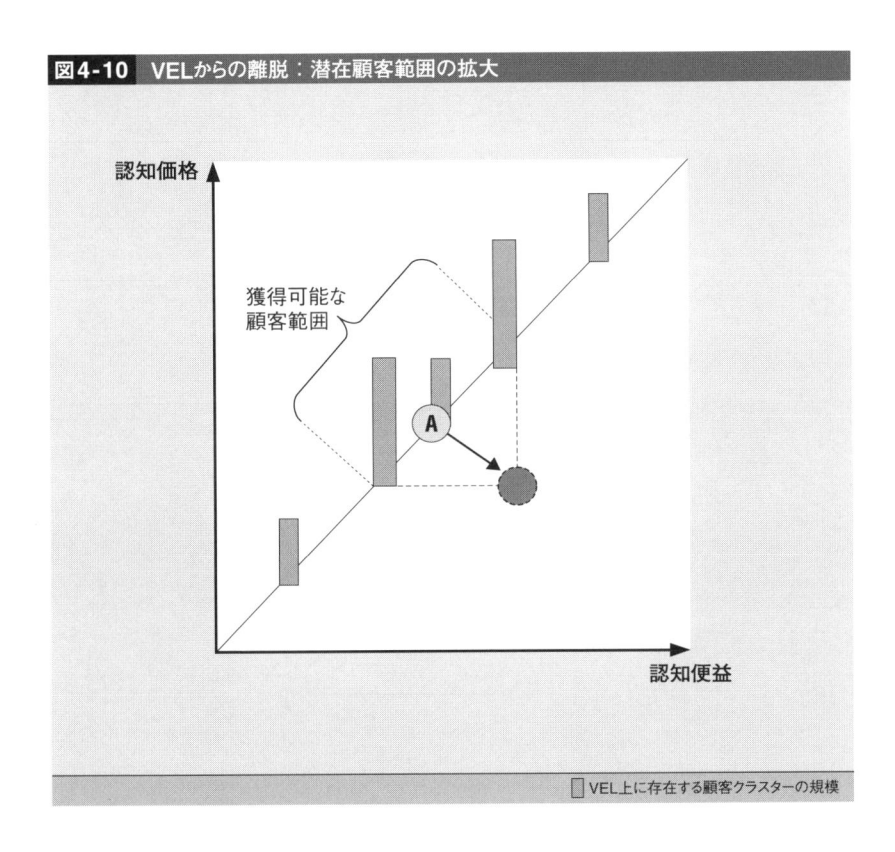

図4-10　VELからの離脱：潜在顧客範囲の拡大

（図：縦軸「認知価格」、横軸「認知便益」。対角線上に並ぶ複数の棒グラフはVEL上に存在する顧客クラスターの規模を示す。点AからVELの下方へ移動する矢印と、破線で示された「獲得可能な顧客範囲」）

　またVELからの離脱は、顧客が気づくほどに大胆にしなければならない。どっちつかずの離脱は逆効果である。消費者がポジショニングの差に気づかず（たとえば無感度ゾーン内での値下げ）乗り換え需要が起きないのに、競合のほうが相手の動きに気づいて追随しようとすれば、VELはたちどころに下方へ移動する。そうなると各社のシェアは変わらない。たとえばある暖房設備工事会社は、据付工事の人件費を5％引き下げた。しかし設計士や工務店が見積もりを比較するときは、据付工事費の総額が評価対象になる。人件費を5％削ったところで総額は1％足らずしか下がらず、この会社はみすみす利益を失っただけだった。

　VELから離脱する場合には、顧客の好みや行動を理解するのと同じくらい、

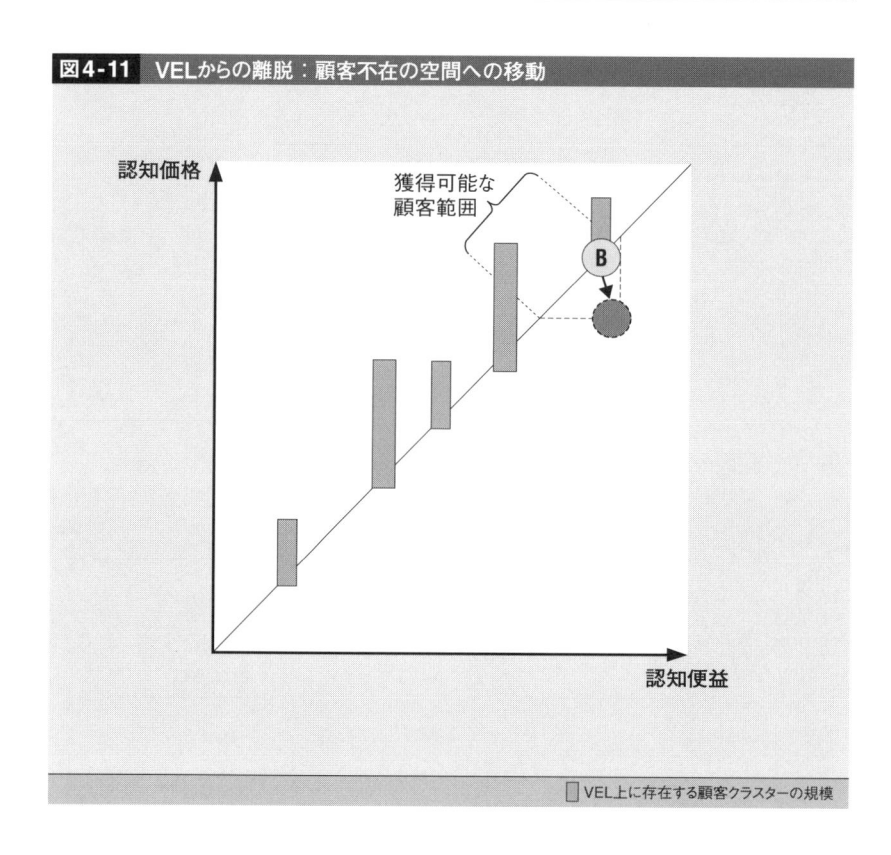

図4-11　VELからの離脱：顧客不在の空間への移動

縦軸：認知価格
横軸：認知便益
獲得可能な顧客範囲
B
■ VEL上に存在する顧客クラスターの規模

　競合のポジショニングや戦略についても明確に把握しておく必要がある。シェアが奪われるのを黙って見ている競争相手はまずいない。彼らは自社商品を改良するか、値下げをするか、あるいはその両方で対抗してくるはずだ。競合がどの手でくるか、慎重に見きわめなければならない。

　どこか1社が仕掛けたときに競合先が採る一番ありふれた対応は、同じ手段で対抗することだ。つまり値引に対しては値引で、新しいサービスに対しては類似のサービスで応酬する。したがって仕掛ける側が便益軸上でポジショニングを変えるなら、値下げをするより収益面でのダメージは少ない。便益で対抗するとなると、競合にはそれなりの時間が必要だからである。また消費者にアピールしなかった便益やコストがかかりすぎる便益を取り消すほうが、いった

ん値下げをした後で再び値上げに転じるよりも容易である。とは言えすでに見たように、便益面でのポジショニング変更が必ず値下げを防げるというわけではない。商品属性の改善に他社が太刀打ちできない場合、唯一の対抗手段である値下げをしてくる可能性は大いにある。

競合の反応を読む

長い間には、企業は市場の変化に対してそれなりに理屈の通った反応を示すようになる。したがって競争相手が過去にとった行動や最近立てた戦略は、価格変化に対する反応を見抜く手がかりとなるはずだ。このとき注目すべき要素を以下に掲げる。

- **戦略的意図**：利益を生む強力な商品を抱えている企業、狙いがはっきりしている企業は、既存市場の外に活路を見出すのではなく、真っ向勝負でくる可能性が高い。またコアとなる製品が脅かされた場合、利益を度外視して不合理な戦略を採る企業が多い。
- **投資傾向**：たとえば生産設備の拡大やコストのかかる販促キャンペーンに最近投資したばかりの企業は、戦わずしてギブアップする可能性は低い。たとえ古くさい技術を使った商品や性能が劣る商品であっても、必ず一戦交えようとするだろう。
- **選択肢の幅**：競合のなかには、ライバルの商品に便益面で対抗する手段を持たない相手がいる。また価格構造の問題から、防衛的な値下げができない相手もいる。
- **脅威**：こちらがポジショニングを変えた場合、競合がすべて同じように反応するわけではない。便益・価格いずれであれ、最も強硬に反撃してくるのは、バリュー・マップ上で一番近くに位置するライバルである。逆にこちらの出方にさほど影響を受けないと感じている競合は、何も手を打ってこない可能性がある。

> ■ **市場でのポジション**：すでにバリュー・プラス領域にいる競合は、バリュー・マイナス領域にいる競合ほど激しい反応は示さないと考えてよい。
> ■ **経営状態**：経営状態がよく資産内容が健全な企業には、時間をかけて対応する贅沢が許されている。そうした企業は、競合の動きによってもたらされる影響を正確に把握するため、時間をかけて入念に調査する。
> ■ **成熟度**：何度も修羅場をくぐり抜け、早まって手を打ったり過剰反応を示したりするのは危険が多いと知っている企業は、ライバルが値下げをしても慎重な姿勢で臨む。
> ■ **業界の習慣的パターン**：イノベーションにはイノベーションで対抗するとか、価格戦争は絶対に避ける、あるいはシェアは死守するといった過去のパターンは繰り返されることが多い。

　プライシングの変更によってVELが押し下げられた場合にも、顧客のクラスターは移動する。価格・便益の組み合わせでVELが下へ移動すると、**図4-12**に示すようにVEL上の顧客分布が変化して、小さなクラスターに細分化される。新たに提示された便益には関心のない顧客もいれば、この機に便益と対価を改めて見直す顧客も出てくるだろう。また、隠されていた需要が掘り起こされる可能性もある。

　なお、バリュー・プラス領域に移動したからと言って、必ずしも売上げ増に結びつくとは限らない。新しいポジショニングに対する需要が存在しなかったり、あるいは潜在顧客が価格に敏感でないこともあり得る。たとえば新参の歯科衛生器具メーカーが、ある製品ラインでシェア拡大を狙い、大手の老舗に猛烈な安値攻勢をかけたことがある。老舗のほうは当初即座に値下げで対抗しようと考えた。しかしその前に市場調査を行ったところ、価格に敏感で乗り換えそうな顧客はごく一部に過ぎないことが判明。しかも調査の結果、この老舗の製品に対する顧客満足度はきわめて高いことも確かめられた。そこでこの機を逃さずいくつか派生的な新製品を打ち出し、全面的な値上げに踏み切る。最初に恐れたほどの顧客流出は起きず、値上げのおかげでそのカテゴリーの収益性

第4章 製品・市場レベル

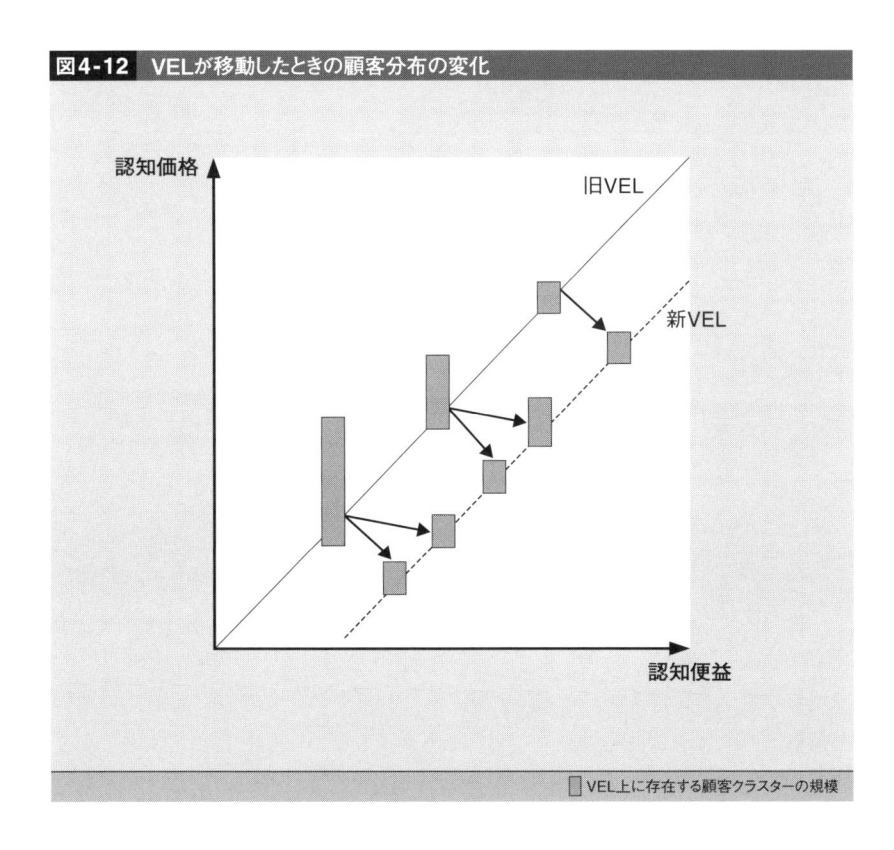

図4-12　VELが移動したときの顧客分布の変化

［グラフ：縦軸「認知価格」、横軸「認知便益」。旧VEL（実線）から新VEL（破線）への移動と顧客クラスターの変化を示す矢印。凡例：VEL上に存在する顧客クラスターの規模］

は大幅に高まった。

　顧客クラスターにうまく遭遇でき、かつ競合の反撃に耐えられるなら、VELからの離脱は利益の拡大をもたらすことができる。だが、こちらが一方的に離脱したとき競合はどう反応するのか、需要パターンはどう変化するのか。このあたりを読みきらずにやみくもに離脱する例が多すぎるようだ。このような近視眼的な行動をとるならば、収益性は損なわれ、期待を裏切られる結果に終わるだろう。

バリュー・マップ上の顧客分布

　本章の初めで触れたように、市場は決して均質ではなく、VELのポジションはどれも同じ重みを持つわけではない。適切に定義されたセグメントであっても、顧客がVEL上に均等に分布することはあり得ない。それどころか、顧客はクラスターを形成するのがふつうである。つまりVEL上に位置づけられた商品であっても、たくさんの買い手を集められるものもあれば、そうでないものもある。

　クラスターが形成される原因はさまざまである。第1に、**便益偏重型**の買い手がいる。つまり便益の最高（あるいは最低）基準を設定し、それ以上（あるいは以下）は認めないタイプだ。市場調査でも、一部の商品やサービスにそうした閾値の存在が確かめられている。便益がそれを少しでも上回れば買い手が感じる価値は大幅に跳ね上がるが、少しでも下回れば価値はまったく認めてもらえない。

　便益偏重型の買い手には、絶対に譲れない便益の最低基準がある。たとえば自動車メーカーが部品を注文する場合を考えてみよう。信頼性が最低基準を下回るような部品は、いくら価格が魅力的でも絶対に受けつけないはずだ。逆に最高基準も存在し、それを上回ると買い手はもはや金を出そうとしない。たとえばコンピュータを買おうとする消費者は自分に必要なメモリーをよくわきまえており、ある水準以上に記憶容量が大きくても評価しない。それどころか便益が追加されたとき、価格が同じでも敬遠されることさえある。たとえば企業が事務用にボールペンを購入する場合、同じ値段でしゃれたペンがあっても、おそらく何の変哲もない商品のほうを選ぶだろう。贅沢をしていると思われたくないからだ。

　第2に、**価格偏重型**の買い手もいる。この商品にはいくらまでと決め、それ以上は出さないタイプだ。上限は予算上の制約であることが多いが、心理的なものであることも少なくない。たとえばアメリカでは平均的な家庭用パソコンの価格は、性能が大幅に改善されたにもかかわらず、1990年代末頃から1000

ドル前後に据え置かれている。おそらくこの価格帯を上限と感じる消費者が多いためだろう。このタイプの消費者は、パソコンがいくら高性能になっても、それ以上払う気にはならない。

便益偏重でも価格偏重でもない買い手だけが、VEL上にポジショニングされたあらゆる商品についてトレードオフを吟味する。買い手が企業の場合には、投資効果がプラスであって低価格品を上回りさえすれば、価格は評価対象項目の一つに過ぎなくなり、VEL上のあらゆる商品が候補に上るはずだ。買い手が消費者の場合にも、嗜好品（コーヒー、アイスクリーム）、贅沢品（香水、ブランド品）から必需品（命に関わる病気の治療薬）にいたるまで、価格が度外視されるケースは少なくない。

クラスターが形成される第3の原因として、認知便益の質的な問題が挙げられる。たとえば規制緩和後の電力・ガス、通信業界では、「参入順位の原則」とも言うべき力が働く。つまり新規参入企業が商品の品質やサービス内容など「ハード」面で既存企業を多少上回ったぐらいでは、シェアを奪うのは至難の業である。なぜなら、リスクが少ないとか取引関係がスムーズであるといった「ソフト」面の便益は長いつき合いから生まれる部分が大きく、なかなか真似できないからだ。そのうえ新規参入企業に乗り換えるとコストがかかるという印象も根強い。このため、たとえ明らかに新規参入企業のほうがよいと思っても実際の顧客の行動は鈍くなる。

VEL上の顧客分布を理解することは、商品のポジショニングを賢く決定する重要なポイントである。だが多くの場合、顧客分布についての知識は乏しく、それがまずい決定に結びついている。企業が犯しやすい過ちの代表例を以下に掲げる。

第1は、顧客が存在しないところに商品をポジショニングしてしまうケースである。本来なら競争力のある商品を、VEL上で顧客クラスターが存在しない空白地帯に位置づけてしまうと、シェアの拡大は望めない。ある金属コーティング機械メーカーは、新商品を競合品A、Bの中間に位置づけ、A、Bどちらにも満足していない顧客の獲得を狙った。だが残念ながら、AとBの間にはほとんど顧客はいない。Aの加工速度は顧客企業のニーズにぴたりと合ってお

り、Bの加工速度もそうなっている。そして中間的な速度にはニーズがなかった。これを見抜けなかった同社は、性能・価格の釣り合った妥当な新商品を発売したにもかかわらず、シェアの拡大に失敗する。そして結局は数百万ドルもの損失を計上する羽目になった。

　第2は、大事な顧客クラスターを失ってしまうケースである。商品のポジショニングがVELの右上か左下に寄りすぎると、価格偏重型あるいは便益偏重型の買い手を大量に逃す結果になりかねない。たとえば高価格・高性能を誇るメーカーは、気づかないうちにVELの右上へと突き進み、だれもほしがらない商品をつくりがちだ。逆に低価格が売りの企業は、値段を下げすぎ、提供する便益が信用されなくなることがある。たとえばあまりに安い車を売ろうとしたら、買い手は安全性に疑いを抱くだろう。

バリュー・プロファイリング

　これまでに紹介した基本バリュー・マップは、問題点を突き止め市場に潜む機会を発見したいときに大変役に立つ。しかしさらに**バリュー・プロファイリング**と呼ばれるテクニックを使えば、一段と深い理解が得られるはずだ。認知価格や認知便益には大きなばらつきが存在しうるが、市場の認識を示す詳細なプロファイルを作成すれば、企業が望むバリュー・ポジショニングと実際のポジショニングとの乖離が見つかりやすい。そしてこの情報を手がかりにして、問題点（便益が市場にうまく伝えられていない、不適切な裁量的値引が横行している、便益の提供の仕方がまずい、など）をピンポイントで特定し、解決方法を考えればよい。

　認知便益、認知価格、無感度ゾーンの詳細分析を行うと、**図4-13**に示すように、バリュー・マップ上でのポジショニングを点から楕円で表示することが可能になる。楕円中心からの高さは認知価格の標準偏差を表し、幅は認知便益の標準偏差を表す。バリュー・マップの場合と同じく、楕円は無感度ゾーンに落ち込むこともあれば、バリュー・プラス領域に入ることも、バリュー・マイナ

第4章 製品・市場レベル

図4-13 バリュー・プロファイル：精度の高いポジショニング①

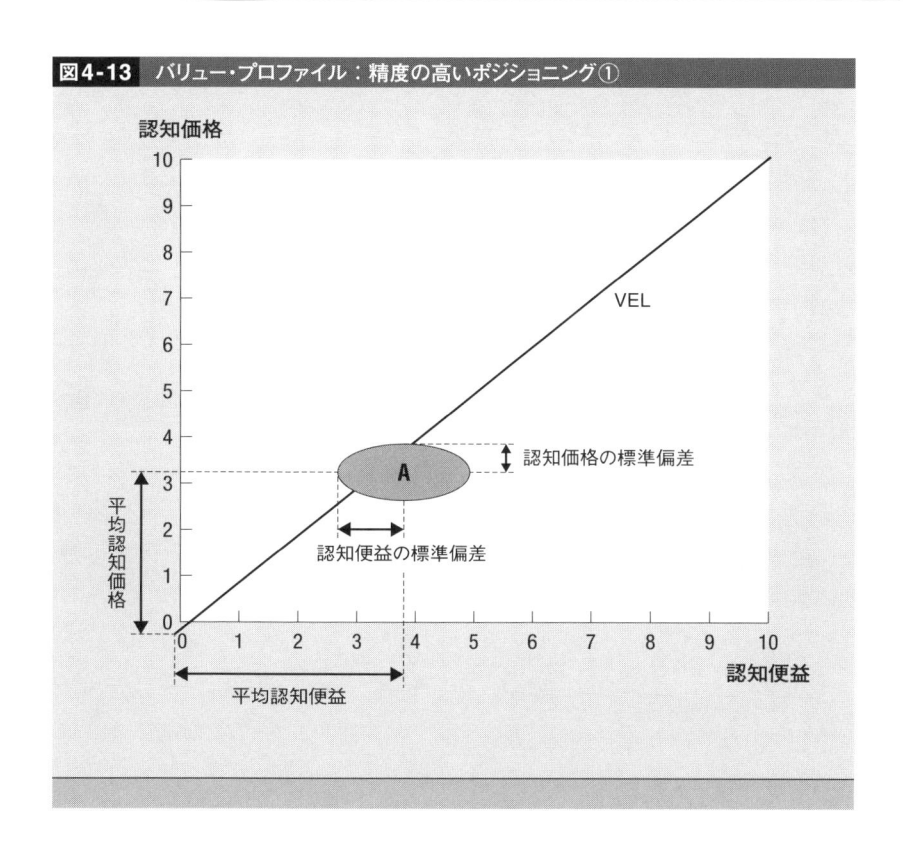

[図：縦軸「認知価格」（0〜10）、横軸「認知便益」（0〜10）のグラフ。原点から右上へVEL直線。A点を中心とした楕円が描かれ、縦方向に「認知価格の標準偏差」、横方向に「認知便益の標準偏差」。縦軸側に「平均認知価格」、横軸側に「平均認知便益」の表示。]

ス領域に属すこともある（**図4-14**）。

　バリュー・プロファイリングで把握した全体像は、健全な価格設定の出発点となる。ポジショニングがVELより上になった場合、下になった場合についてはすでに論じたとおりだが、楕円の形状もまた重要なヒントを与えてくれる。とくに認知価格・認知便益のばらつきが予想より大きい場合に、このヒントは有効だ。楕円の形が歪むのは、多くの場合、価格のポジショニングか便益のポジショニング、あるいはその両方について市場が明確に理解していないことが原因である。**図4-15**に、その代表的な例を3通り掲げた。第1のバリュー・マップでは、商品Aの認知便益に大きなばらつきがある。第2のマップでは、認知価格のばらつきが大きい。第3のマップでは、両方に大きなばらつきがあ

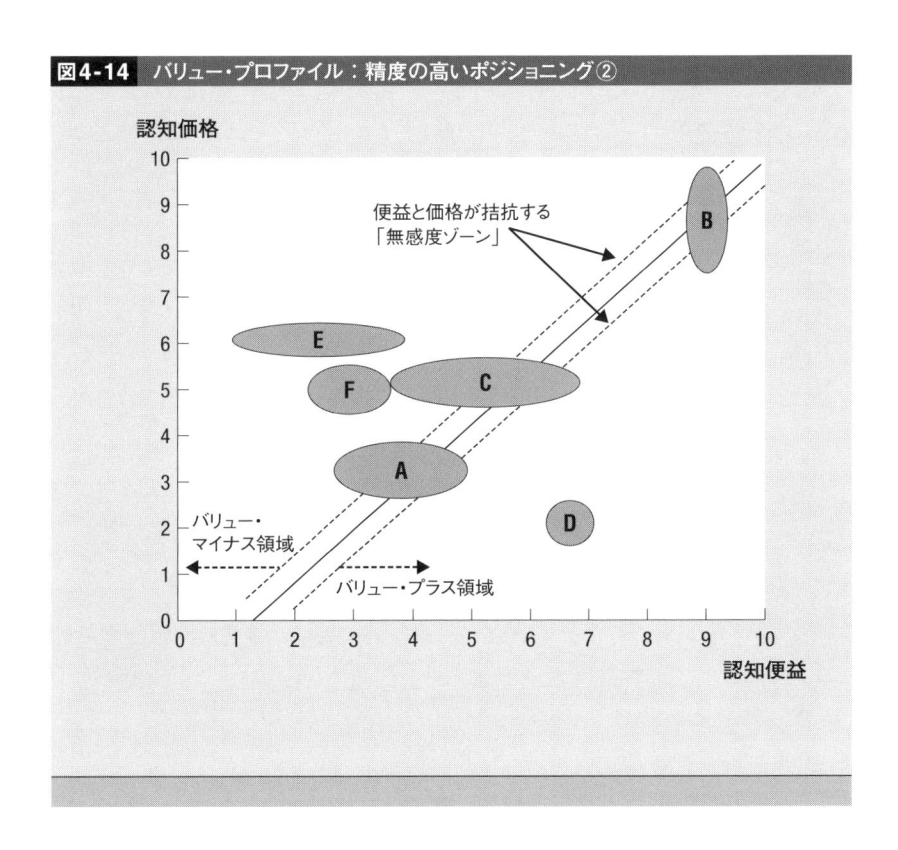

図4-14 バリュー・プロファイル：精度の高いポジショニング②

る。なぜ楕円がこうした形になったのか原因を見落とすと、価格設定を誤ることになりかねない。

　売り手と買い手の間で認識の相違が出る原因の一つは、複数のセグメントをうっかり一つのセグメントにまとめて考えてしまうことだ。すると、まったく同じように提示した商品でも、ある消費者は高すぎると思うし、別の消費者は割安と考えることになる。また便益が大きいと喜ぶ顧客もいれば、不満を示す顧客も出てくるだろう。ここで難しいのは、セグメントごとにきめ細かく市場へのコミュニケーション手法を変えたり、提供方法を調整しなければならないことだ。極端な場合には、あるセグメントの特定のニーズに応えるために商品そのものを変えなければならないケースも出てくる。

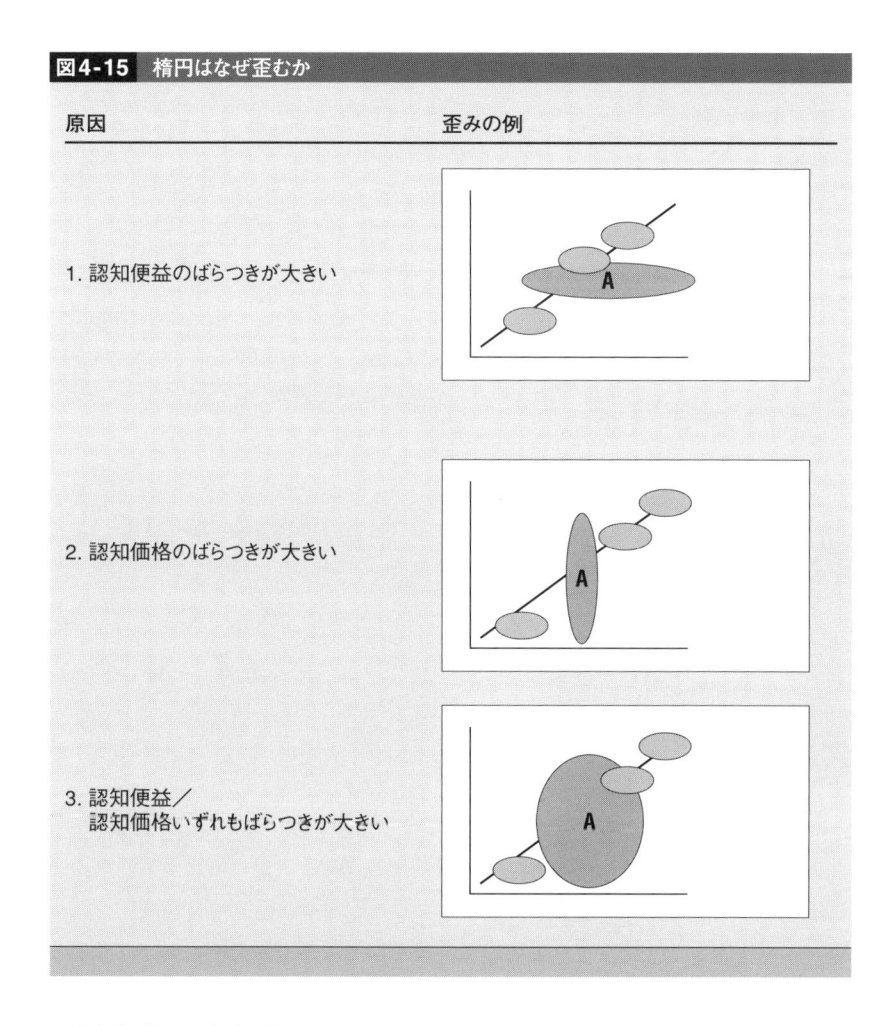

第4章　製品・市場レベル

図4-15　楕円はなぜ歪むか

原因	歪みの例
1. 認知便益のばらつきが大きい	
2. 認知価格のばらつきが大きい	
3. 認知便益／認知価格いずれもばらつきが大きい	

　認知価格・認知便益それぞれにばらつきが出る原因も、複数のセグメントを一つにまとめてしまう過ちで説明がつく。バリュー・プロファイリングがあるセグメントの認識を正確に反映していると仮定して、図4-15に示された機会を探ってみよう。

　一番上の例では、価格は正確に認識されているが、顧客によって認知便益に大きなばらつきがある。その理由は2通り考えられる。第1は、顧客に対する

価値の提案方法が物理的に異なる場合。たとえば商品そのものが違う、品質にばらつきがある、地域によってサポート体制が違う、などが考えられる。第2は、便益の伝え方が一貫していない場合である。複雑すぎてわかりにくい、マーケティング手法に不備がある、営業部隊の能力に差がある、営業・マーケティング戦略がそもそも効果的でない、などの原因が考えられる。

2番目の例では、便益に関しては市場の認識は一致しているが、価格についてはばらつきが大きい。よくある原因は、無節操な値引など価格設定に規律が欠けることである。ポケット・プライスにはかなりの幅があり、許容範囲を超えてしまうこともあるため、ほぼ同じ商品でも最終価格には相当な開きが出てしまう。

3番目の例では、価値の提案が曖昧すぎる。第1、第2の例の原因が重なると、楕円はこのような形になりやすい。この場合には慎重に対策を考えることが必要である。なぜなら便益の伝え方がまずい、無節操な値引をしている、セグメント認識が間違っている、などさまざまな原因が複雑に絡まり合っていることが多いからだ。

POINT

製品・市場レベルのプライス・マネジメントでは、カスタマー・バリューを何よりも重視する。このレベルでの最大の課題は、競合に対して価格・便益をどうポジショニングするか、ということだ。その目的は、自社製品のバリュー・ポジショニングを長期的に最適化しうる基準価格をセグメントごとに設定することにある。そのためのツールとして、本章ではバリュー・マップを紹介した。バリュー・マップを活用すれば、便益と対価のバランスが買い手にどのように作用し購買決定に影響を及ぼすかが理解しやすくなる。

製品・市場レベルのプライシングに秀でた企業は、顧客を理解することにひとかたならぬ情熱を燃やす。予算を割いて定期的に市場調査を実施し、どのような便益が顧客の購買行動やサプライヤー選定に影響を及ぼすか分析する。また自社の商品には現在どのような便益が備わっていて、どこが改良・

変更されているか完全に把握しており、それらが売上げにどう結びついているかも熟知している。もちろん主要ライバルについても抜かりなくデータを摑んでいる。さらに自社・競合の価格水準を顧客がどう認識しているかについても詳しく調査し、十分データに裏づけられた予想を立てることができる。そして最重要セグメントに関しては、自社と競合のバリュー・ポジションをプロットしたバリュー・マップを作成・更新し、市場に重要な変化が起きたときには必ず見直しを行う。

　こうした企業では、セグメントごとの戦略策定にバリュー・マップが大いに威力を発揮する。たとえば先手を打って価格・便益の提案を調整する、競合の価格・便益ポジショニング変更に対応する、新製品の価格ポジショニングを決定する、といったときにバリュー・マップが役に立つ。とは言えプライス・マネジメント先進企業は、スタティック・バリュー・マネジメントだけでは満足しない。さらに一歩踏み込んで市場の動きを織り込んだダイナミック・バリュー・マネジメントを実行し、自社や他社のポジショニング変更に対する競合の反応を先読みする。彼らは将来を予測したうえで、自社に有利なポジショニングを描いたターゲット・バリュー・マップを作成するのだ。そしてこのターゲット・バリュー・マップを実現するために計画的に行動し、競合の動きにも影響力を行使していく。

　顧客や競合についての豊富な知識と詳細なデータを持ち、そうした知識や情報に裏づけられた賢明な製品・市場レベルの市場戦略を立てることは、真の価格優位を確立するための必須条件である。

第5章 業界レベル

Industry Strategy

　業界レベルは、プライス・マネジメントのなかで最も幅広く包括的なレベルである。ここで問題になるのは業界全体にわたる価格水準だ。それを知り、正確に予測し、できればこちらに有利な方向で影響を与えること。それが業界レベルのプライス・マネジメントの主目的である。これに失敗すると、最悪の場合には破壊的な価格戦争が勃発する。それよりましな場合でも、価格水準に無用の押し下げ圧力が働きかねない。しかし成功すれば、業界全体に健全なプライシング行動を誘発することができる。顧客に提供する便益を上回るような価格設定は健全とは言えないし、そもそもそのような価格水準は到底維持できない。健全と言えるのは、便益に釣り合う価格水準、商品に投じられた労働に見合う価格水準である。このレベルのプライシングをないがしろにすると、せっかく取引レベルや製品・市場レベルで獲得した価格優位をみすみす失ってしまうことになる。

　逆にこのレベルに長けた企業は、業界の価格水準に影響を及ぼす需給関係やコスト動向などを熟知し、その原因もしっかり把握している。そして市場の「見えざる手」をひたすら待つのではなく、業界全体に利するような動きを誘

本章ではプライシングの業界戦略を検討する。業界に属する企業の集団行動は、法的に関心の高い問題である。本章ではさまざまな手法について説明するが、決して適用法に違反する行為を奨めるものではない。企業は自社の行動が法律で許される範囲内であることを確かめるために、妥当な努力をすべきである。またこの問題が法律的に高い関心の対象であることに配慮し、経営幹部は行動を起こす前に適切な専門家の助言を仰がなければならない。

導すべく、自ら積極的に関わっていく。業界を取り巻くミクロ経済環境に精通した彼らは、市場に先んじて巧みに戦術を変える。たとえば価格が上昇基調にあると読んだら固定価格での長期契約は避ける、需要が上向くと見込んだら生産能力を拡大する、などの手を打つことができる。

　ところで、業界を取り巻くミクロ経済環境に好ましい変化が表れたからと言って、自動的に価格水準が押し上げられるわけではない。業界事情に精通している企業は価格変化の時期や幅を読むことはできるが、実際に価格水準を変えるためには、主導権を握るにせよ、追随するにせよ、能動的に行動を起こすことが求められる。プライシングで主導権をとる企業は、条件が整いライバルが追随すると判断できるとき、率先して値上げに打って出る。これは業界に向けて健全なプライシング行動を誘発する正統な戦略であって、法律の規定にもまったく違反しない。重要な点は、業界の収益性を長期的な視点から考える姿勢を促し、しかるべき条件が整ったときには価格水準の引き上げを検討する方向へと業界を誘導することを通じて、破滅的な価格戦争を回避できるということだ。主導権を握る企業すなわち**プライス・リーダー**と合理的な追随企業すなわち**プライス・フォロワー**はそれぞれに業界に対して影響力を行使し、自分たちにとって好ましい水準へと価格を導く。

　しかし企業はさまざまな理由から、業界レベルで好機を逃してしまう。第1に、ほとんどの企業は、業界の価格動向をウォッチする担当者を置いていない。競合の行動パターンを日頃から探っていれば、リーダーシップやフォロワーシップをとる機会をきっちり押さえられるはずだ。第2に、目先の株主価値にとらわれる風潮は強まる一方で、競争が一段と激化している。その結果、価格・利益の長期的改善を犠牲にしてまで近視眼的に売上げ増やシェア拡大を追い求める傾向が認められる。第3に、中小企業は、業界の価格水準に対する自社の影響力を過小評価しがちである。生産能力をごくわずか増強するとか、低価格の代替品メーカーとして自社を位置づけるといった戦略をとれば、大いに影響力を発揮できるはずだ。そして第4に、企業は業界を知るためのツールやソフトウェアを過小評価している。上手に分析ツールを使えば、業界動向、自社の影響力、法律上の自由度などを分析することが可能である。

こうした理由から、企業は往々にして業界レベルで得られるはずの機会を見落としてしまう。たしかにそうした機会はなかなか目につきにくいが、企業は目につきやすい単純な機会すら見逃すことが多い。それは、単に見ていないからである。たとえばある特殊化学品メーカーは、競合が5年間で2度も値上げをしたのに気づかなかった。どこも追随してこないため、競合は2度とも価格を元の水準に戻し、業界全体の収益性低下をだれも食い止められないという結果に終わる。このメーカーは業界の価格水準をモニターしていなかったので、競合に追随するかどうか検討すらしない有り様だった。我々が調査した限りでも、リーダーになるにせよフォロワーに徹するにせよ、価格引き上げの好機を逸する企業は枚挙にいとまがない。その原因は、気をつけてさえいれば簡単に発見できたはずの好条件を見落としてしまうことにある。

価格予測の精度を上げる

業界の価格動向をうまく予想できる企業は、大きな利益を手にすることができる。とくにコモディティなど景気循環の影響を受けやすい商品、ハイテク製品など短命な商品の場合には予想精度がものを言う。たとえばある賢い家電メーカーは、ある商品のライフサイクルの終盤では、値下げを2週間遅らせるだけで年間利益を17%増やせることを知っている。

価格予想の精度を上げるためには、業界に作用するさまざまな要素を深く理解しなければならない。どんな企業でも、価格設定に当たってはそうした要素の影響を受けるはずだ。業界の需給関係やコスト曲線のモデル化手法などについては詳しく論じた本が出ているので参考にするとよい[原注1]。ここではあえて詳しくは触れないが、業界の価格水準の変化を示す指標として、次の3つは常にウォッチすべきである。

原注1：Kent B. Monroe, *Pricing: Making profitable decisions*（New York: McGraw-Hill/Irwin, 2003）をとくに薦めたい。

■**コスト**：主な原料の供給過剰または不足、新しい製造技術や流通方式の登場、技術の進歩などが原因で、コストは変動する。

■**供給**：生産能力の拡大や新規企業の参入、特許の失効、工場閉鎖などが原因で、供給は変化する。

■**需要**：補完的な商品へのシフト、消費者の嗜好の変化、新しい便益で誘発された潜在需要、新たな法規の制定などが原因で、需要は変化する。

営業部隊の最前線から情報を集め、市場心理の機微といったものをすくい上げることも大切だ。ただしこれには高度な分析が必要である。また、断片的な情報を適切に評価する、別の情報で裏をとる、といった注意も怠ってはならない。たとえば競合が供給不足に陥ったという情報などは、デマかもしれないし、古い情報かもしれない。単に聞き間違いの可能性もある。

こうしたミクロの変化を予測するには、自社が属する業界の動向をしっかり見きわめるだけでなく、サプライヤーや顧客の市場で何が起きているかにも精通しなければならない。たとえば雇用問題はサプライヤーの事業に悪影響を及ぼし、ひいては業界全体のコストを押し上げかねない。あるいは法改正の結果、顧客の事業が対応を余儀なくされ、注文内容に変更が出ることも考えられる。

業界の価格水準に変化をもたらす要因を把握していれば、自信を持ってプライシングに臨めるし、顧客に対する価格の提案もしやすい。それに、価格動向調査にむやみに時間を使わずに済む。とは言え、業界の価格予想を高い精度で行えることの最大のメリットは、次の2つに集約される。第1は、予想される価格変化に対して十分に準備ができること。第2は、それを見越して生産量を微調整できることである。

◉── 価格動向を見越して準備する

価格の変化を予測できれば、企業はぬかりなく準備を整え、いざというときに素早く手を打てる。たとえばアメリカのスチレン業界では、需要が急増してフル稼働状態になると価格が急騰する（これはスチレンに限らずどの業界にも共通の現象である）。図5-1に示すようにスポット価格は天井知らずで上昇し、そ

第5章　業界レベル

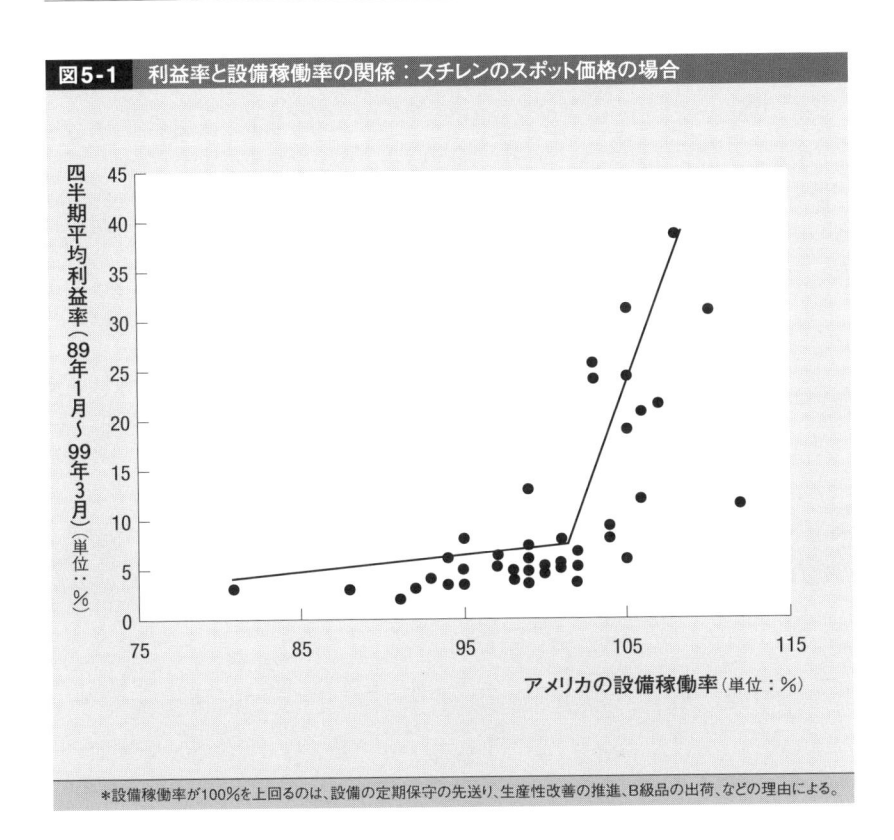

図5-1 利益率と設備稼働率の関係：スチレンのスポット価格の場合

縦軸：四半期平均利益率（89年1月～99年3月）（単位：%）
横軸：アメリカの設備稼働率（単位：%）

＊設備稼働率が100%を上回るのは、設備の定期保守の先送り、生産性改善の推進、B級品の出荷、などの理由による。

れに伴って利益率も急上昇している。しかしメーカー側がフル稼働に突入しても、価格が上昇するまでにはややタイムラグがある。顧客が旧価格をできるだけ長く据え置くよう圧力をかけるからだ（もっとも価格下落の場合には、顧客は当然そうした圧力はかけない）。

　主力メーカーが業界の設備稼働率を注意深くウォッチし、スポット価格が上がり始めたことに気づいていれば、それが一時的な現象ではなく、長期にわたる構造的な価格水準の上昇であると読めただろう。そうであれば、契約ベースの価格も早い時期に高めに設定できたはずだ。さらに、十分に在庫を積み増し、値上げ後に売りさばくという戦術も使えたに違いない。この戦法がうまくいけば、価格急騰期の3カ月にわたり、メーカー売渡し値を5～7セント／ポンド

増しにできたはずだ。年産20億ポンド程度の標準的なスチレン・メーカーの場合、営業利益が200万～300万ドル増えていた計算になる。

　供給量の予想外の変動に対応できる企業も、大きな見返りを手にすることができる。たとえばある電子部品メーカーは、1999年の台湾大地震で主要部品が一時的に品薄になることを見抜き、他社より早く手を打ったおかげで年間利益を2500万ドル増やすことができた。

　業界の価格予想は、価格で先手を打つときに役立つだけではない。精度の高い予想ができれば、ほかにもさまざまな戦術を採れる。たとえば価格が上昇基調になるのを見越して新規契約の期間を短縮しておけば、価格が上向いた後まで低い固定価格に縛られずに済む。また原料コストの上昇で製品価格の値上げを余儀なくされそうな状況が見込まれる場合には、契約交渉に際し、原料費の膨張を顧客にスライドさせる条項を盛り込むよう主張すればよい。

　それでは、業界の価格水準が下がると予想される場合はどうすべきだろうか。この場合には、上記と逆の戦術を採ればよい。たとえば契約期間を長めに設定する、原料費スライド条項を削除する、などだ。ある製薬会社はある医薬品の特許が切れるに当たり、契約期間の延長を飲んでくれれば特別値引を適用すると提案した。値引をすれば目先の利益は減るが、長い目で見れば競争の激しい業界で安定した利益が確保できるし、何より特許の切れた薬の延命が図れることになる。

●──価格動向を見越して最適な生産水準を維持する

　供給変動に対する価格感応度が高い業界、たとえば現行価格水準でコスト曲線のカーブがきつい業界では、不用意に価格下落の引き金を引かないよう、慎重に生産能力を調整しなければならない。一般に、生産コストが相対的に中～低水準のメーカーは、フル生産態勢のとき利益を最大化できる。だがミクロ経済分析の結果、業界が飽和状態に近づいていて供給が少し増えるだけで価格が大幅に下がることが判明したら、メーカーとしては危うい均衡を破りかねない生産能力の変更は避けたいはずだ。たとえば市場にとどまっている弱小メーカーのコストが隣り合う競争相手よりもかなり高いのに、どうにか利益を出せる

程度の需要がある場合などがこれに相当する。

　一部の企業は、価格を需要曲線上の好ましい位置に保つため、既成概念にとらわれない戦略を立てている。たとえば生産設備の拡充を検討中の他社の出鼻を挫くような行動がそれだ。1990年代半ば、シェル・ケミカルは「仮想エチレン・プラント」の生産割当量を入札にかける試みを始めた。シェルの製造コストは低く、しかも自社の必要量を上回るエチレン生産能力を抱えている。一方、他のメーカーは必ずしも十分な生産能力を自前で持っておらず、ピンチになるとシェルに助けを求める状況だ。シェルの「仮想プラント」作戦は、他社が完全自給自足を目指して生産拡充の挙に出るのを防ぐことが目的である。他社は生産割当権を購入しておけばシェルのローコスト生産のメリットを活かせるし、安定供給も確保できる。シェルの作戦はまんまと図に当たり、業界全体が1990年代後半を通じて比較的高い設備稼働率を維持でき、しかも利益率も安定していた。

プライス・リーダーシップ

　業界の「ミクロ経済学」を理解していれば、需給逼迫を見越して素早く値上げができるし、業界の価格動向を先読みして契約交渉を有利に進められるなど、逸早く機先を制することができる。さてミクロ経済学理論に基づく機会のほかに、業界レベルで価格優位を確立する機会がもう一つある。効果的な価格設定を主導するプライス・リーダーあるいは、合理的に追随するフォロワーとして特化することだ。しかし残念ながら、この戦略はあまり採用されていない。業界全体に健全な価格設定行動――価格戦争を回避する、基準価格を上昇基調に維持する、イノベーションがもたらす価値を全面的に価格に反映させる、など――を誘導すること。そしていつどのように価格を引き上げるのがベストかを知り尽くすこと。この2つができる企業は業界の価格水準を底上げし、収益性の改善に大きく貢献できる。

　高度なプライス・リーダーシップとは、顧客の価格感応度を適切に評価し、

競合の追随を促すような健全なプライシング戦略を立てることにほかならない。そして戦略を立てるだけでなく、戦略の意図や意義も明確に市場に発信し続けなければならない。また他のプレーヤー——販売店、顧客、競合——が戦略を覆さないよう手段を講じる必要もある。揺るぎないプライス・リーダーシップが確立された市場では、業界のROSは2〜7％高くなる。

ところがさまざまな誤解から、プライス・リーダーシップをとるせっかくの機会が見過ごされることが多い。最大の誤解は、そんなことをするのは法律違反だという思い込みである。たしかに、談合の禁止規定などに抵触しないようにする注意が必要だ。だがプライス・リーダーシップと不法行為の間には、次のような大きな違いがある。

■プライス・リーダーシップ戦略では、価格に関する競合の意図を推測するだけで、競合とはいかなる種類の協定も取り交わさない。
■この戦略では業界の幅広いステークホルダーに自社の価格設定方針と関連情報を伝えるが、それはあくまでも自社の行動の根拠として発表するものである。こうした意思表明を利用して競合に不法にシグナルを送るわけではない。
■この戦略では破壊的な価格設定に対して警報を発する。しかしプライシングや市場の力を悪用して競合をゲームから弾き出す意図はない。
■この戦略は販売価格に関する自社の方針であって、販売店と密約を取り交わしたり、何らかの価格を押しつけるものではない。

また、ローコスト体質の企業やトップシェアを握る企業でないとプライス・リーダーにはなれないという誤解も根強い。あるいは新製品を投入するときしかプライス・リーダーシップは発揮できないという思い込みもある。競合が不合理な行動に出ればリーダーシップどころではないと、心配する向きもあるだろう。それに多くのマネジャーは、自分たちにできることなどあまりないと考えているようだ。天気と同じで業界の価格水準は成り行き任せというわけである。だが、こうした思い込みの多くは間違っている。機会を見逃さない企業は

プライス・リーダーシップをとれるはずだ。自らが主導権を握るプライス・リーダーとなってもいいし、忠実なフォロワーとなることを示して競合がリーダーになるよう促してもいい。

　それでは、巧みにプライス・リーダーシップを発揮するにはどうしたらいいだろうか。筆者の見るところ、大切な要素は３つある。第１に、プライシングが透明である、すなわち価格設定の動向が業界全体にはっきりと「見えて」いること。水面下で価格が決められたり他社が隠密行動をとるような業界では、価格をうまく引き上げるのは難しい。第２に、むやみに売上数量の拡大を狙わず、有利な価格設定で利益を確保しようという共通の意図が存在すること。つまり主力各社がそれぞれ同じスタンスでゲームに参加している必要がある。第３に、競合各社は常にプライス・リーダーシップを目指そうという確固たる決意を持っていること。プライス・リーダーになるのはなかなか厳しい選択である。売上げ増につながる顧客にあえて背を向けなければならないこともあるし、最前線での価格交渉を逐一監視することも必要になる。また値上げに際しては顧客に対し断固たる姿勢で臨まなければならない。

プライス・リーダーシップに影響を与える要素

　効果的に価格を主導する、あるいは追随する舞台は、業界の構造的な条件によって決まる。だが条件が整えば自動的に価格が押し上げられるわけではない。プライス・リーダーとなる企業は、先に挙げた３要素——プライシングの透明性、利益を重視する共通の意図、プライス・リーダーシップを目指す確固たる決意——を上手に活かし、好ましいプライシング行動を業界全体に波及させる術を心得ている。それぞれについて簡単かつ現実的な手法を説明しよう。

◉── プライシングの透明性

　プライス・リーダーシップを狙う企業は、自社のプライシング行動が明快であって、市場や競合に誤解されないよう、十分配慮しなければならない。優れ

たリーダー企業は、価格そのものとその根拠の両方がだれからも理解されるよう努める。両者は分かちがたく結びついているが（たとえば新しいプライス・リストを発表すれば、おのずとその理由が伝えられることになる）、取り組み方はまったく異なる。

価格の透明性

多くの業界では、価格を示すはっきりしたバロメーターがあるわけではない。商品の価格はそのたびごとに交渉で決まり、競合の価格などは噂でしかわからないことも多い。たとえその噂が正しいとしても、そうした情報はすぐに古くなってしまう。これでは、業界の価格動向を探るのはきわめて難しい。

このような業界では、中立的な情報発信源——業界誌や業界団体など——をうまく誘導して標準化された価格指標を開発・発表してもらえば、価格の透明性を高めることができる。価格指標があれば買い手は競合よりむやみに高く買う愚を犯さなくなり、買値を業界水準に収斂させることになる。またサプライヤー側は、市場全体の価格動向を、だれにでもわかりやすく示すことができる。この方法を成功させるためには、主力企業が指標作成者に協力すると共に、各社の具体的な価格が第三者に漏れないよう配慮する必要がある。たとえば化学業界の多くの分野では、このやり方がうまくいっている。

価格の透明性を高める手法はほかにもあり、なかにはひどく独創的なアプローチもある。たとえばエレベーター業界では、長いこと価格が不透明だった。建物はどれも一つひとつ違うので、同じ注文というものは二つとない。階数、エレベーターの寸法、運行速度、内部の仕様などさまざまな要素で価格は決まる。どの項目にも複数の選択肢があるため、ある一つのエレベーターの価格を決めるに当たっては、ほとんど無限の仕様と価格の組み合わせが可能である。そのうえこの業界では非公開入札が慣習化しており、価格動向を見きわめるのはきわめて困難だった。しかし1990年代前半に、あるメーカーがこれを変えようと決心する。そして「ビル設計者のためのエレベーター・ガイド」なるものを発表。微に入り細に入って「標準エレベーター（実際には製作されない仮想モデル）」3種類の説明を掲載し、それぞれの価格も明らかにした。このガ

イドがあれば、設計者は計画段階でエレベーターのおおよそのコストを見積もることができ、これを基準に必要な機能を加え、価格を上乗せしていけばよい。この3種類の仮想モデルは、市場の価格動向の透明性を高める効果的な道具となった。たとえば価格を2％引き上げることが望ましいと判断したら、メーカーは仮想モデルの価格を2％アップしたガイドを作成し、発表するだけで済む。

　しかし価格の透明性を確保するためには、自社の価格を明らかにするだけでは不十分で、他のプレーヤーの動きにも目を光らせなければならない。あからさまな行動も、注意していなければ見逃してしまう。たとえばある蒸留酒メーカーは、特定のブランドで常に競合より高めの価格設定をしていた。ところが販売価格を詳しく分析したところ、あるライバル・メーカーが一部の市場で過去2年間に何度か値上げを行っていたことが判明する。それも、長らくプレミアム価格と認識されていたこの蒸留酒メーカーの価格水準に匹敵するほどの値上げだ。同社は国別の価格動向のチェックを怠ったため、みすみす値上げの機会を逸してしまったのだ。これに対して賢いプライス・リーダーやフォロワーは、市場全体についても細かいセグメントについても、競合の価格設定を抜け目なく監視している。そして他のプレーヤーが発信するメッセージを見逃さず、業界の変化に後れを取らない。

価格設定の根拠の透明性

　企業は価格を明確にするだけでなく、その背後にある根拠もはっきりと表明し、顧客を始めとするステークホルダーの誤解を招かないよう配慮しなければならない。明快な理由があれば競合も合理的な反応をする。とくに値下げのときにこの配慮が大切だ。実際には古い在庫の一掃が目的なのに、何も説明をしないと、相手は攻撃的なシェア奪回作戦と解釈して反撃してくるかもしれない。また値上げの場合でも、明快な根拠があれば顧客や投資家もそれを評価し、思慮深い対応を示すだろう。

　値上げを顧客に伝える場合、言葉による説明のほか、選ぶコミュニケーション手段次第で、背後にある動機や思い入れの強さを訴えることができる。ここでも、誤解を招かないよう細心の注意が必要だ。プライシングを変える行為は

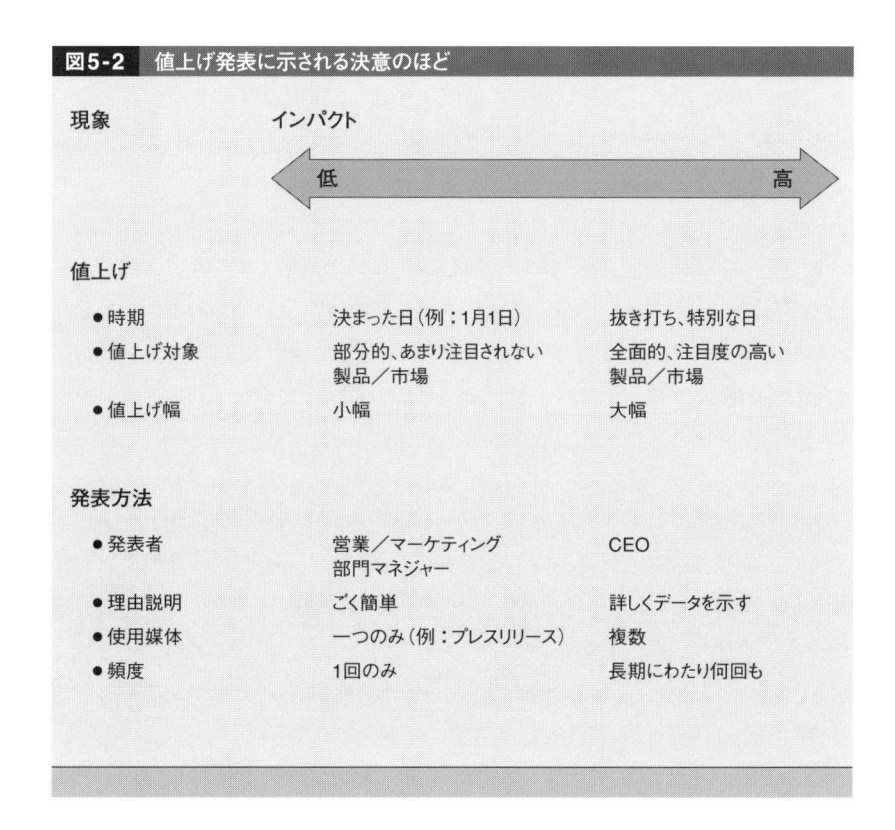

図5-2　値上げ発表に示される決意のほど

現象	インパクト	
	低	高
値上げ		
● 時期	決まった日（例：1月1日）	抜き打ち、特別な日
● 値上げ対象	部分的、あまり注目されない製品／市場	全面的、注目度の高い製品／市場
● 値上げ幅	小幅	大幅
発表方法		
● 発表者	営業／マーケティング部門マネジャー	CEO
● 理由説明	ごく簡単	詳しくデータを示す
● 使用媒体	一つのみ（例：プレスリリース）	複数
● 頻度	1回のみ	長期にわたり何回も

必ず何らかのメッセージを発する。価格をどの程度変えるのか、その時期はいつか、その発表方法は、発表するのはだれか、など数え上げればきりがない。そして一つひとつの要素が、メッセージを強めもすれば弱めもする。たとえば前例に倣って決まった日（たとえば1月1日）に価格変更を行うのか、それとも慣習を破って特別な日に発表し世間の注目を集めるのか。発表はプレスリリースの中でさりげなく行うのか、それともCEOのスピーチの中で強調するのか。大抵の企業は、価格を引き上げるときはできるだけ目立たないようにする。そうすれば抵抗が少ないと計算するからだ。しかし賢いプライス・リーダーやフォロワーは、はっきりと顧客に伝えておくほうが結果がいいことを知っている。図5-2にまとめたとおり、価格引き上げを機にプライス・リーダーとして

インパクトの強いメッセージを発信する方法はたくさんあるのだ。

◉──利益を重視する共通の意図

　どんな企業の行動にも、その背後には意図がある。優れたプライス・リーダーは、価格を長期的に上昇基調に保つのは最重要ライバルが同じ意図を持たない限り不可能であること、その意図とは利益拡大でなければならないことを承知している。シェア拡大に血眼になる企業が同じ業界にいたら、価格を押し上げるのは非常に難しい。そのような場合、プライス・リーダーがまずすべきなのは、利益重視路線をとるよう全プレーヤーに対して説得工作をすることだ。つまりシェアにこだわるのをやめ、利益第一で価格を引き上げる方向に業界を導くことだが、賢いプライス・リーダーはその術を知っている。

　業界全体の意図を同じ方向に誘導するには、言うまでもなく合法的なコミュニケーション手段が必要である。自社の意図を包み隠さず明らかにすれば、「我々は市場を調査した結果、これこれのやり方が目標達成に向けた最も合理的な方法であると結論した」と市場に伝えることができる。もし競合が違う結論に達していたら、改めて調査を行うだろう。

　多くの場合、行動は言葉よりも雄弁である。3年以上にわたって価格が据え置かれていたある工業製品カテゴリーでは、大手の一角であるA社がはっきりした狙いで値上げを行い、新しい風を吹き込んだ。同社は主要ライバルのコア製品と競合する製品ラインを値上げする一方で、自社のコア製品の価格は据え置いたのである。そこに込められたメッセージは明快だった。「我々はシェアにはこだわらない。だがコア製品のシェアを失うリスクを冒すつもりはない」ということだ。メッセージを受けたライバルのB社は合理的に対応する。すでに予告済みだった値上げの幅をA社に合わせ、さらにA社のコア製品と競合するラインの価格を引き上げた。おかげで業界の価格水準は全面的に押し上げられた。

　業界全体に共通の意図があれば、競合が間違いなく合理的に行動し、自社と同じく利益重視で動く可能性が高いと認識できる。企業は自社の値上げの結果を予測するとき、競合が追随してくれる可能性を見落としやすい。フォロワー

の動きがあらかじめわかっていれば、大胆な価格変更がより効果的になり、結果の予測もしやすくなる。

　賢いプライス・リーダーはまた、顧客の価格感応度について定説を鵜呑みにしない。社内の予想は往々にしていい加減だったり、価格変更にむやみに慎重になったりしやすい。販売店からのべつ値下げ圧力をかけられたあるタイヤ・メーカーは、業を煮やして自ら市場調査に乗り出すことにした。そして自社製品に対する需要の価格弾力性と競合製品との交差弾力性を調べ、自社および販売店が抱えるリスクを分析する。その結果、これまでの認識は間違っていたことが判明した。実際には顧客は思ったほど価格に敏感ではない。つまり値上げをすればさほど売上げを落とさずに利益を伸ばせる。データで理論武装したメーカーは、主導的に価格変更に打って出るメリットをはっきりと認識する。たとえ他社が追随しなくても、ほとんど損失を出さずに利益を拡大できるはずだ……。だが実際には、多くの企業はこのタイヤ・メーカーほど賢くない。リスク分析に十分な時間をかけないため、プライス・リーダーシップの優位性を獲得できずにいる。

◉──プライス・リーダーを目指す確固たる決意

　プライス・リーダーシップを確立するためには、会社としての揺るぎない決意が欠かせない。なぜなら、価格で主導権を握る作戦がうまく成功したとしても、成果を手にするのはだいぶ先になるからだ。単なる値上げなら直ちに利益が転がり込むかもしれないが、プライス・リーダーシップの確保は長期戦略であり、それを継続するには決意が必要である。また業界全体としても、この戦略の成功が全プレーヤーに長期的な利益をもたらすとの信念がなければならない。しかもあらゆる行動がこの決意に沿って実行されなければ意味がない。なぜなら競合は、一番まずい行動からすべてを推しはかるからである。100の決定のうち99までがプライス・リーダーシップ戦略に適っていても、残りの一つが無節操な値下げを容認するものであれば、競合は絶対にそれを見逃さない。たった一つの些細な過ちが価格設定方針を代表するものと誤解され、競合をミスリードすることは必定である。

確固たる決意を打ち立てる方法は4つある。社内の規律を確立すること、一貫したメッセージを発信し続けること、競合の行動を継続的にモニタリングし必要なときには適切に対応すること、販売店に影響力を行使しプライシング戦略をサポートすることだ。それぞれについて簡単に説明しよう。

社内の規律

確固たる決意の大本には、会社として、また業界全体として、プライシングによる業績改善は十分可能であって、しかも価値があるとの信念がなければならない。プライス・リーダーシップを確立するという目標には全社的な後押しが必要だ。そのためには、第3章で取り上げた取引レベルのプライシングの場合とまったく同じ手法——利益を基準に販売奨励金を設定する、価格設定を経営陣が厳重に管理する、プライシング戦略に沿って業務を展開する、など——を活用するのがよい。ある企業の場合、継続的な値上げ方針を掲げているのに、競合が注目しやすい大口契約で営業マンが大幅値引を提示した。マネジャーがこの逸脱行為に気づかないままだったら、継続的値上げを目指す努力は台無しになっていただろう。なお経営トップは、自らの行動にもよくよく気をつけなければならない。最前線の営業部隊は、重要な契約交渉に強気の姿勢で臨んでいいのかどうか知りたいとき、まずは経営陣の行動に手がかりを探すものだからである。

一貫したメッセージ

プライス・リーダーシップの追求が一時凌ぎだと市場に受け取られたら、社内の決意は鈍ってしまう。重要なステークホルダーに対して常に一貫したメッセージを発信し続け、信頼を勝ち取り、理解を得る必要がある。ある消費財メーカーは、プライス・リーダーシップ戦略を市場に説明するためのガイドラインとして、「プライス・リーダーシップ戦略コミュニケーション・プラン」を作成した。このプランには、値上げを顧客・株主・アナリスト・社員・業界誌・販売店にどう伝えるかが詳しく説明されている。**図5-3**に簡単にまとめたとおり、このメーカーはコミュニケーション作戦を小出しに展開。初期段階で

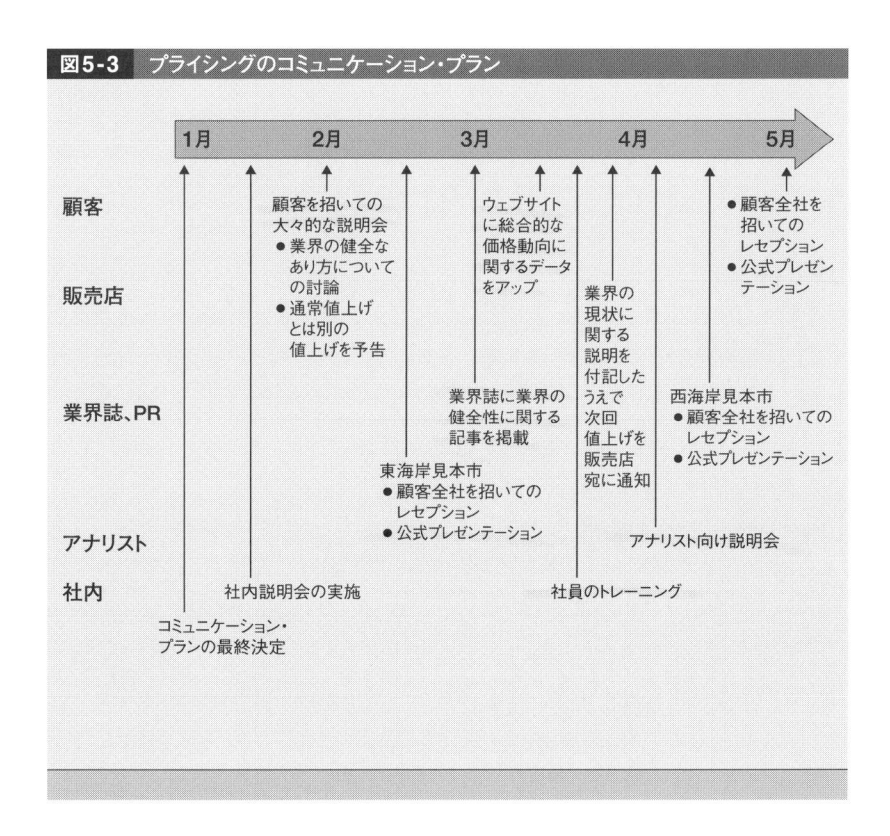

図5-3　プライシングのコミュニケーション・プラン

	1月	2月	3月	4月	5月
顧客		顧客を招いての大々的な説明会 ● 業界の健全なあり方についての討論 ● 通常値上げとは別の値上げを予告	ウェブサイトに総合的な価格動向に関するデータをアップ	業界の現状に関する説明を付記したうえで次回値上げを販売店宛に通知	● 顧客全社を招いてのレセプション ● 公式プレゼンテーション
販売店					
業界誌、PR			業界誌に業界の健全性に関する記事を掲載 東海岸見本市 ● 顧客全社を招いてのレセプション ● 公式プレゼンテーション		西海岸見本市 ● 顧客全社を招いてのレセプション ● 公式プレゼンテーション
アナリスト				アナリスト向け説明会	
社内	コミュニケーション・プランの最終決定	社内説明会の実施		社員のトレーニング	

はさまざまな方向からメッセージが増幅・強化されてステークホルダーに届くよう、工夫が凝らされている。

継続的なモニタリング

　業界のプライシングが次第に改善へと向かっているとき、プライス・リーダーはそうした動きから目を離さず、必要に応じて行動を起こさなければならない。ときには逸脱行為に対して断固たる措置を講じることも必要だ。1998年のアメリカのビール業界では、プライス・リーダーシップが確立されているように見えた。大手2社がほとんどの市場で価格を上昇基調に維持していたからだ。ところがあるとき片方が割引を適用して重要市場の一つに殴り込みをかけ

た。もう一方がすかさず猛烈な値引プロモーションを展開して対抗すると、相手は攻撃の手をゆるめ、結局価格水準は元に戻った。揺るぎない決意を示すこのほかの方法としては、契約の中に競争対応条項（競合が値下げをしたときは同じだけ価格引き下げに応じる）や最優遇条項（他の顧客に提示した最低価格と同一水準の価格を適用する）を盛り込む、などがある。

販売店の支援

　取次店や販売店など重層的な流通構造を持つ業界では、プライス・リーダーシップを確保するためには、こちらの意図を理解し支えてくれる（少なくとも謀反を起こさない）販売店の存在が大きい。だが市場について見方が違ったり、同じ情報を共有していない販売店の場合、プライス・リーダーシップを持つメーカーと相反する方針を立ててしまうことがある。またすでに述べたように、市場の集中が進むと、販売店の力は強くなりやすい。

　メーカーは手をこまぬいて傍観するのではなく、積極的に手を打って販売網に影響力を行使すべきだ。たとえば決められた価格水準で広告を打ってくれたら販促奨励金を出す、年末支払いのリベートを標準小売価格に連動させる、などの手法が考えられる。だが何よりも威力があるのは、市場知識だ。

　たとえばある家電メーカーは、ローエンド市場で健全な利益率を確保していた。ところが同じ性能で廉価販売をする新顔が参入し、市場はがらりと様変わりする。その後7年間、このメーカーは一度も値上げができなかった。しかし原料コストは上がるから、とうとう赤字を出すようになってしまう。

　どうにかしたいと考えた件のメーカーは、市場の詳細調査に乗り出す。そして消費者向け価格をチェックしたところ、意外な事実が明らかになった。自社製品と廉価販売メーカーの製品は技術的には同水準だが、自社には強力なブランド力があり、10～15％程度の値上げなら顧客が乗り換える心配はないことが判明したのだ。しかも、販売店が値上げを嫌ってこの商品の取り扱いを打ち切った場合、消費者は販売店にとって儲けの少ない高額商品に乗り換えるという興味深い調査結果も得られた。そこでメーカーはこの情報を販売店にも知らせたうえで、10％の値上げに踏み切る。販売店には末端価格を12～15％値上

げしても売上げが落ちる心配はないと教えた。こうなると選択肢は明らかである。値上げして儲けを増やすか、取扱いをやめて儲けを減らすか。もちろん販売店は前者を選んだ。

◉── プライス・フォロワーシップ

　我々が調査した限りでは、プライス・リーダーシップがうまく機能しているケースのほとんど全部で、業界トップ３社のどこかがプライス・リーダー役を果たしている。だがどの場合にも、規模の大小を問わず他社がよきフォロワーになることが成功の条件だ。業界全体に好ましいプライシングを浸透させるうえで、フォロワーがリーダーを支えることは必須条件と言える。

　調査したあるケースでは、リーダーの値上げに数日以内に追随するフォロワーがいた。フォロワーは、値上げの理由についてもリーダーと同じような説明をきちんとしていた。別のケースでは、リーダーが値上げをした際、フォロワーは営業部隊に与えられる値引裁量権を、まず厳しく制限していた。リーダーからのシェア奪回作戦を打ち切り、利益拡大に目標を切り替えたフォロワーもいる。

　すべての企業がプライス・リーダーになれるわけではないが、賢いフォロワーになることはできる。業界レベルのプライシングでは、とくにそうだ。エレクトロニクス業界のある事例は、リーダーにとって誠実なフォロワーの存在がどれほど大切かを物語っている。

　この業界のある分野は、かなり長いこと低い利益率に悩まされていた。ついに1990年代後半、あるメーカーが蛮勇を奮って４％の値上げを宣言する。値上げ宣言後、このメーカーは追随者の登場を待ち続けた。しかし２週間経ってだれも名乗りを上げなかったとき、単独値上げは危険すぎると考えて撤回せざるを得なくなる。

　不運にもライバルが何の反応も示さなかったのは、価格に関して最終決定権を持つ社長が休暇をとっていたためだった。休暇から戻った社長は値上げ撤回の情報を聞くと、直ちに自社の値上げを指示する。その結果、遅蒔きながら業界の価格水準は引き上げられたが、この間にどちらの会社も６カ月分の増収増

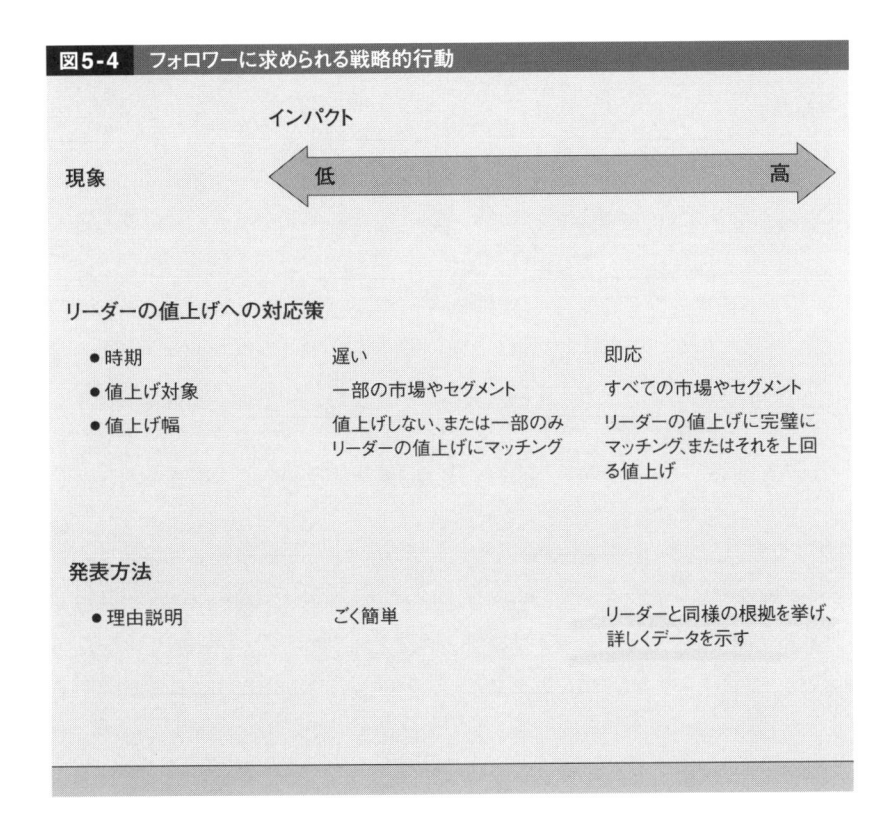

図5-4 フォロワーに求められる戦略的行動

現象	インパクト 低 ←→ 高	
リーダーの値上げへの対応策		
● 時期	遅い	即応
● 値上げ対象	一部の市場やセグメント	すべての市場やセグメント
● 値上げ幅	値上げしない、または一部のみリーダーの値上げにマッチング	リーダーの値上げに完璧にマッチング、またはそれを上回る値上げ
発表方法		
● 理由説明	ごく簡単	リーダーと同様の根拠を挙げ、詳しくデータを示す

益を取り逃がしてしまった。

　フォロワーがリーダーに追随するのは自社の利益のためだが、その結果としてリーダーを強力に後押しすることになる。**図5-4**に示したようにフォロワーに打てる手は、インパクトの強い手段から弱い手段まで多彩だ。手を打つのが遅れたり控えめすぎるようだと、リーダーの意図を阻むことになりかねない。フォロワーは価格変更に追随するだけでなく、組織としての行動で相手のプライシングを援護することも可能である。取引関係の規律を従来どおり堅持する、値上げ直後というライバルが最も弱い時期に顧客の横取りは慎むよう営業部門を指導する、などが考えられる。

POINT

　業界レベルのプライシングでは、業界全体の価格水準や価格動向に注目する。価格動向の予想精度を高めることが、このレベルではとくに重要だ。そして価格の変化に対して効果的に対応し、可能であれば積極的に影響を与えていく。業界の構造的変化に伴う価格の変化を予想するときには、コスト曲線や需要分析などすでに実証済みのミクロ経済学のフレームワークが役立つ。業界レベルのプライシングに優れた企業は、業界の価格動向を導く基調となる要因——供給、需要、規制、コスト、競合など——を深く理解するために時間やエネルギーをかけ、自社に有利になるよう対応し、可能であればすかさずこれらの要因に影響力を行使する。

　だがこのレベルで価格優位を確立するためには、業界構造のダイナミクスを理解するだけでは足りない。すでに見てきたように、いつ主導権を握るか、値上げ・値下げが起きたときにいつどのように追随するか、明快な方針を持っていることも必要だ。プライス・リーダーシップを成り立たせる条件として、法律の許容範囲でのプライシングの透明性、業界全体の共通の意図、組織としての決意の3つが挙げられる。組織全体にわたって意思統一を図らない限り、行動の一貫性を保ち明確な意思を持つプライス・リーダーあるいは合理的なフォロワーとは言えない。

　業界レベルのプライシングに秀でることは、価格優位を支える堅固な基盤となる。このレベルでの優れたプライシング戦略だけでも、値上げによるパーセント単位の増収を確保できるはずだ。また破壊的な価格競争のリスクを抑制し、取引レベルや製品・市場レベルで獲得した優位を保つ環境も整えることができる。

Special Topics

第 III 部

プライシングの応用

New Product Pricing

第6章
新商品のプライシング

　なぜ企業は、新商品開発に費やした時間とエネルギーに対して適正な価格をつけないのだろうか。新商品を市場に投入するとき、旧型品より便益が改善されたにもかかわらず、適正値よりはるかに低い価格を設定する企業は珍しくない。たしかに、新しい商品の価格を決めるのはなかなか難しい。たとえば革新的な新商品の場合、指針となる類似品がまったく存在しないこともあって企業は慎重になりすぎる傾向があり、目標売上げの確保に目が向きやすい。また製造コストが旧型品より下がった場合にも企業は控えめになりやすく、従来品の利益率を基準に値決めしてしまうことが多い。またシェアを狙うか利益を最大化するかで、社内に戦略上の対立が発生する場合もある。

　それだけではない。価格を押し下げる圧力はほかにもたくさんある。個人・法人を問わず、顧客というものは、できるだけ安く新製品を買いたがる。たとえばプロセッサの処理能力が向上し、メモリー容量が増え、さまざまな機能が付加されたにもかかわらず、パソコンの価格は下がり気味だ。家電やハイテク産業でも同様の現象が認められる。

　かと言って、新商品に高すぎる値段をつけるのも、もちろん好ましくない。だがそうしたケースは稀だし、後になってから妥当な価格に修正するのは、値上げをするよりはるかにたやすい。企業がたびたび思い知らされているとおり、いったん価格が市場に浸透してしまったら、それを引き上げるのは難しい。我々の経験によると、誤った価格設定の80〜90％の原因は、発売時の価格水

準が低すぎることである。

　価格を操作する余地は企業が考える以上に多いのだが、しかしその余地を活用するのは容易ではない。プライシングの隠れた選択肢を発見するためには、プライス・マネジメントの3つのレベルで得た知識を総動員する必要がある。また新商品のプライシングでは、機能横断型の協力が一段と重要になってくる。研究開発、営業・マーケティング部門、財務などでチームを編成することが望ましい。

　新商品のプライシングを検討するに当たり、まずは陥りやすい落とし穴について見ていくことにしよう。次にそうした落とし穴を回避し、便益に見合う対価をつけるための新しいアプローチについて論じる。

新商品には新しいアプローチを

　新商品というものはひどく目立つ。投資家も経営者も社員も早く成功の兆しを見たいと切望している。だが不幸なことに成功の目先の尺度は売上数量か市場シェアであり、これを狙うとなると発売価格を抑えることになりやすい。おおかたの企業は、値段が高すぎると新商品の将来は打ち壊しになると恐れ、手堅い姿勢で臨む。高すぎれば勝利を手にできないどころか惨敗を喫するかもしれない。あるいは高めの価格設定では顧客は納得しないだろうとか、シェアの拡大や市場浸透が遅れてしまうだろうと恐れるためだ。

　その結果、既存品を基準にした「上乗せ方式」という安易なアプローチをとることになりやすい。すでに市場に出回っている商品との価格差を「安全」と思われる圏内にとどめるやり方である。Ｂ２Ｂ取引の場合、製造コストの差あるいは顧客に提供する便益の差（ただし視野の狭い偏った見方でコストや便益を定量化してしまう例も少なくない）に基づいて価格差を決めることが多い。消費者向けの場合には、主な競合品の価格を少しだけ上回るか下回る水準に設定する。類似品のないまったく新しい商品の場合でさえ、参考になるような商品を無理矢理見つけ、それを基準に価格を設定することが多い。たとえばレーザー

眼科手術が始まった頃、その費用は、生涯にわたる眼鏡やコンタクトレンズの再取得費用の合計として計算されたものである。

　こうした「上乗せ方式」では、顧客に提供される便益は過小評価されがちだ。たとえばポータブル型のバーコード・リーダーを最初に製品化したあるメーカーは、ポータブル型にすれば据付型に比べて組立時間がどれほど短縮されるかを計算した——実際の改良点は、言うまでもなくデータ入力に要する時間が短縮され、追跡調査がしやすくなることだ。しかし短期間で市場に浸透させ心配顔の投資家を安心させたいという思惑もあり、このメーカーは組立時間の短縮効果だけを基準に、旧型品に上乗せするかたちでポータブル型の値段を決めてしまった。

　しかしポータブル型の付加価値は単に組立時間が短くなるだけではない。どこにでも携行でき瞬時に情報にアクセスできるのでリアルタイムの在庫管理が可能になるほか、ロジスティックス・プランニングが大幅に向上する。大量在庫を抱える必要もなくなって、ジャスト・イン・タイム方式も視野に入ってくるはずだ。買い手はたちどころにこうした利点を見抜き、割安な新製品に殺到した。メーカーは需要に応じきれず、新製品の価値を活かし損ねたばかりか、市場の価格期待を低い水準に定着させてしまう結果となった。たった一つの判断ミスが自社の利益を減らし、さらに業界全体で10億ドルもの潜在利益を吹き飛ばしたのである。

　消費市場に関してはリサーチ手法が高度化しているにもかかわらず、やはり侮りがたい落とし穴が存在する。ここでは日本の自動車メーカー、マツダの例を紹介しよう。マツダは1990年にレトロなスポーツカー、ユーノス・ロードスター（英名ミアータ）をアメリカ市場に投入した。熟年に達しつつあるベビーブーム世代のマニアたちは、このクルマに熱狂した。1960年代、70年代にMGやトライアンフといったイギリス製のクラシックなロードスターに夢中だった彼らの郷愁をそそったのだ。しかもマツダのクルマはイギリス車に負けない魅力にあふれ、つくりが丁寧で信頼性も高い。ユーノスはたちどころに大ヒットした。

　しかしユーノスは個性的だがコンセプトはごくシンプルなクルマである。そ

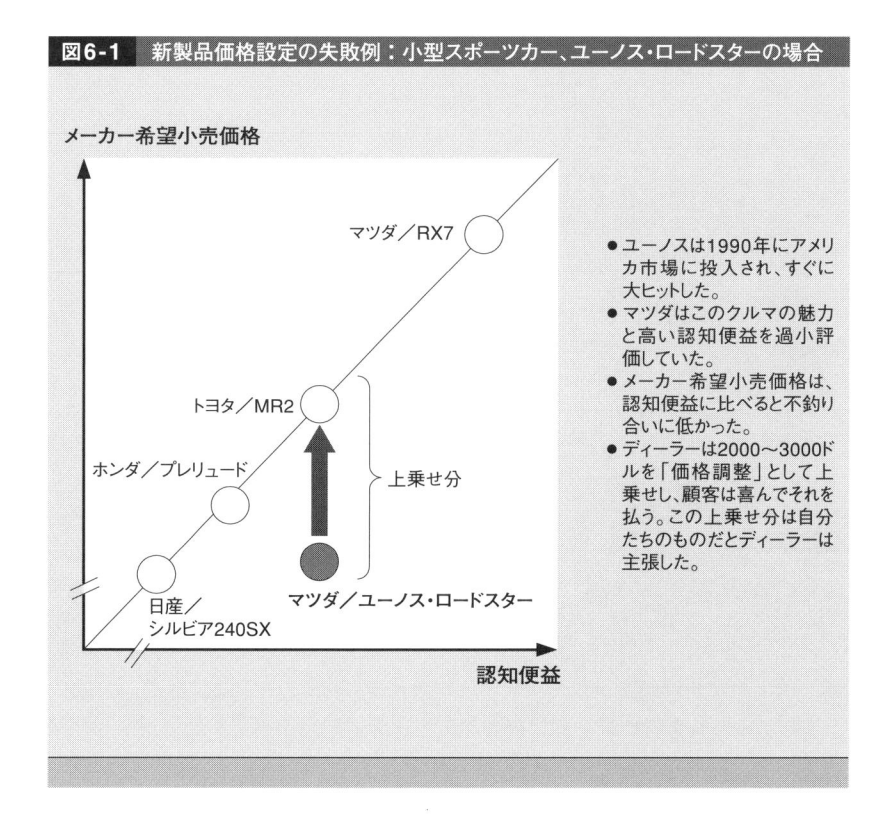

図6-1　新製品価格設定の失敗例：小型スポーツカー、ユーノス・ロードスターの場合

メーカー希望小売価格（縦軸）／認知便益（横軸）

プロット：
- マツダ／RX7
- トヨタ／MR2
- ホンダ／プレリュード
- 日産／シルビア240SX
- マツダ／ユーノス・ロードスター（上乗せ分）

- ユーノスは1990年にアメリカ市場に投入され、すぐに大ヒットした。
- マツダはこのクルマの魅力と高い認知便益を過小評価していた。
- メーカー希望小売価格は、認知便益に比べると不釣り合いに低かった。
- ディーラーは2000〜3000ドルを「価格調整」として上乗せし、顧客は喜んでそれを払う。この上乗せ分は自分たちのものだとディーラーは主張した。

れだけにマツダは、このクルマの魅力を過小評価していた。1万3800ドルというメーカー希望小売価格は、図6-1に示すとおり、顧客が認識する便益に照らすと不当に安い。マツダのディーラーはすぐさまこのアンバランスに気づき、2000〜3000ドルを「価格調整」として上乗せするようになった。買い手は喜んでそれを払ってくれたが、この上乗せ金は当然自分たちのものだとディーラーは主張したのだった。

このほかに企業が犯しやすい過ちは、新商品投入時の位置づけを見誤ることだ。新商品と一口に言っても、まったく類例のない革新的な商品から、いわゆる後追い（me-too）商品までさまざまである。注意すべき点はそれぞれに違うし、発売価格の設定にもきめ細かな検討が必要だ。

COLUMN 新商品投入時の位置づけ

　新商品を市場に投入するときに重要なのは、イノベーションがどのレベルなのかを正確に把握することである。しかしこれがとかく最初の躓きにつながりやすい。どの価格帯であれ、**図6-2**に示すように、新商品は次の3種類に大別できる。

1. **革新的商品**：固有のマーケットを創出するようなまったく新しい商品。このような商品の場合、比較対象となる類似品が存在しないため、提供される便益を定量化することが難しい。そもそも買い手自身も何が便益なのか摑みきれない状況だ。売り手の側には、自社商品の便益を市場にうまく伝えるスキルが求められる。このような商品に最適水準を下回る価格をつけてしまうと、その後の操作の余地がほとんどなくなり、業界の潜在収益力を大幅に制限する結果になりかねない。革新的商品の最近の例としては、携帯電話、携帯情報端末（PDA）がある。

2. **改良型商品**：既存品の上のバージョンやアップグレード品、機能を強化・改善した商品などがこれに該当する。新たな便益をあまりに低価格で提供すると価格戦争を引き起こしかねないので、競合の反応をしっかり見きわめなければならない。また新たに提供する便益に対して、それを望む顧客が十分にいるのか確認することも大切だ。改良型商品の最近の例としては、CD、DVDなどがある。

3. **後追い（me-too）商品**：目新しい便益のない、他商品と横並びの商品である。入念にコスト分析を行わないと、大失敗になりやすい。すでに確立された市場の中で利益を見込めるニッチ分野を見つけること、ブランド・ポジショニングと矛盾しない価格を設定することが必要だが、これも難しい課題である。

図6-2 新商品のプライシング

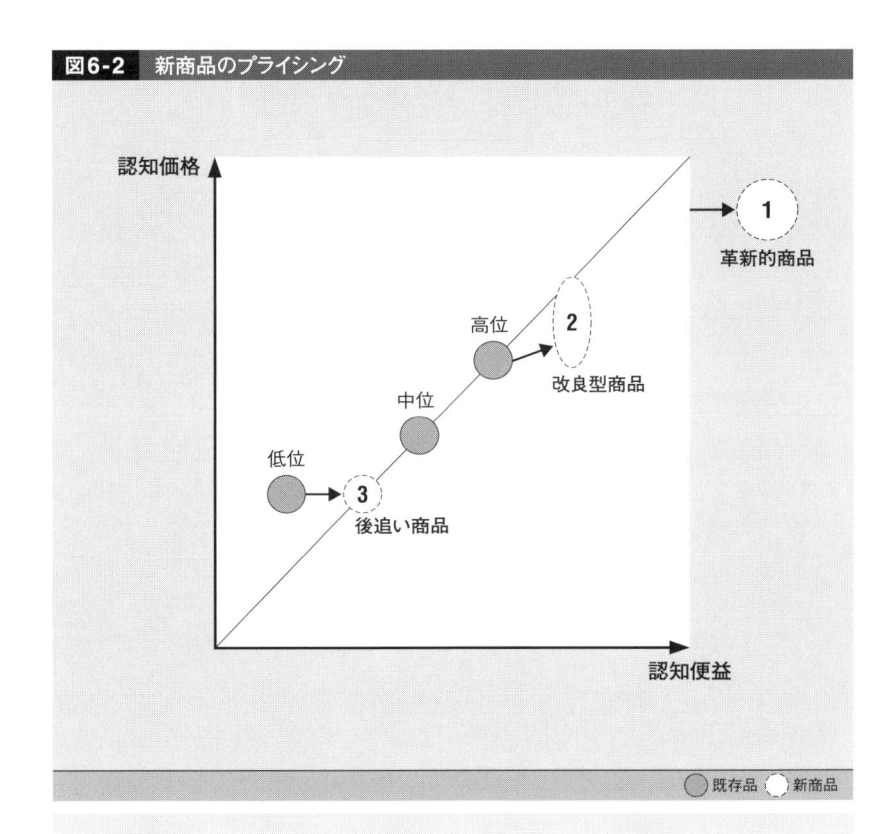

- 1 革新的商品
- 2 改良型商品（高位）
- 3 後追い商品（低位）
- 中位

縦軸：認知価格／横軸：認知便益
●既存品　○新商品

　企業が新商品の価値を過大評価する例は枚挙にいとまがない。改良品に過ぎない商品を革新的商品として売り込むケース、他社に追随しているだけとは決して認めようとしないケースは珍しくない。だがポジショニングによってプライシング戦略は違うのだから、自社商品の位置づけをもっと公正に社内で評価することが大切である。本章では、投入時の位置づけがとくに決定的な役割を果たす場面について詳しく論じる。

　新商品の位置づけがわかったら、次には体系的な取り組みが必要になる。設定可能な価格範囲を理解したうえで、適切な発売価格を決め、価格設定方針を

効果的に運用するプロセスだ。このプロセスを構成する基本要素は、次の6項目である。以下では一つひとつ取り上げて詳しく解説する。

■便益を評価し定量化する
■市場規模を予測する
■価格の下限を決定する
■発売価格を設定する
■競合の反応を予測する
■市場に価格を提示する

　状況によりいずれかの項目がとくに重要になることもあれば、複数の項目に同時に取り組まなければならないこともある。また状況次第で優先順位は変わる。だがどんな状況であれ、新商品の投入時には、価格設定への配慮と準備を怠ってはならない。各項目について、その最大限のインパクトを想定する必要がある。

新商品のプライシングに検討すべき6項目

　新商品の価格を決めるとき、ここに紹介する6項目の検討を怠らなければ、価格決定の選択肢を不必要に狭めてしまう「上乗せ方式」の呪縛から解放されるはずだ。そして適切な価格の可能性をすべて俎上に載せ、不当に低い価格を即座に振るい落とすことができる。適切な価格水準——自社の戦略目標に適い、かつ予想される競合の反応も加味した水準——の誘導や価格設定方針の実行も容易になるだろう。

◉──便益を評価し定量化する

　新商品を市場に投入するときは、**図6-3**に示すように、企業は提供する便益を正確に評価し定量化しなければならない。第4章でも論じたが、便益のなか

図6-3　新商品のプライシング：便益を評価し定量化する

認知価格

(1) 便益を評価し定量化する

認知便益

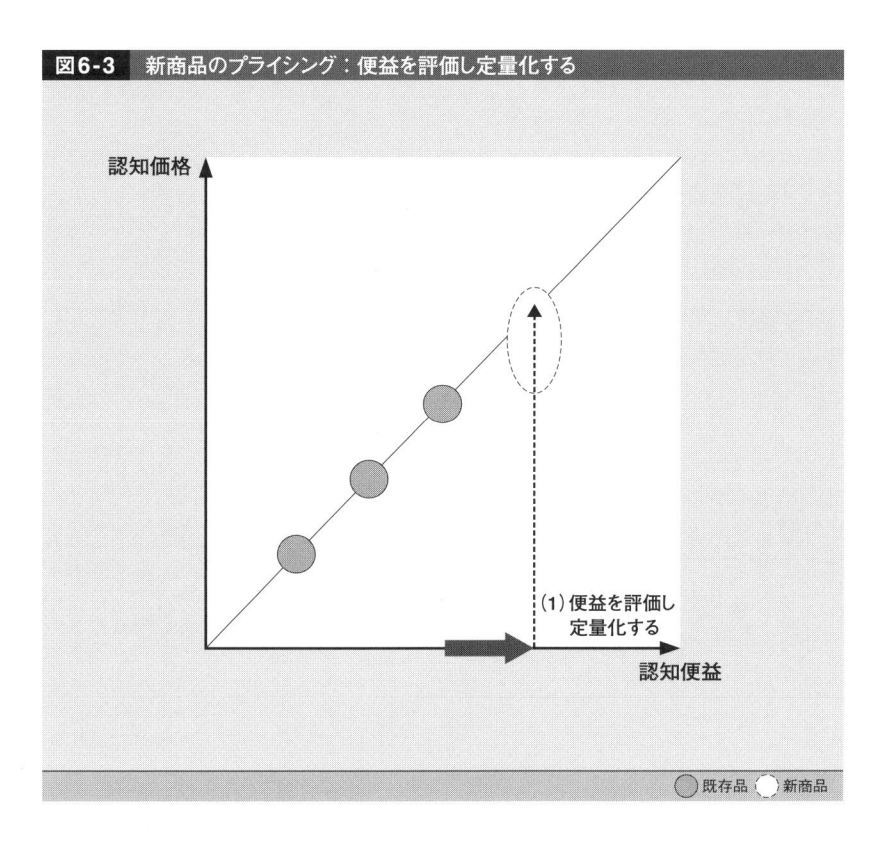

○既存品　○新商品

には機能に関するもの（例：コンピュータではマイクロプロセッサの処理速度、ポンプでは流量）もあれば、プロセスに関するもの（例：インターネットでも購入可能である、サービスセンターが24時間体制である）もあり、リレーションシップをめぐる便益（例：ブランドの訴求力、ロイヤルティ・プログラム）もある。どんな種類の便益であれ、大事なのは社内の思い込みを鵜呑みにするのではなく、市場から情報を集めて評価することだ。便益が適切に評価・定量化されれば、参照基準が何もない革新的な商品の場合にも、既存品との関係で価格を決める場合にも、価格の上限を正しく設定することができる。便益に基づいて決定される理論上の上限価格は、最終的には非現実的と判明することもあるかもしれない。たとえば高すぎて市場が見込めないとか、競合につけいる余地を与える、

顧客の力が強く値引要求に応じざるを得ない、などの理由からだ。それでも上限を知っておけば、可能なあらゆる価格を検討対象に含めることができる。

標準的な市場調査手法は数多くあるが、なかでもコンジョイント分析やトレードオフ分析は類似商品の比較に適用できるため、便益を相対評価するときにきわめて有用である。こうした評価を実施すれば、これまでターゲットだったセグメントを基準に、ワンランク上の消費者向け、あるいは安物狙いの買い手向けにどのような便益が付加されたのかを定量化できる。とくにトレードオフ分析は、機能重視からプロセスや顧客重視へ移行したいときに役に立つ。たとえばあるブランドを消費者がどう感じているか、などの分析に威力を発揮する。商品がきわめて革新的で、消費者がこれまで経験したことのないような便益を提供する場合には、コンジョイント分析の精度は低くなる。

市場になじみのない商品属性を開拓するときは、相手の自由意見を引き出せるような市場調査から思いがけない情報を得られることが多い。選択式や二者択一式の調査では売り手の仮定に基づく質問に答えるだけだが、自由記入方式であれば、商品の便益について思いのままを回答できるからだ。ここでは、ある制御機器メーカーの例を紹介しよう。同社は原子力発電所向けに、まったく新しい高圧蒸気バルブを開発した。このメーカーは市場調査を行った際、低圧系統で使用される旧型品と比べて優れている点を説明したうえで、「新型バルブがいくらなら購入を考えますか」と質問した。すると、従来品より20〜25％アップが適切という結果が出た。

しかしその後に同社は、もう少し見方を広げて調査をやり直すことを決める。新型バルブが顧客のビジネス・システムにどのような便益をもたらすかを知るために、自由記入欄を多くとった。そして既存品と比較する質問をやめ、新型バルブを導入すればメンテナンスに伴う運転停止が不要になるといった、コスト面のメリットを評価してもらった。このように、顧客にとっての経済的メリットという新たな視点から製品の価値を打ち出したうえで、「いくらなら購入を考えますか」と質問すると、今度は既存品の数倍という結果になったのである。おかげでこのメーカーは、設定可能な価格範囲をより正確に把握することができた。

革新的な新商品の便益を相対的に評価するもう一つのテクニックとしては、信頼できる顧客に商品を預け、無料で試用してもらう方法がある。このパイロット・ユーザーは商品の便益を心ゆくまで試し、評価したうえで、サプライヤーに率直な意見を言う。テスト・マーケティングやフォーカス・グループも効果的である。

● 市場規模を予測する

設定可能な価格範囲を決めるには、図6-4に示すように、商品が提供できる便益に対してどの程度の市場規模が期待できるかを知ることも必要だ。潜在市場の規模の正確な評価は、商品の実現可能性を判断するためだけでなく、コスト分析のためにも欠かせない。

便益分析を行えば、新商品が提供する便益をどの顧客セグメントが高く評価してくれるかがわかるし、市場分析をすれば、各セグメントの規模がわかる。ここで検討すべき基本的な問題は、上限価格以下のある価格帯ではどの程度の潜在市場が見込め、別の価格帯ではどうか、ということである。

セグメント分析をすると、価格帯ごとの商品の訴求力がはっきり掴めるほか、いわゆる「真空地帯」をターゲットにしていないかチェックすることもできる。たとえばコンピュータの記憶装置を手がけるあるメーカーは、評判のいいハイエンド製品から機能をいくつか取り除き、価格を低めにした新製品を発売した。ところが売れ行きが思わしくない。市場はハイエンドとローエンドに二極化しており、便益・価格共に中級品を求める消費者はほとんどいなかったのだ。そこでこのメーカーは詳細なセグメント調査を行った後、記憶容量をもっと少なくし、機能を必要最小限まで削ぎ落とした低価格モデルを発表。こちらはローエンド市場で大いに健闘した。

ポータブル型バーコード・リーダーの例でも指摘したが、市場を過小評価すると高い代償を払わねばならない。1990年にフォードが発売したスポーツ・ユーティリティ・ビークル（SUV）、エクスプローラーは、その端的な例と言える。トラックのよさ（四輪駆動で運転者や同乗者の着座位置が高い）と乗用車のよさ（車内がゆったりしていて乗り心地がよい）をうまく組み合わせた点がエ

第6章 新商品のプライシング

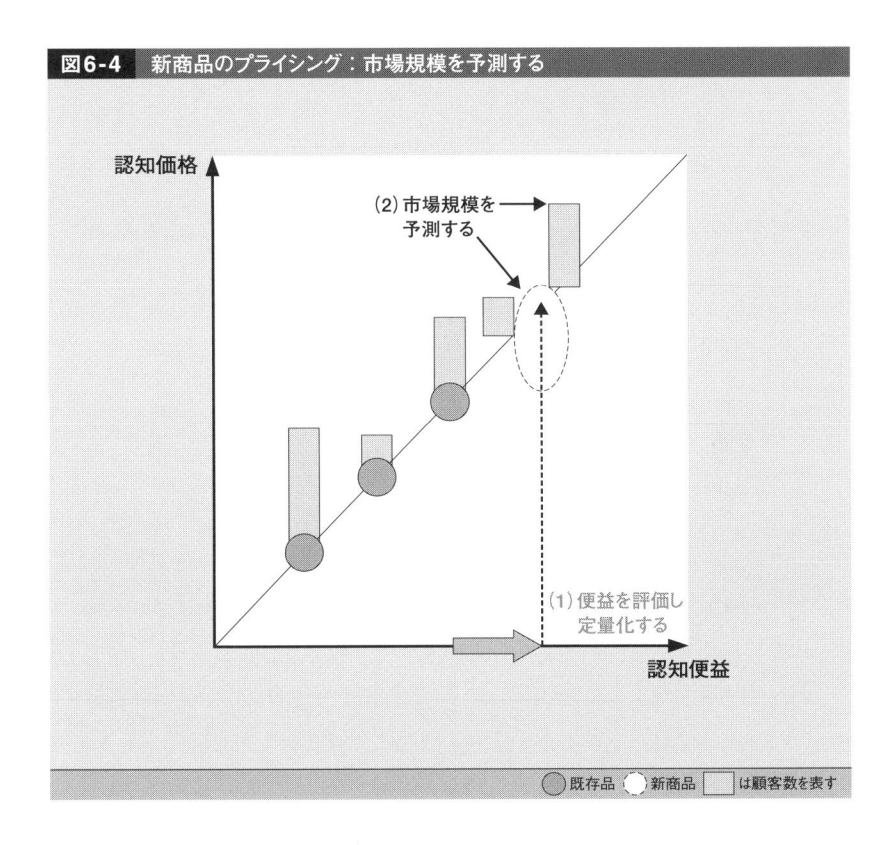

図6-4 新商品のプライシング：市場規模を予測する

（図：縦軸「認知価格」、横軸「認知便益」の座標平面上に、45度線に沿って既存品（塗りつぶし円）と新商品（白丸）が並び、それぞれに顧客数を表す矩形が付随している。（1）便益を評価し定量化する、（2）市場規模を予測する、の矢印が示されている。凡例：●既存品 ○新商品 □は顧客数を表す）

クスプローラーの身上だ。しかし既存のSUVに比べてイメージがごついこともあり、フォードはエクスプローラーの便益を過小評価してしまう。いざ売り出してみると需要は当初予想の2倍に達し、思いがけない成功にフォードは慌てふためく。低い販売予想に基づく生産態勢をとっていたため、すぐには供給量を増やせなかったのだ。市場規模を見誤り大きな潜在需要が顕在化したこの間隙を縫って、鬼のいぬ間とばかり競合が殺到した。

便益を正しく把握していれば、各顧客セグメントがそれをどう評価し、どの程度の対価なら払ってもいいと考えているかを、便益分析で突き止めることができる。さらにセグメント別の分析を行えば、どんな価格水準のとき自社製品との共食いが激しくなるかも把握できる。

COLUMN 共食い（カニバリゼーション）

　同じ会社から売り出している商品同士が顧客を取り合うとき、これを共食いと呼ぶ。新商品を市場に投入するときは、何らかのかたちで共食いが起きやすい。したがって、この現象にどう対処するかをはっきりと決めておく必要がある。新商品投入時の典型的な3つの状況について、以下で解説する。

1. **在庫処分**：旧バージョンに代えて新バージョンを発売する場合には、発売に先駆けて在庫を一掃したいものである。去年のニューモデル車から最新チップ未搭載のパソコンにいたるまで、「じきに陳腐化する旧型品」在庫には大幅値下げが適用されることが珍しくない。しかしこの戦術には落とし穴が2つある。第1は、買い手が値下げを見越し、大バーゲンが始まるまで買い控えること。第2は、新製品の旧バージョンで大幅値引をすると、VELが押し下げられ、新製品についてまで、顧客が受け入れる価格水準が下がってしまうことだ。言うまでもなく、こちらのほうがダメージが大きい。たとえば在庫処分のため2003年モデルに10％の値引を適用すると、2004年モデルも同じような価格で売り出されると市場は期待を抱いてしまう。

2. **強制退場**：産業用のシステムやITなどでは、いくつもの世代やバージョンが共存することがよくある。企業としては、新しいシステムの利用を促し、旧システムはさっさと退場してもらいたいところだ。メンテナンスやサポートに要する費用を切り詰めるためにも、それが望ましい。そのための方法は2通りある。第1は、旧バージョンの価格を引き上げるか、旧バージョンのサポート料金を引き上げること。旧型品の特別下取りやアップグレード・ボーナスを組み合わせるといっそう効果的だ。第2は、旧バージョンのサポート打ち切り期限を設定すること。広く告

知してもいいし、契約条項に含めてもよい。打ち切り後はサポートを提供せず、交換用部品も扱わないことにする。
3. **共存**：市場に2つ以上のバージョンを共存させたままにする。この方法はうまく管理するのが難しく、予期せぬ共食いを招くリスクが高い。にもかかわらず、共存は頻繁に起こる現象である。企業は次々と改良品を用意し投入しなければならず、それらのオーバーラップは避けられないためだ。ここで大切なのは、緻密にセグメンテーションを行い、それぞれのバージョンに固有の顧客層を突き止め、的確にアプローチすることである。またできる限りオーバーラップをなくすことも重要だ。たとえば2種類の製品の間で便益にはっきり差をつける（新製品には出張サービスを提供するが、旧型品には提供しない、など）、大幅な価格差を設ける、などが考えられる。

　新商品の適正な発売価格水準は、価格を何とおりか設定して市場規模の予測を行ううちに見えてくるはずだ。それによって、コスト予想や利益予想の精度も高められる。

●──価格の下限を決定する

　企業は、便益の評価・定量化、市場規模の予測に加え、**図6-5**に示すように、価格の絶対的な下限も決めておかなければならない。企業は新商品から利益を上げられる価格水準を正しく把握できないことがままある。適切な下限を決めるためには、緻密なコスト分析が不可欠だ（なお、市場条件から決まる下限もある。この場合、バリュー・マップを作成するとはっきりする。VELに不必要な押し下げ圧力がかかる価格水準、あるいは信頼領域を逸脱してしまう価格水準は、バリュー・マップから読み取ることができる。詳しくは第4章を参照されたい）。

　コストプラス方式は価格設定戦略としては不十分であり、これだけで価格を決めるのは好ましくない。この方式でコストを積み上げていくと、価格の目安や上限を突破しやすいからだ。しかし「単位原価＋マージン（許容最低限の投

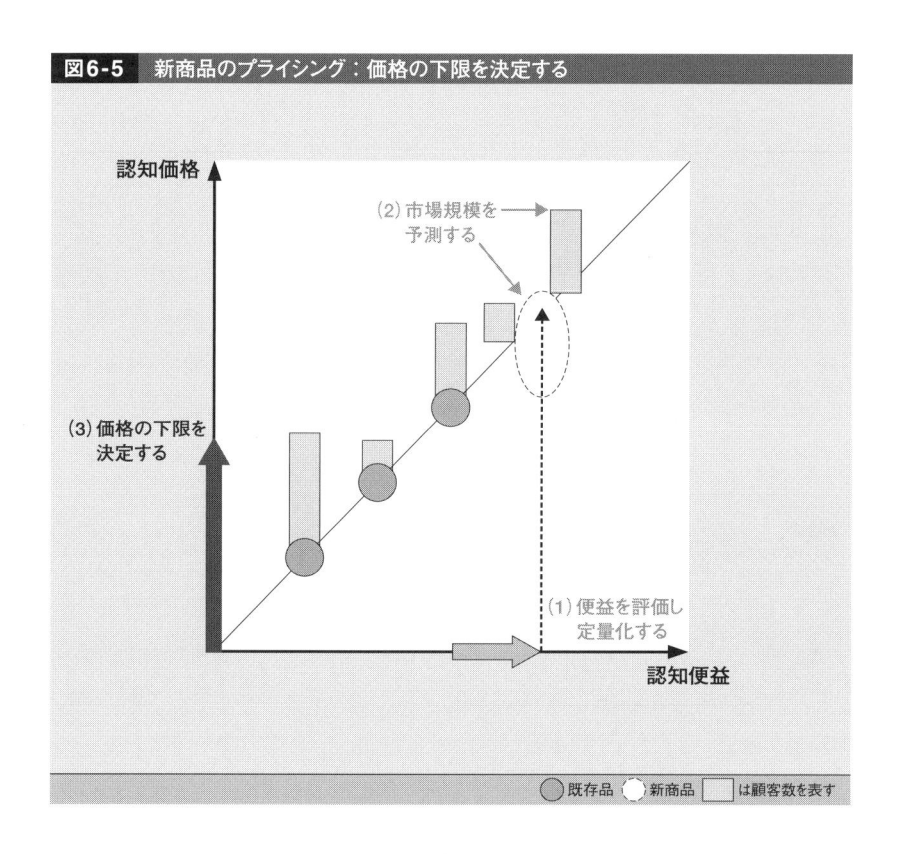

図6-5　新商品のプライシング：価格の下限を決定する

（図：縦軸「認知価格」、横軸「認知便益」。(1)便益を評価し定量化する、(2)市場規模を予測する、(3)価格の下限を決定する。凡例：●既存品　◆新商品　□は顧客数を表す）

資利益率〈ROI〉を確保しうるマージン）」を精密に分析すれば、経済的に成立可能な最低限の価格水準が明らかになる。もしこの価格が市場に受け入れられないようなら、企業はその商品自体の実現可能性を疑ってかかるほうがよい。

　コストプラス方式はよく知られた価格算定方式だが、分析の際に陥りやすい落とし穴が3つある。第1は、当然配分すべきコストに漏れがあり得ることだ。たとえばその商品カテゴリーに投じられた研究開発費（未完あるいは失敗に終わったプロジェクトの分も含む）は見落としやすい。新製品に直接結びつく買収があった場合ののれん代も同様である。商品開発に不可欠の費用として、これらのコストは当然原価計算に組み入れるべきであり、みだりに無視すればコストの実態は隠されてしまう。費用計上の有無によっては、その商品を発売する

かどうかの決定に影響が出てくるはずだ。

　第2は、甘い市場予想を立て、コストを低めに見積もりやすいことである。たとえばある医療機器メーカーは、新製品の予想を立てるとき、市場浸透度を70％と想定していた。しかしこのメーカーの製品は、過去10年以上にわたり、ごく一時的な現象を除けばどれも40％程度のシェアしか獲得していない。新製品を出すたびに今度こそと期待するのだが、売上げが伸びるのは発売当初だけで、競合が対抗手段を講じてくるとシェアはたちどころにいつもの水準に戻ってしまう。このようなバラ色の予想ばかり描いていると、コスト計算の際に固定費の配分を誤ることになる。単純な例で言えば、年間固定費が1000万ドルの場合、年間販売個数が200万個なら単位固定費は5ドルだが、100万個なら10ドルに跳ね上がる。

　第3は、いまの例とは逆にコストを過大評価し、新商品の収益性を不当に低く見てしまう可能性があることだ。間接費や研究開発費を新商品に過剰に配分するといった過ちは珍しくない。また、それまでの製造上の非効率が新製品に過重なコストを強いるケースもままある。とくに新製品そのものによって生産効率が大幅に改善されるときなどには注意が必要だ。

◉——発売価格を設定する

　設定可能な価格範囲が明らかになったら、いよいよ図6-6に示すように、発売価格帯を絞り込む段階に入る。ところで、発売価格とは正確には何だろうか。簡単に言ってしまえば、新商品の発売価格（あるいはターゲット価格）とは、「この商品ならこれくらい」と売り手が買い手に考えてもらいたい価格のことである。売り手側が競合と比較して期待する認知価格と言ってもよい。既製の商品の場合、この価格は定価やメーカー希望小売価格など何らかの意味で基準となる価格であることが多い。注文生産や個別仕様の商品の場合には、発売価格は「これこれの性能ならこれくらい」というコストの目安になる。どんな報道発表や売り込みやカタログの謳い文句よりも、この基準価格にこそ、新商品に対するメーカーの思い入れが表れるのだ。

　ここで、データ管理システムを開発したある企業の例を紹介しよう。この会

図6-6　新商品のプライシング：発売価格を設定する

認知価格

(2) 市場規模を予測する

(4) 望ましい発売価格を絞り込む

(3) 価格の下限を決定する

(1) 便益を評価し定量化する

認知便益

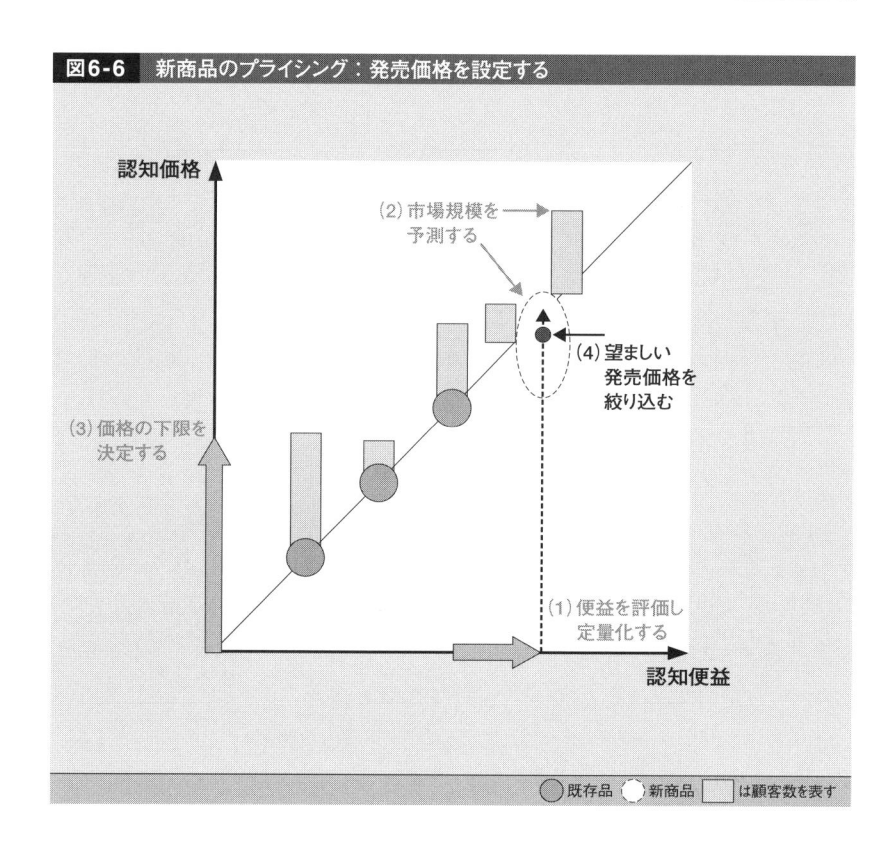

●既存品　○新商品　□は顧客数を表す

社に言わせれば、大企業がこのシステムを導入すると年間数百万ドルのコスト削減になるという。ところが市場浸透を急ぐあまり、同社は主力ソフトの法人向けライセンス・フィーを10万ドル以下に設定するという過ちを犯す。すると大企業はどこもこのソフトをまともに取り合わなかった。もし本当に年間数百万ドルもの節約になるなら、このソフトは当然ERPなどと同じ価格帯、すなわち100万ドル以上でないとおかしいからだ。

　発売価格を設定するときは、企業は新商品に提供可能な便益を明確に把握しなければならない。とは言え発売価格は、価格範囲の分析時に判明した最高価格であるとは限らない。発売の暁には、新商品が創出する価値を売り手・買い手の間でどう分けるのが適切か、社内で検討する必要がある。この点に関して

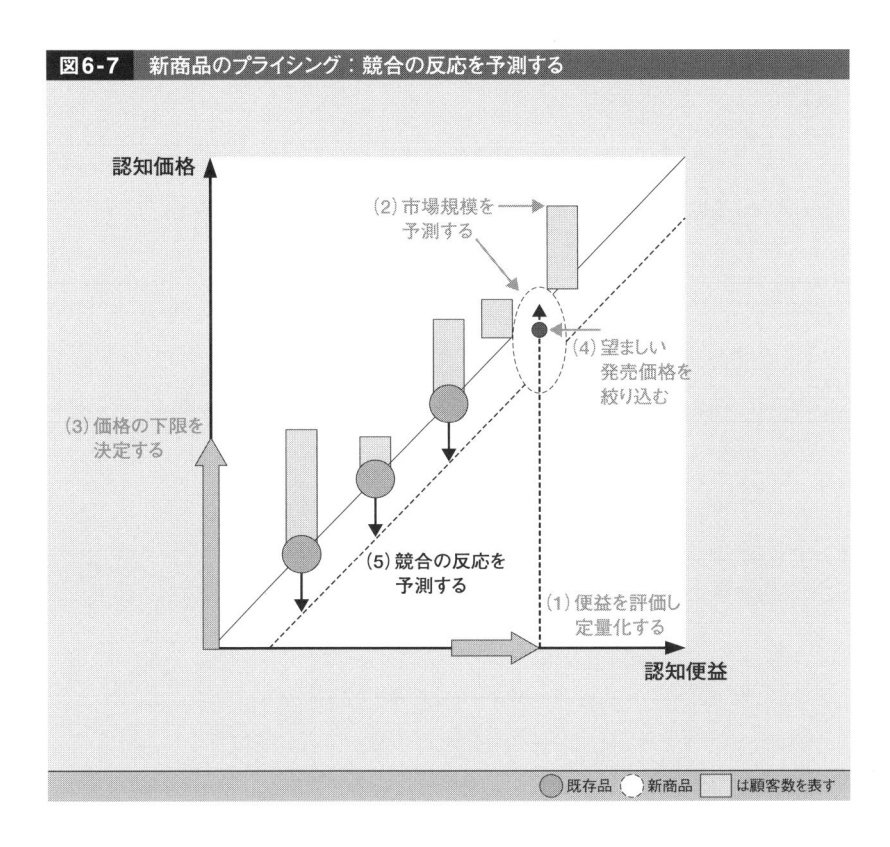

第6章 新商品のプライシング **127**

図6-7 新商品のプライシング：競合の反応を予測する

- (1) 便益を評価し定量化する
- (2) 市場規模を予測する
- (3) 価格の下限を決定する
- (4) 望ましい発売価格を絞り込む
- (5) 競合の反応を予測する

縦軸：認知価格　横軸：認知便益
●既存品　○新商品　□は顧客数を表す

は、決まった公式は存在しない。状況や力関係次第で売り手が9割を取ることもあれば、1割で我慢することもある。

また発売価格は、予想される販売ペースや市場浸透のスピード、さらには市場の弾力性など他の評価基準に照らして調整し、商品の長期的な潜在力を最大化しなければならない。新商品の価格が自社の他商品やブランドの評判に与える影響も、考慮する必要がある。たとえば高級なイメージが定着したメーカーの場合、新商品が大衆市場向けであっても、競合品より高めの価格が望ましいケースもあるだろう。

またとくに改良型商品の場合には、売り手の総合的な市場戦略が発売価格に反映されるよう配慮しなければならない。提供される便益や価値に比して価格

が低すぎると、競合の目にはシェア狙いの作戦と映り、価格戦争を誘発しかねないからだ。発売価格が高めで既存のVELに近ければ、シェアではなく利益狙いであることが相手にもわかるので、即座に反撃してくる可能性は低くなる。

◉── 競合の反応を予測する

改良型商品や後追い（me-too）商品の場合、発売価格が引き金になって自社、ひいては業界全体の価値を破壊しないよう、競合の反応を正確に読んでおくことが必要である。発売価格が低すぎると、破滅的な価格戦争を引き起こしかねない。ほとんどの場合、競合は性能改善では即応できないため、図6-7に示すように値下げで対抗せざるを得ないからだ（価格変化に対する競合の反応については、第4章で詳しく論じた）。

COLUMN　浸透価格戦略

新商品を出すとき、企業は激安価格で早期にシェアを獲得したいという誘惑に駆られやすい。これがいわゆる市場浸透価格戦略である。だがシェアにこだわれば利益は犠牲になり、最悪の場合には価格戦争を引き起こす危険もある。したがって一般には価格を高めに設定し、業界全体のプライシング行動を好ましい方向に保つほうが得策である。とは言え稀ではあるが、浸透価格戦略が競争を制する有効な手段となるケースもある。

新商品の価値が高く、価格弾力性が大きい場合

浸透価格戦略が適切と考えられる第1のケースは、新商品の認知価値が高く、かつ顧客の価格弾力性がとくに高い新市場・未開拓市場を相手にする場合である。このような市場で競合に先駆けて確固たる地位を築いてしまえば潜在需要を独り占めでき、シェアを拡大し、リーダーの座を獲得することも不可能ではない。価格は、この戦略を実行するときの最強の武器となりうる。スイッチング・コストが高いとき、業界標準が定まっていな

いときなどはとくに価格がものを言う。

　ただしこの戦略には危険性もある。消費者が価格よりも価値で商品を選択する場合には、浸透価格戦略は破綻する。消費者向け高級品、メディア、ハイテク、製薬などの業界は、シェア狙いで新製品・新技術にしばしば低価格を設定してきた。だが競争相手が少しばかり改良を加えた新製品を打ち出せば、シェアはあっという間に奪われてしまう。コンテンツや技術的性能、あるいはブランドの訴求力が重視される市場で必要もないのに浸透価格戦略を採って低価格への期待感を誘導すれば、利益は失われる。

商品提供コストの低下が見込める場合

　浸透価格戦略が有効な第2のケースは、売上数量が伸びるにつれ商品供給コストが急速に下がる場合である。このような現象は、規模の経済や学習効果などによって起きることが多い。売上数量の伸びと共に単位固定費・変動費が下がるので、長い間には利益率の上昇が期待できる。

　ただし自社のシェアが拡大すれば、当然競合が手を打ってくる。市場に新規参入するため、あるいは失うシェアを最小限に抑えるために、彼らは価格を低めに設定してくるはずだ。先行企業から学んだ追随企業は、短期間でコスト圧縮に成功する。その結果、価格を押し下げる圧力がかかり続ける。ここでもまた、購買決定の主因が価値なのか価格なのかをよく見きわめなければならない。

　提供コストの低下を想定して浸透価格を設定する場合には、生産能力にも注意が必要だ。もし浸透価格が大当たりして需要が急増したときに生産が間に合わなかったら、サプライヤーは2度にわたってダメージを被ることになる。第1は、本来ならもっと高値をつけられたはずの商品を少ない利益で売るとき。第2は、納期遅延や在庫切れで顧客の不満を買い、認知便益の一つである顧客満足を大きく傷つけるときである。

> **競争相手に力がない場合**
>
> 　競争相手が高コスト体質でこちらの価格にマッチングできないとか、販売店契約に縛られて価格変更の自由度が低いといった場合にも、浸透価格戦略は威力を発揮する。たとえば素材産業では、アジアや東欧のメーカーが浸透価格戦略でシェアを獲得してきた。これらのメーカーは、品質とロジスティックスさえ最低水準に達すれば、低い人件費を武器に先進国メーカーを凌駕できるからである。

　改良型商品にとくに言えることだが、新たな便益に対して価格が低すぎると攻撃的なシェア獲得戦略と見なされ、競合の強硬な反撃を誘発しやすい。逆に価格がVEL上の無感度ゾーン内にとどまっていれば、シェアは1～2％しか変化しないので、大抵は脅威と見なされずに済む。無感度ゾーンが広ければ、新商品価格がまったく注目を引かない状況で幅広い価格選択肢を確保できる。

　革新的な商品を発売する場合には、後追い商品の登場までどの程度の期間を見込めるか、自社の価格設定が他社につけいる隙を与えていないか、入念なチェックが欠かせない（改良品を発売する場合も、ある程度はこの作業が必要である）。たとえばハイテク製品の場合、新しもの好きの顧客グループが高めの価格でも喜んで払ってくれるなら、発売価格を高水準に設定し、だんだんに値段を下げていって新規参入者が現れる前に後発組を取り込む手法が考えられる。しかし市場分析の結果、短期間のうちに後追い企業が同程度の価格で参入可能と判明したら、発売後すみやかに後発組を呼び込み、後追い企業につけ込まれる余地をなくさなければならない。

◉──市場に価格を提示する

　いよいよ市場に価格を提示するときには、**図6-8**に示すように、的確なコミュニケーション・スキルと忍耐が必要である。特に革新的な商品の場合、懐疑的な買い手にも理解してもらえるよう、新商品の価値を上手に伝えなければならない。しかしどんな状況になろうと、新製品の価値をおとしめる誤ったプラ

第6章 新商品のプライシング

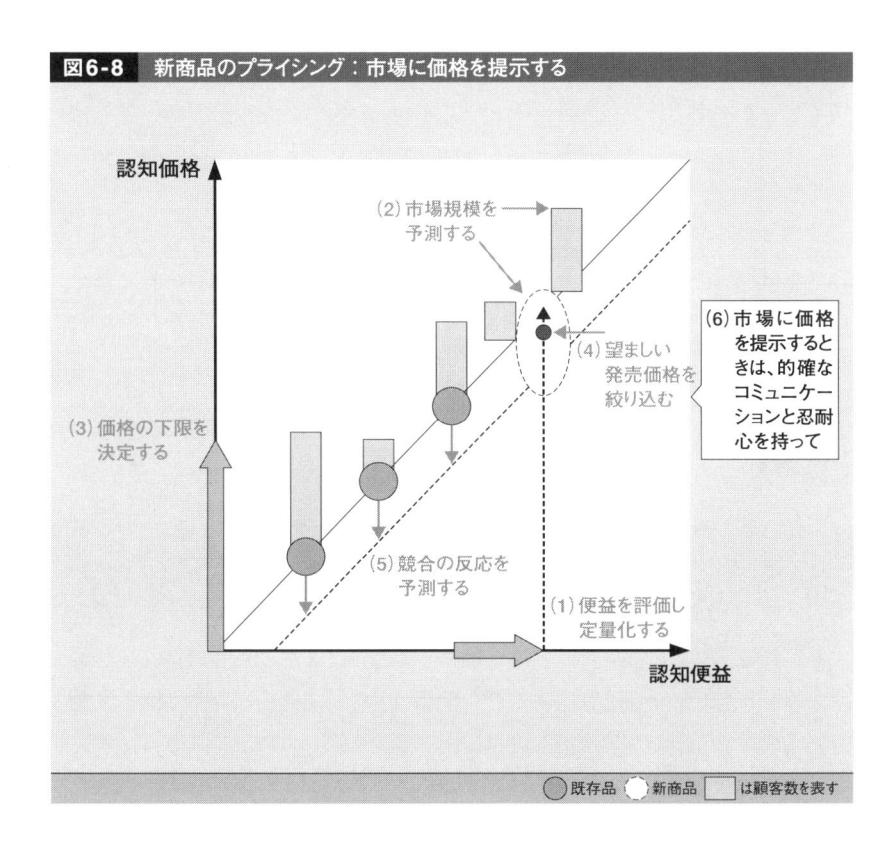

図6-8 新商品のプライシング：市場に価格を提示する

縦軸：認知価格　横軸：認知便益

(1) 便益を評価し定量化する
(2) 市場規模を予測する
(3) 価格の下限を決定する
(4) 望ましい発売価格を絞り込む
(5) 競合の反応を予測する
(6) 市場に価格を提示するときは、的確なコミュニケーションと忍耐心を持って

●既存品　○新商品　□は顧客数を表す

イシング戦略は許されない。

　市場に投入してから半年から1年の成り行きが、その商品の価値に決定的な影響を与える。とくにこの期間中、メーカーは毅然として価格をコントロールし、個別の取引にまで目を光らせなければならない。たとえば新商品が属する製品ラインで値引が常態化しているようだと、せっかく熟慮のうえで決めた発売価格も意味をなさなくなってしまう。

　新商品をどうしても短期間で売り込みたい場合には、発売価格の引き下げや商品価値の低下につながらないような販促を設計しなければならない。有名人など人目を引くグループや市場への影響力が強いグループに商品を提供する、無料のサンプルを配る、などのテクニックがよく使われる。あるいは一般消費

者向けに「無料お試し期間」を設定する方法も考えられる。いずれも、価格を引き下げずに市場浸透を加速する効果がある。月並みな値下げやリベートは慎むべきだ。ほとんど効果がないばかりか、商品の価値に対して消費者の疑念を招く結果となりやすい。

このほかのマーケティング手法としては、テスト市場を限定して製品・サービスを試験運用する、主要顧客と商品を共同開発する、などさまざまな方法がある。こうした手法を積極的に導入すれば、便益分析の精度を高め、より的確な価格設定ができるはずだ。

POINT

新商品を市場に投入するときは、忍耐と揺るぎない決意が必要である。「早く市場に浸透させろ」「値段が高すぎるから投資効果が上がらないのだ」といった声がおそらく内野・外野からうるさく聞こえてくるだろう。もっと値段を下げろと顧客は騒ぎ立て、競合は脅しをかけてくるかもしれない。だが十分な分析を経て市場範囲を決定し、便益に基づいて適切な発売価格を設定し、競合の反応を予測し、最適な価格提示プランを練ったのであれば、マネジャーは自らの決定に自信を持てるはずだ。こうしたデータに基づく自信があれば、発売当初の混乱期を見事に乗りきれるに違いない。そして価格優位を活かし、新商品の真の価値を堂々と市場に訴えることができるだろう。

ソリューションのプライシング

　近頃の市場は、犬も歩けばソリューションに当たると言っても過言ではない。ほとんどあらゆる業種にソリューションが顔を出す。ITソリューション、運輸ソリューション、ロジスティックス・ソリューション、エネルギー・ソリューション……という調子で、ホームディナー・ソリューションなるものまである。顧客に何かを提供すれば何でもソリューションになってしまうらしい。

　ソリューションにはどんな魅力があるのだろう。何と言っても最大の魅力は、「わたしたちは単に製品やサービスを売るのではありません。他社にはできないことを実現します。わたしたちがご提供するのはソリューションなのです」という謳い文句に尽きる。「お客さまの問題は解決されました」と訴えるこのメッセージはきわめて効果的だ（たとえそれが単なるデータの保存や今晩何を食べるかという問題だとしても）。しかしこのメッセージの背後には、次のような確固たる信念がある——本当にソリューションを提供できれば、顧客との関係はいっそう密接になる。そうなれば、売上げも利益も伸びるに違いない。

　それでは、ソリューションの成功例にはどんなものがあるだろうか。IBMは1991年に革命的なグローバル・サービス事業を立ち上げた。厳密に定義されたセグメント——たとえばリテール・バンク向けカスタマー・リレーションシップ・マネジメント（CRM）——に絞り込んだ専用の統合システムという試みは、それまでにないものだった。IBMはそのシステムについて、設計・据付からサポートまで全責任を負ったのである。ハードウェア、ソフトウ

ェアからサービスにいたるまで、IBMが提供するものはもちろん、パートナーが納入するものについてもIBMが一切責任を引き受けた。これはまったく新しいスタイルである。販売に当たっては、このスタイルが事業に与える意味合いを知り抜いている技術者が起用された。

IBMは、ソリューション・ビジネスにありがちな2つの過ちを巧みに避けている。第1に、あらゆるものをあらゆる買い手に提案するやり方をやめた。このやり方だと、差別化が図れないからである。第2に、質的に劣る製品やサービスをパッケージの中に混在させなかった。

IBMのソリューション・ビジネスの価値を高めたのは、効果的なプライシングである。まずは生み出される経済価値を顧客1社ごとに定義し、定量化してわかりやすく伝えた。次に、その価値をソリューションのライフスパンにわたって公平に享受できるようなプライシング・モデルを構築した。その結果、2000年には、ソリューション・ビジネスはIBMの成長の70％以上を担う事業に成長。営業粗利90億ドルを生み出し、おかげで同社の株価はダウ・ジョーンズ工業株平均の3倍に達した。

とは言え、本当の意味でのソリューションを提供できる企業は滅多にない。そしてソリューションで利益を上げられる企業となると、もっと少ないのが実情である。原因を探ってみると、プライシング戦略が欠落しているケースが多い。ソリューションの価格には、パッケージとしての便益を正確に反映させる必要がある。単に複数の製品あるいはサービスを組み合わせればソリューションになるという考え方は時代遅れだ。ソリューションのほかバンドルやインテグレーションもそれぞれに効果的な手法だが、ともあれ何よりも重要なのは、自社が提供するものは何かを見きわめることである。そして認知便益を正確に評価したうえで、それをプライシングと適切に結びつけなければならない。

ソリューションとは

ソリューションを提供するとは、顧客固有のニーズを満足させる責任を負い、

第7章 ソリューションのプライシング

図7-1　サプライヤーと顧客の4種類の取引形態

インテグレーション
顧客固有のニーズに合わせて自社製・他社製のコンポーネントを「接着」する

ソリューション
顧客固有のニーズに合わせてコンポーネントを調達し、組み立てて調整する（多くの場合、据付の責任も負う）

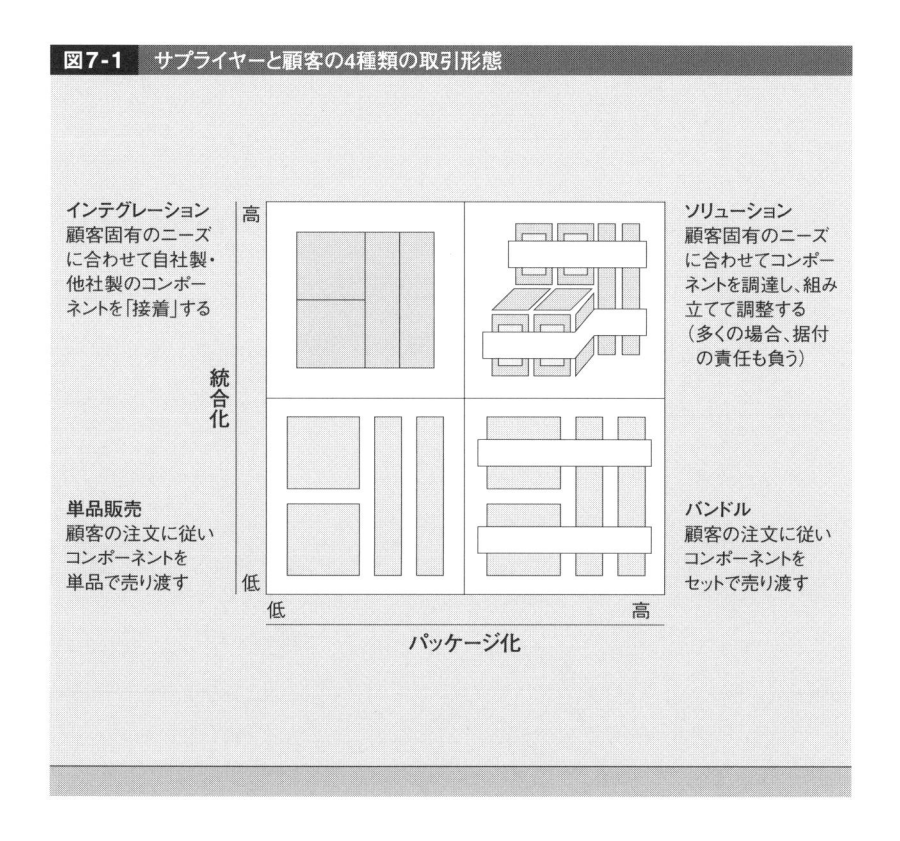

単品販売
顧客の注文に従いコンポーネントを単品で売り渡す

バンドル
顧客の注文に従いコンポーネントをセットで売り渡す

縦軸：統合化（低〜高）
横軸：パッケージ化（低〜高）

　ばらばらのコンポーネント（ハードウェア、ソフトウェア、サービスなど）を顧客に合わせて統合・カスタマイズし、個別に提供するときよりも高性能なシステムやプロセスを提供することである。それがソリューションと呼ぶに値するものかどうかは、その経済的利益が競合の提案を50％以上上回るかどうかといった基準を決めるべきである。

　ビジネスの場でソリューションが何を意味するかを理解するためには、**図7-1**に示すように、他の3つの取引形態と比較してみるとよい。製品やサービスをばらばらに提供する場合は、たとえそれらが顧客のニーズに合わせてカスタマイズされていても、やはり単品販売である。ばらばらのコンポーネントを取りまとめてパッケージとして売る場合には、バンドルとなる。システム統合や

カスタマイゼーション・サービスを提供して設計や据付まで手がけるが、納入するシステムの構成部品について全責任を負わないならば、それはインテグレーションである。

どれがどれより優れているということはなく、どれにも固有のメリットがある。そして顧客のニーズに応えて利益を上げるためのビジネスモデルはそれぞれに異なる。

我々の経験によると、本当の意味でのソリューションを提供できる企業は、競合より20％以上高い利益率を確保できる(原注1)。だが背中合わせのリスクも大きい。ソリューションを提案しておきながら実際には実現できない場合もあれば、せっかくのソリューションから十分に価値を引き出せない場合もある。いずれにせよ失敗は多大な代償を伴う。現にソリューション・ビジネスに乗り出した企業の75％以上が、初期投資を回収できていない。

ソリューション・ビジネスの成功例は、ある自動車塗装会社に見ることができる。この会社はあらゆる塗装工程を一貫してこなすことができ、自動車メーカーのプラントに自前の工程を垂直統合して厳格な工程管理を行い、特注仕様も含め、色・厚さ・工程数もまちまちな塗装工程の最適化に成功した。自動車メーカーから塗装の発注を受けた場合、この塗装会社は塗料の使用量当たりではなく車1台当たりの料金を請求する。何カ所もの工場で数年にわたり塗装工程を操業した結果、同社は車1台当たりの塗料使用量を20％以上も節約することができた。このソリューションが見事に成功した陰には、的確なプライシング戦略がある。塗料の節約分を公平にメーカーと分け合ったのだ。このビジネスモデルが次第に高度化した結果、同社は塗装ソリューション市場で世界シェア60％以上を掌握するにいたった。

しかし同じようにグローバル展開する潤滑油メーカーの場合は、こううまくはいかなかった。従来の潤滑油・接着剤事業で競争激化に直面した同社は、ソリューション提供で価値を高めようと試みる。堅実な製品ラインを補強する狙

原注1： ソリューションが提供する便益は次善の提案を50％以上上回るべきだと筆者は考えている。だが実際には、同程度の価格プレミアムを付けてソリューションが提供する追加的便益を全面的に織り込むことは稀である。

いから、1億ドルをつぎ込んで、環境監査や技術検査などの専門会社数社を精力的に買収。そして潤滑油の塗布から廃棄までをカバーする統合サービスとしてソリューションを提案した。

だが不幸にも、同社の提案は本当の意味での統合サービスではなかった。つまり、簡単に切り離せたのである。大口顧客を失う可能性があると慌てたこの潤滑油メーカーは、不本意ながら顧客の言いなりになってしまう。パッケージが提供する便益に正当な価格をつけることを諦め、せっかく買収したサービスを無料で提供したのだ。すると、すさまじい価格破壊が起きた。本業の潤滑油事業の売上高利益率（ROS）は5％。買収によるサービスの付加でそれが15％までアップしたはずなのに、最終的には元の5％すら下回ってしまった。それくらいなら、サービスを無理にソリューションに組み込まず、別立てにしておくほうがよかった。ソリューションを提供するためには、おそらくもっと大胆な取り組みが必要だったのだろう（たとえば顧客の潤滑油塗布プロセスをまるごと買収してしまう、など）。そしてソリューションの切り売りを要求する圧力を断固として撥ね除けなければいけなかった。しかし最大の問題点は別にある。果たして最重要顧客はそうしたソリューションを本当に望んでいたのかどうか、という点である。

以上の例からもわかるように、ソリューションが成功するためにはいくつか条件がある。まずは新しい提案がどのように便益を創出するのか、それはバリュー・チェーンにおける自社の役割にどのような影響を及ぼすのかを、サプライヤーが明確に把握していること。そしてソリューションに適切な価格を設定すること。さらにソリューションの持つ価値を実現するために、断固たる姿勢を維持することである。

サプライヤーと顧客の関係

さきほど見たように、サプライヤーと顧客の間の取引形態には4種類あり、ソリューションはその一つに過ぎない。どの関係が適切か（ひいては利益を最

大化できるか）は、どの程度のパッケージングやバンドリングを顧客が望むか、またどの程度の統合が必要かによって決まる。

図7-1には、単品販売、バンドル、インテグレーション、ソリューションという4種類の形態を示した。ビジネスの現場でよく使われる言葉であるにもかかわらず、一つの会社の中ですら解釈が一致しないことがままある。取引形態ごとにプライシングの取り組みが違ってくるので、定義を統一しておくことが大切だ。ソリューションを提供しているのに単品販売と勘違いして価格を設定すると、膨大な価値を失うことになりかねない。逆に単なるバンドル販売にソリューション並みの価格を設定したら、価格に比して便益が小さすぎ、顧客を失い、自社の価値を損なうだろう。

◉──単品販売

単品販売は、最も基本的な取引形態である。多くの場合、売り手は単独のコンポーネント（製品あるいはサービス）を顧客に直接、あるいは販売店を通じて売り渡す。買い手はほしいものがあるときに注文し、それらは在庫から取り出されて納品される。カスタマイズしてもらう場合には、買い手はその分を上乗せして支払う。標準的なサービスで満足する買い手には、それだけが提供される。コンポーネントが提供する便益はそれぞれの機能や性能、商品特性に基づくものであり、たとえ配送やローンなどを提供する場合でも、単品販売を手がけるサプライヤーにとっては、それは本来の事業ではない。

◉──バンドル

バンドルの場合にも、販売するのはコンポーネントである。しかし単品販売と違うのは、単一のサプライヤーがさまざまなコンポーネントを取りまとめ、規模の経済を活かして価格を低めに抑えるなど、価格優位を顧客に提供する点だ。こうした価値の提案は、どの顧客に対しても平等に行われる。たとえばピザ・ショップが約束する注文後30分以内のデリバリー、園芸店が提供する「家庭菜園セット」などがそうだ。

バンドル形式で提供されるコンポーネントは、サプライヤー自身が手がける

場合もあれば、他社製の場合もある。食品スーパー、卸売業者、多数の製品を扱うメーカーなどは、典型的なバンドル型のサプライヤーである。

◉── インテグレーション

インテグレーションでは、バンドルとは違い、コンポーネントを一体的に機能させるための知識も併せて提供される。コンポーネントは顧客のものを使用する場合もあれば、サプライヤー自身が手がける場合もあり、第三者からサプライヤーが購入する場合もある。またこれらを併用する場合ももちろんある。いずれにせよインテグレーションが実現する最も重要な価値は、専門知識という「接着剤」を使ってばらばらのコンポーネントを一つにまとめ上げ、顧客固有のニーズに応える機能を発揮させることだ。

ウェディング・プランナーはインテグレーション型サプライヤーの代表例と言えるだろう。食事、花、写真撮影、引き出物といったさまざまな要素をまとめ上げ、上手にコーディネートして一大イベントを演出する。またＢ２Ｂでは、ソフトウェア・インテグレーターが挙げられる。彼らは顧客のニーズに適うシステムをつくるために、さまざまなコンポーネントを集めて組み合わせる。

◉── ソリューション

ソリューションの場合は、顧客との協働を通じてその顧客に固有のニーズを適える提案をする。本当の意味でソリューション・プロバイダーの名に値するためには、次の３つの条件を満たさなければならない。

■ 価値創造の中心となる独自のコンポーネントが存在すること。
■ 多数のコンポーネントを、システムとしてシームレスに機能させる技術力があること。
■ システムのインプリメンテーションについて全責任を負うこと。

この３つの条件が揃ったとき、ソリューション・プロバイダーは、他をはるかに上回る便益を提供できる。たとえば企業がソリューション・プロバイダー

に発注するとき、責任の所在は実に明快だ。万事がうまくいった場合、ソリューションによって得られる便益は定量化され、あらかじめ決められた比率で、依頼主とソリューション・プロバイダーの間で配分される。しかしうまくいかなかった場合の責任は、すべてソリューション・プロバイダーにある。したがってソリューション・プロバイダーにはインテグレーターなどよりも高い能力が求められる。またソリューションが提供する便益は明確に識別・測定できるようにし、価格には、ソリューション・プロバイダーと顧客の間での価値配分を正確に反映させなければならない。

偽のソリューション・プロバイダー

　さてそれでは、バンドルやインテグレーションを手がけるサプライヤーは、なぜソリューション・プロバイダーと言えないのだろうか。バンドル型サプライヤーやインテグレーション型サプライヤーもソリューション・プロバイダーを自称したがるが、もしそんなことをしてプレミアム価格を要求すれば、事業の価値は破壊されてしまう。たとえばピザのデリバリー・サービスは、ホームディナーのソリューションとは言えない。ピザとデリバリーの組み合わせはたしかに顧客から見れば便益を高める提案だが、顧客固有のニーズに合わせて食事をトータルに提供するわけではないからだ。本物のホームディナー・ソリューションでは、顧客の好みを把握することから始まり、それに合わせたメニューを用意し、テーブル・セッティングから皿洗いにいたるあらゆるサービスを総合的に提供する。バンドル型サプライヤーが引き受けるのは、顧客一人ひとりのニーズに合わせて食事を調えることではない。顧客を大雑把に分類し、たとえば家で安上がりに食事をしたい若い客層向けに、標準的なセット・メニューを提案するといった単純な便益を提供することが、バンドル型サプライヤーの仕事である。

　それではインテグレーションを手がけるサプライヤーはどうだろう。彼らは専門知識という「接着剤」を駆使して多数のコンポーネントを組み合わせるの

で、なおのことソリューション・プロバイダーを自称したがる。たしかに彼らの場合、ソフトウェアをインストールするなど、顧客との関わりは密接だ。しかしソリューション・プロバイダーに比べると仕事はプロジェクトの一部に限られるし、システム全体についても責任を負わないことが多い。たとえばシステム構築プロジェクトの一環として、ネットワーク・セキュリティ・プログラムをインストールするソフトウェア・インテグレーターがいるとしよう。システム構築に携わるのだから、一見するとソリューション・プロバイダーに見えるかもしれない。しかしコンポーネントを組み込むだけでは、総合的なソリューションを提供したとは言えない。

またソリューション・プロバイダーを安易に自称すると、ソリューション提供の約束を果たせなかったときのリスクも引き受けなければならない。さらに、自社の専門知識の価値が失われる危険もある。つまりコンポーネントに知識を付加して売り渡してしまうと、その知識が生み出す便益を顧客に伝えることが難しくなる。たとえば自動車修理を請け負うメカニックがパーツ代金と工賃を別立てで請求するように、価値の提案をはっきり分離しておかないと、知識に価格をつけにくくなってしまう。

サプライヤー別のプライシング戦略

サプライヤーが先に挙げた4種類の取引形態いずれを手がける場合であっても、それぞれに成功の可能性はある。しかしタイプによってビジネスモデルはまったく違う以上、プライシングも当然その影響を受ける。図7-2に、取引形態別のプライシング・モデルを掲げた。

◉──単品販売

単品販売を効果的に行うためには、バリュー・マップを活用し、競合に対するポジショニングをうまく管理することが大切である。競合より価値の高いコンポーネントを製造し、利益率の確保にも長けたサプライヤーは、その商品の

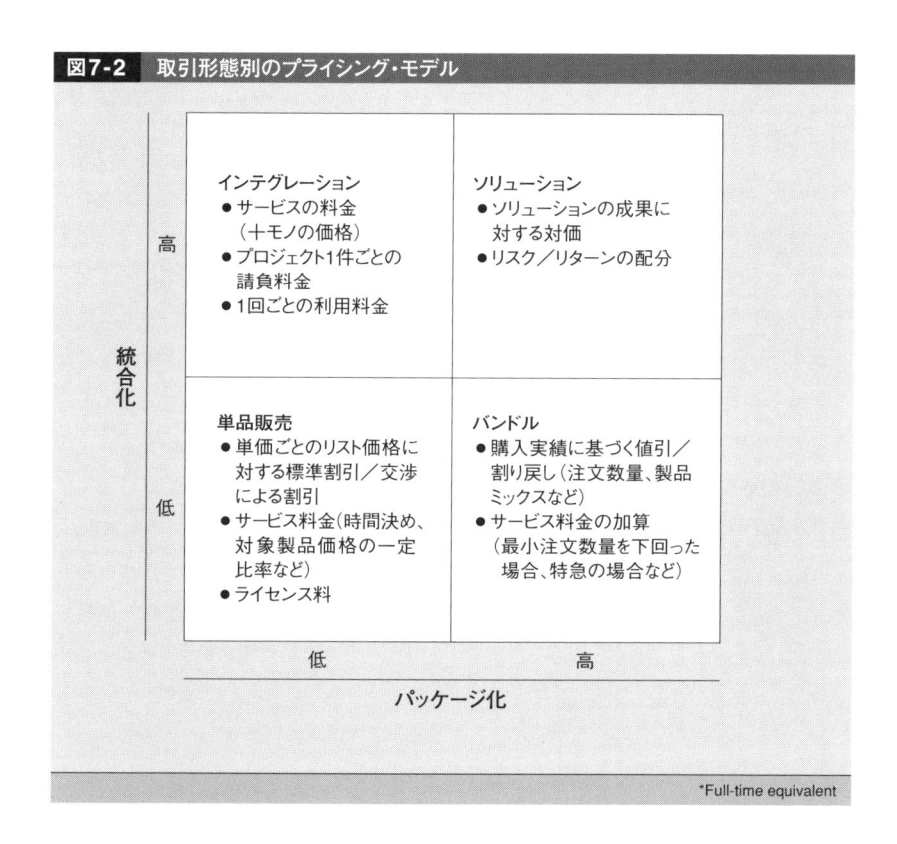

図7-2 取引形態別のプライシング・モデル

	パッケージ化 低	パッケージ化 高
統合化 高	**インテグレーション** ● サービスの料金（＋モノの価格） ● プロジェクト1件ごとの請負料金 ● 1回ごとの利用料金	**ソリューション** ● ソリューションの成果に対する対価 ● リスク／リターンの配分
統合化 低	**単品販売** ● 単価ごとのリスト価格に対する標準割引／交渉による割引 ● サービス料金（時間決め、対象製品価格の一定比率など） ● ライセンス料	**バンドル** ● 購入実績に基づく値引／割り戻し（注文数量、製品ミックスなど） ● サービス料金の加算（最小注文数量を下回った場合、特急の場合など）

*Full-time equivalent

ライフサイクルを通じてこうしたビジネスモデルを維持できるだろう。

　単品販売の場合、ビジネスモデルがプライシングに与える影響は単純明快である。価格水準とプライシング・モデルは、顧客に提供する便益に対する適正な対価を回収できるように定めればよく、直接の競争相手あるいは比較対象品の価格を勘案して相対的に決められることが多い。一般にモノを販売する場合には、まずは定価や基準価格を決め、競合の認知便益を勘案したうえで、割引（稀には上乗せ）を適用する。またサービスの場合には、作業時間当たりや対象商品のリスト価格に対する一定の比率（たとえばシステム保守の場合）で基準料金を決め、その後にやはり割引が適用されることが多い。

◉──バンドル

　バンドル型サプライヤーは、自社が提供可能な製品・サービスをどんどん増やしていくのが特徴だ。顧客はこのサプライヤーから買いつけるものが増えれば増えるほど、単価は下がるはずと期待する。サプライヤーの立場から見ると、買い手から要求される値引以上に自社のコストを押し下げること、並行して売上数量を拡大することが、このビジネスモデルで成功するカギとなる。コスト圧縮はさまざまな方法で実現可能だが、なかでも効果が大きいのは、サプライヤーがコンポーネントを注文する際の大口割引。そして、大口注文を活用した商品提供コストの削減効果である。

　バンドルの目的は、売上げ増を通じたコスト削減にある——このことをサプライヤーがしっかり認識している限り、このビジネスモデルには旨味が多い。だが犯しがちな２つの過ちには、注意が必要である。第１は、利益拡大に貪欲になりすぎ、ワンストップ・ショッピングの便宜を提供するのだから、大口顧客に対しても一律価格を適用できる（あわよくば引き上げられる）と考えてしまうことだ。しかしそうは問屋が卸さない。買い手のほうは、注文数量が増えれば自分たちの発言力が増すことを先刻承知だからである。それに便宜の提供はソフトな要素なのでコストとして定量化しにくく、これだけを取り出して価格請求するのは難しい。

　第２の過ちは、サプライヤーが知らず知らずのうちに自社のコストを膨らませやすいことである。これは、バンドルに伴って新たなニーズが発生するためだ。たとえば買収や研究開発が必要になるケースがある。また複雑な製品がバンドルの対象になれば管理やロジスティックスのコストが嵩むし、取り扱う社員のトレーニングも必要となる。この場合、売上数量の増加と並行して販売単価が下がるにもかかわらず、コストは膨らんでいく。したがって、ビジネスモデルとして甚だ疑問と言わざるを得ない。

　工業製品の部品を扱うあるバンドル型サプライヤーは、一見すると健全な戦略を採用し、売上数量拡大に努めていた。しかし気づかないうちに、コストの膨張に苦しめられるようになった。このサプライヤーは大口顧客に対し、契約

数量を増やせばリベートを増額すると提案。多くの顧客が喜んでこれに応じていた。しかしこの提案では年間合計数量だけが規定され、1回の注文数量や注文条件などは問われない。その結果、合計数量こそ10％以上増えたものの、1回の注文は小口化し手間がかかるようになっていたのだ。結果的に納品までのコストは倍に膨らみ、取引によっては赤字すら計上するようになる。そこで損失の垂れ流しを防ぐため、同社は小口注文に対して手数料を取ることにした。ありがたいことに顧客はさほど流出せず、注文ロットを増やす（したがってサプライヤー側のコストは下がる）か手数料を払うようになってくれた。

　バンドル型サプライヤーの場合、コスト引き下げと売上げ増の両方でビジネスモデルが成り立っているため、プライシング・アーキテクチャの選択が重要な意味を持つ。このビジネスモデルで目指すべき目標は4つある。適切なプライシング・アーキテクチャを通じた売上数量の増加、利益率の高い品目の販促、コスト効率のよい注文方式への誘導を図ること、そして最後は言うまでもなく、販売するコンポーネントの便益に見合う利益を確保することである（プライシング・アーキテクチャについては第11章を参照されたい）。

●── インテグレーション

　インテグレーションを提供するサプライヤーにとって最大の課題は、多数のコンポーネントを組み合わせ機能させる「接着剤」、つまり専門知識やノウハウに値段をつけることだ。コンポーネント自体はさまざまなサプライヤーからの寄せ集めであり、ときには顧客が所有しているものを組み合わせることもある。インテグレーター役を務めるサプライヤーは、顧客のニーズに合わせてコンポーネントを選び、通常はそのコストを直接顧客に請求する（場合によっては手数料を上乗せする）。コンポーネントの性能に対する最終責任はそれぞれのメーカーが負い、組み合わせたパッケージの責任は注文主、つまり顧客が負うかたちをとるのが普通である。したがってインテグレーターは、コンポーネントの組み合わせから生まれる便益について、何らかの「分け前」を請求する立場にはない。

　それではインテグレーションに対して、どのように価格を設定すればよいだ

ろうか。優れた例を、自動車のエンジンとパワートレーンを専門とするあるコンポーネント・メーカーに見ることができる。このコンポーネント・メーカーはエンジン・パワートレーンの設計・調整で抜群の技術水準を誇り、ついに独立事業部を設置してこのサービスを自動車メーカーに提供するまでになった。ほかに強力な競争相手はおらず、自動車メーカーの製品開発部門ですらこのメーカーの技術力には及ばない有り様だったため、同社は設計・調整サービスに相当高水準の料金を設定することができた。同社は、サービスとコンポーネントを組み合わせた「トータル・エンジン・ソリューション」の類を提供しようとは最初から考えていない。大口顧客から「大量発注するからサービスの部分をただにしろ」と圧力をかけられるのを恐れたからである。

　このようにインテグレーションの場合には、便益を生み出すサービスそのものに価格をリンクさせるべきだ。一般的なサービスの場合、人数×時間で料金を設定するが、インテグレーションでは、プロジェクト1件ごとの請負料金、あるいは1回ごとの利用料金を設定する。もしサービス提供に携わる人数や時間で料金を設定してしまったら、顧客は鵜の目鷹の目で値引の余地を探し、個別交渉で圧力をかけようとするだろう。「チームの人数はもっと少なくていい」「人件費のかからない若いチームでいい」、あるいは「これこれの仕事は自前でやる」などと言い出すかもしれない。そうなると、サプライヤーの立場は弱くなる。インテグレーションの価格設定が危うくなるだけではない。顧客の要求を飲んで派遣チームの質を落とそうものなら、納期を守れない、最終製品のクオリティが下がる、といった重大な副作用が出かねない。

⦿——ソリューション

　ソリューションを提供する場合、他の3つの取引形態とはまったく違ったやり方でプライシングに臨まなければならない。単品販売、バンドル、インテグレーションの場合には他との比較により相対的に価格を設定するが、ソリューションの場合には、創出された経済価値を顧客とサプライヤーの間でどう配分するかによって価格が決まる。

　ソリューションによって提供される便益は、コンポーネントを単純に合計し

た便益よりもはるかに大きい。また、顧客によって便益が質的にも量的にもまったく違うという特徴もある。ソリューションを提案する場合、まずは顧客の利益構造と提供可能な便益とを十分に把握しなければならない。このとき、最終的な便益だけでなく、各段階で提供される便益をフローとして押さえておく必要がある。これらは従来型のサプライヤーにとって、なじみのないまったく新しいスキルかもしれない。

ここで、あるストレージ・ネットワーク・プロバイダーの例を紹介しよう。同社は顧客のニーズに応え、中枢部・周辺部のハードウェア、ソフトウェアに設計サービスを組み合わせたソリューションを提案。独自のコンポーネント（サーバーやソフトウェアの一部は自前）と技術水準の高さにものを言わせ、自社のソリューションには競合の提案と比べ倍以上の価値があることを顧客に納得させた。おかげでこのサプライヤーの立場は強くなり、30〜50％増しの価格を主張することができた。(原注2)

すでに指摘したように、コンポーネントの価格を単純に合計してもソリューションの値段にはならない。したがって顧客に価格を提示するときも、個々のコンポーネントとの関連づけは不可能である。ソリューションは非常に高額になることが多く顧客企業で経営幹部の注意を引きやすいので、サプライヤーの側は、提供する便益の総合的なメリットを常に主張しなければいけない。コンポーネント一つひとつを取り上げて便益を云々するのは愚策である。

ソリューションは顧客のニーズに合わせて構築される「特注品」であるから、提供される便益も、それにつけられる価格も、当然ながらまちまちである。先の例に挙げたストレージ・ネットワーク・プロバイダーの場合も、中枢のプラットフォームはどの顧客に対しても同じだが、ストレージ・ネットワークが実現する便益は、顧客によって大きく違う。

たとえばネット通販、インターネット・バンキング、クレジットカード取引などの場合は、リアルタイムで大量のデータを処理できる信頼性の高いストレ

原注2： 価格交渉は、便益の総合計をベースに始められることが多い。そして最終的には、付加された価値を買い手・売り手で配分するかたちで決着する。

ージ・システムが必要だ。だが病院や行政機関のデータ処理なら、たとえ大量であってもピーク時以外に実行できるので、処理能力はやや低くてかまわない。このように要求水準が違うのに同一価格を設定しようとすれば、どうしても矛盾が出てくるだろう。^(原注3)

プライシングに関してソリューション・プロバイダーが直面する課題は、このほかに3つある。第1は、価格の組み立てを綿密に行うこと。ソリューションのどこか一部を見落としたり、インプリメンテーションの責任を負うのにリスクを計算に入れないといった過ちに気をつけなければならない。

第2は、ソリューションの場合にはポケット・プライス・ウォーターフォールが複雑化するので、入念にチェックすること。時間経過と共に変化する価格構成要素も計算に入れなければならない。たとえばソフトウェアのアップデートや交換、システムの拡張、保守サービスなどは要注意だ。またポケット・プライス・ウォーターフォールを作成するとき、将来の収入をみだりに逸失しないよう配慮する。ソリューションの提供や実行は長期にわたることが多いので、システム売渡し後の要素を見落とさないよう注意しなければならない。

そして第3は、システム構築・売渡し後の利益率を管理することである。**図7-3**のポケット・マージン・ウォーターフォールからわかるとおり顧客ごとに固有のコストが多いため、きちんと管理しないと収拾がつかなくなり、ポケット・マージンが予想外に落ち込みかねない。たとえば顧客に要求された移動・追加・変更などは、他の取引形態ではサプライヤーが吸収できるかもしれないが、ソリューションの場合にはプライシングの対象に含める必要がある。

ソリューションを提供する企業は、プライシング戦略を立てるとき、次の点も忘れないでほしい。

原注3： 本論ではソリューションのプライシングを取り上げるが、ソリューション・ビジネスの構築については以下の論文を参考にされたい。Daniel G. Doster, Eric V. Roegner "Setting the Pace with Solutions" マーケティング・マネジメント誌第9巻1号（2000年春号）51～54ページ。Juliet E. Johansso, Chandru Krishnamurthy, Henry E. Schlissberg "Solving the Solutions Problem" マッキンゼー・クォータリー2003年3号117～125ページ。

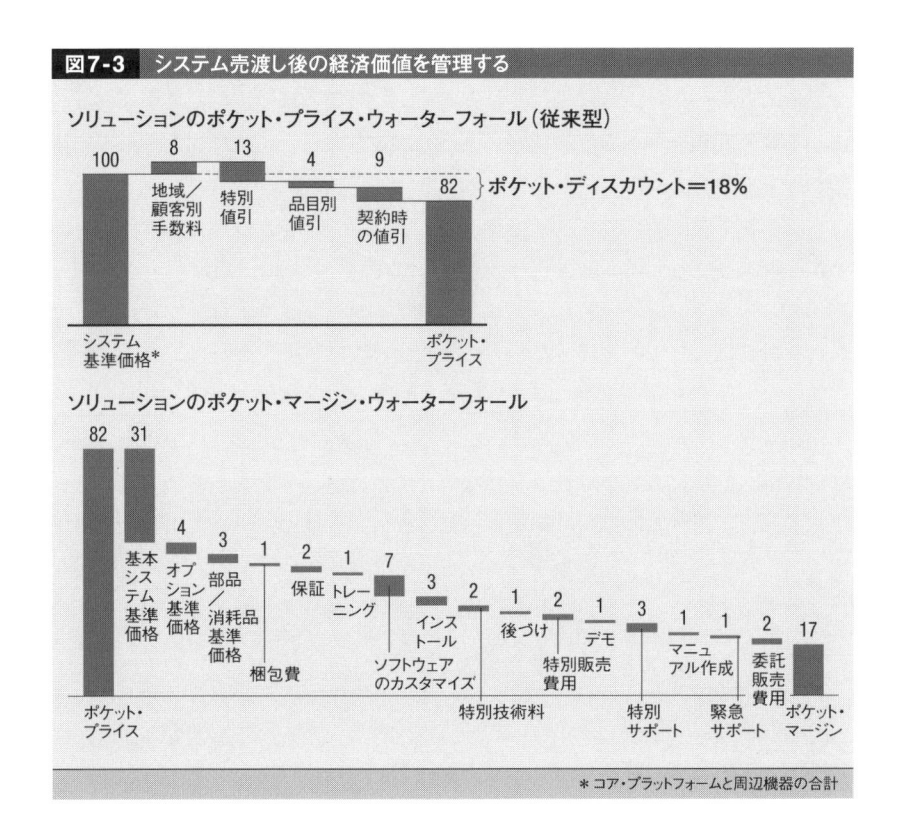

図7-3　システム売渡し後の経済価値を管理する

ソリューションのポケット・プライス・ウォーターフォール（従来型）

100　システム基準価格＊
- 8　地域／顧客別手数料
- 13　特別値引
- 4　品目別値引
- 9　契約時の値引

82　ポケット・プライス

} ポケット・ディスカウント＝18％

ソリューションのポケット・マージン・ウォーターフォール

82　ポケット・プライス
31　基本システム基準価格
4　オプション基準価格
3　部品／消耗品基準価格
1　梱包費
2　保証
1　トレーニング
7　ソフトウェアのカスタマイズ
3　インストール
2　後づけ
1　特別販売費用
2　デモ
1　マニュアル作成
3　特別サポート
1　緊急サポート
2　委託販売費用
17　ポケット・マージン

特別技術料

＊コア・プラットフォームと周辺機器の合計

- ■顧客の意思決定者に対し、ソリューションが提供する経済的価値を定量化してわかりやすく伝える。
- ■その経済的価値について、妥当な「分け前」を確保できる価格を設定する。
- ■提供する価値はコンポーネントの合計よりもはるかに大きいので、価格明細は出さない。
- ■顧客ごとに別々に価格を設定する。
- ■システム売渡し後のサービスなどの収益性を、能動的に管理する。

POINT

　ソリューションを始めとする統合化されたパッケージに価格を設定するのは、プライシングのなかで最も難しい。しかし見返りもまた最も大きい。サプライヤーが果たす役割を過不足なく評価し、それに見合う価格を設定することから始まって、顧客ごとのニーズを深く理解し提案を組み立てる段階にいたるまで、入念な計画、緻密な分析、徹底的な実行が求められる。手間を惜しまない先見的な価格管理が、ソリューション・プライシングの成功につながる。

Unique Events

第 IV 部

特殊なプライシング

Postmerger Pricing 第8章

合併後のプライシング

　今日の中〜大企業は、多くが合併あるいは買収を経験している。その目的は他地域や国外への進出というときもあれば、技術・製品ライン・能力の獲得というときもある。あるいは事業のシナジーを狙う場合やコスト削減が目的の場合もあるだろう。いずれにせよ、合併・買収（M＆A）には利益率改善の大きなチャンスが潜んでいる。だが残念ながら、このチャンスをものにできる企業はそう多くない。M＆Aが失敗に終わる理由は多々あるが、なかでも根が深いのは、プライシングへの取り組みが甘く一貫性を欠くことだ。プライシングを通じて企業価値を高める余地はきわめて大きい。にもかかわらず、企業は合併後の他の統合作業にはエネルギーを注ぎながら、プライシングにはあまり目を向けようとしない。

　プライシングをうまく活かせば、合併後のシナジーの30％への貢献が見込まれる。だがM＆Aに群がるインベストメント・バンカー、会計士、コンサルタントも、また経営幹部も、他の潜在的シナジーほどプライシングに注意を払うことはほとんどない。なぜだろうか。最大の理由は、M＆Aによって得られる従来型のシナジー、すなわち組織再編やコスト削減にばかり注意が向いているからである。本書で繰り返し指摘するように、プライシングは誤解されてい

原注1：マッキンゼーによる最近の調査によると、アメリカで行われた合併のうち58％では合併元の株主価値が減少し、33％では合併新会社としての事業価値が低下した。

る。M&Aチームがプライシングに取り組もうとしないのは、価格設定イコール全社的な値上げと頭から思い込んでいるせいだ。そうした値上げは大々的に報道され、規制当局からにらまれ、顧客にそっぽを向かれるに違いない。それに、放っておけば市場の力が自動的に価格を落ち着かせてくれる——彼らはそんなふうに考えている。

　合併後には両方の会社の価格設定方針を徹底的に調べ、合併後の新しい提供価値を正確に価格に反映させなければならない。また両社の値引方針の違いを調整する必要もあるし、営業・販売方式の変更に伴う新しい価格体系を周知徹底させることも大切だ。合併後のプライシングの目的は、混乱に乗じてこそこそ値上げすることではない。合併が目指したシナジーを内外に明らかにし、実感させ、その恩恵を株主や社員だけでなく顧客にも分け与えることである。顧客こそ、合併新会社からこれまで以上の価値を受け取るべきだ。合併後のプライシングの成果は自動的に得られるわけではなく、先を見越した取り組みが必要である。しかしその努力は合併後、必ず報われると確信する。

合併が開く「機会の窓」

　合併後はあらゆる面での統合を進め、強い企業をつくらなければならない。言うまでもなく、統合作業を早く完了させることだけが目的ではないだろう。合併新会社の目標を定め、企業価値の中心となるものを見きわめ、組織の効率化を図り、統合プロセスそのものを設計するのは大変な作業である。しかしそうした困難さと同時に、合併は変革の機会の窓を開いてもくれる。価格の見直しには社内外からの反発がつきものだが、合併後の一時期は、そうした反発なく価格を変えられるまたとない機会なのだ。この時期には顧客も社員も競合も変化を期待している。そして何事も、合併が引き起こすさまざまな変化の一つとしてすんなり受け入れてもらえる可能性が高い。しかし機会の窓はすぐに閉じてしまう。時機を逸すると二度とは開かない。

●──顧客

　顧客は、ふつうなら価格変更を疑いの目で見るものだ。しかし合併直後なら、新会社にさまざまな変化を期待する。社員、組織、提供価値、製品ライン、そして価格にも。こうした期待をうまく利用すれば、有利な価格戦略──適切な価格範囲の下限までむやみに引き下げるのではなく、上限まで押し上げる──を立てて実行することができる。

　たとえば、契約条件や値引方針などすでに公表されているものには、プライシング改善の好機が潜んでいる。とくに、販売店や卸売業者など中間事業者が介在する場合には、そうした条件や方針が複雑なので、なおさら改善の余地が多い。たとえば最近合併した工業製品メーカー2社は、それぞれが販売店に提示している契約条件を比べてみたところ、かなり違いがあることに気づいた。とくに差が大きいのは、ディーラー在庫の金利、大口注文の割引率、広告協賛金だった。

　通常であれば、こうした契約条件の変更を販売店に飲ませるのは難しかっただろう。だが合併直後のため、方針の調整もやむを得ないと周囲は理解してくれた。それに合併新会社の場合、いろいろな変更をひとまとめにして発表できるので、全体としてよい印象を与えられる。新会社は、プライシングの新方針の下で販売店が得られるメリットを総合的に示した。たとえば契約条件が多少不利になっても、ネットワーク再編（例：地域的な重複をなくし、大口の取扱いができるようにする）でその分は埋め合わされお釣りが来る、というように。その結果、同じ売上数量で売上高利益率（ROS）は2ポイント上昇した。

　だが機会はすぐに通り過ぎてしまう。顧客や販売店が合併新会社から仕入れを始めた場合、合併後半年か1年以内は、新しい条件と方針を新しいプライシング・モデルに基づくものと受け止めてくれる。だがこの期間を過ぎると、変更に抵抗するようになるだろう。価格構造を固めるまで時間稼ぎをしたい場合には、新方針の発表時期を遅らせるなどの手を使って、機会の窓が開いている期間を長引かせることはできる。だがいずれにせよ、ずっと開いたままにしておくことはできない。

◉──社員

　顧客と同じく社員も、価格設定方針に直接関わる職種の場合（プロダクト・マネジャー、営業スタッフ、経理担当者など）、価格変更に反発することがある。価格構成を変えれば、いろいろ厄介な問題が起きかねないからだ。値引の権限はだれが持つことになるのか。顧客情報の収集や分析はだれの責任になるのか。ブランド育成に力を入れるプロダクト・マネジャー、コミッションの確保に躍起の営業マン、株主利益の実現に努める管理職等々は、みな価格設定方針の変更で影響を被る。つまり価格は彼らの出世に直接関わってくるということだ。しかもこうした立場の社員は価格設定方針の変更を実行に移す主力部隊でもある。大きな方針に導かれた彼らの行動の積み重ねによって、正味実現価格が決められるのだ。

　合併直後は、社員は一般にナーバスになっている──人員整理の可能性があるときはとくにそうだ。しかし同時に、合併を機に何かが変わるはずという期待も芽生えているに違いない。プライシングを調整し、両社間の方針の矛盾を解消することは、合併新会社の共同作業がもたらす最初の成果となりうるだろう。合併後も両社が独立組織を維持するのでない限り、プライシングに何らかの変更や調整は絶対に必要だ。どちらか一方の方針や習慣を踏襲するか、ハイブリッド型のプライシング・モデルにするか、それともまったく新しいモデルを練り上げるか、決めなければならない。

　合併したばかりの会社は、あらゆる分野で合併以前の方針を徹底的に分析する必要がある。プライシングももちろん例外ではなく、最適の価格構造にするための方法や手順、データをよくよく吟味しなければならない。**図8-1**にはパルプ・製紙会社2社のポケット・プライス・ウォーターフォールを示した。両社の製品はいわゆるコモディティと呼ばれる汎用商品だが、ポケット・プライスには5％の開きがあることがポケット・プライス・ウォーターフォールから判明。このため合併新会社は、できるだけ高いポケット・プライスを実現できるよう、プライシング・アーキテクチャを逐一厳しくチェックした。

　合併・買収が成立したら、両社は直ちにプライシングの検討に着手し、格差

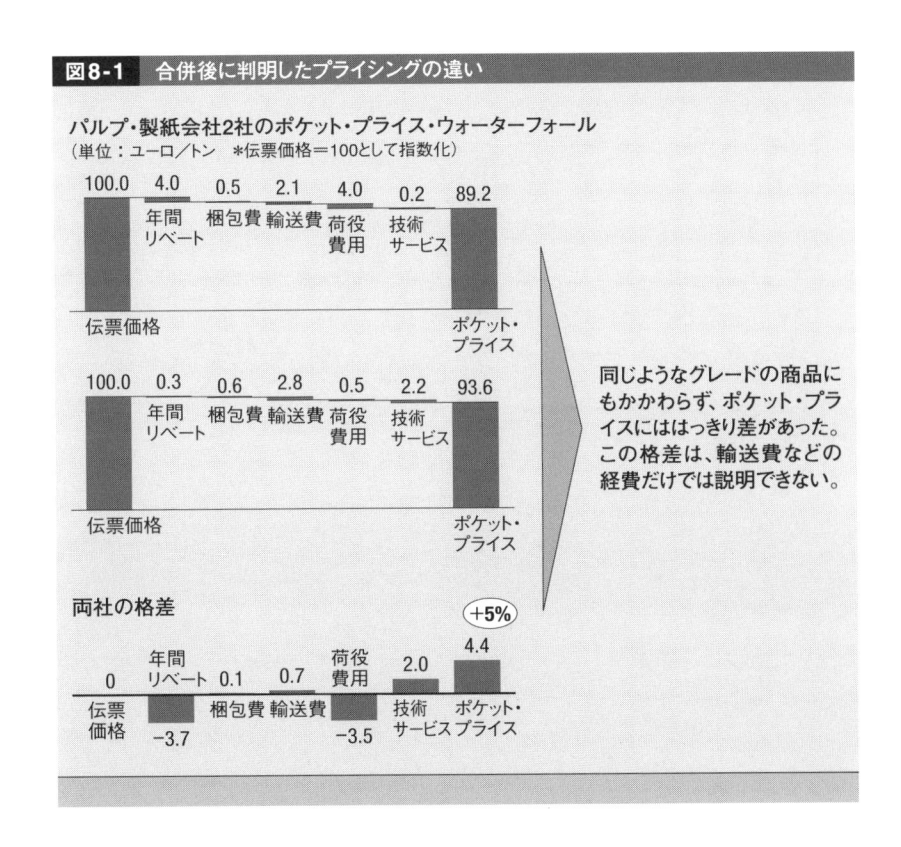

図8-1　合併後に判明したプライシングの違い

パルプ・製紙会社2社のポケット・プライス・ウォーターフォール
（単位：ユーロ／トン　＊伝票価格＝100として指数化）

1社目：
- 伝票価格 100.0
- 年間リベート 4.0
- 梱包費 0.5
- 輸送費 2.1
- 荷役費用 4.0
- 技術サービス 0.2
- ポケット・プライス 89.2

2社目：
- 伝票価格 100.0
- 年間リベート 0.3
- 梱包費 0.6
- 輸送費 2.8
- 荷役費用 0.5
- 技術サービス 2.2
- ポケット・プライス 93.6

両社の格差：
- 伝票価格 0
- 年間リベート -3.7
- 梱包費 0.1
- 輸送費 -3.5
- 荷役費用 0.7
- 技術サービス 2.0
- ポケット・プライス 4.4（+5%）

同じようなグレードの商品にもかかわらず、ポケット・プライスにははっきり差があった。この格差は、輸送費などの経費だけでは説明できない。

や不一致を突き止めて統一的な価格設定方針を策定しなければならない。どんな方針であっても——たとえ慎重に練り上げられたものでなくても——この時期には社員は「そういうもの」として受け入れるだろう。先行きの見えない時期にあまり長いこと新方針が打ち出されないと、営業部隊の士気が低下してしまうおそれがある。

◉——競合

　合併は、業界のプライシング動向に影響を及ぼす好機でもある。一つの業界内では最高・最低価格は、おおむね需要と供給の関係で決まるものだが、その範囲内で価格がどこに落ち着くかは、個々のプレーヤーの行動に相当程度左右

される。合併直後ともなれば、競合は合併新会社の行動にとりわけ神経を尖らせ、市場に何か大変動を起こさないか鵜の目鷹の目で見守るはずだ。マーケティング戦略やプライシング戦略に変更があれば、競争状況は激変しかねないからである。

合併直後は市場に——業界全体でも個別取引でも——健全なプライシングを再構築する絶好の時期ではあるが、この機会の窓もすぐに閉じてしまうので要注意だ。競合は合併新会社の行動が今後も続くものと受け止め、それに応じて自社の価格設定方針を調整し始める。こうして競合が言わば臨戦態勢から平時の状態に戻ってしまったら、新会社が市場に大々的な変化をもたらすのは難しい。

合併直後の時期は、合併によって価格設定方針がどのように変わったかをはっきり示し、顧客・社員・競合の認識を改めさせるような行動をとるときわめて効果的だ。プレスリリース、社内誌、パンフレット類、クライアントとのミーティングなどを十分に活用すれば、機会の窓を長く開いておくことができる。こうした配慮は、新方針の必然性を認めて受け入れてもらう環境づくりにもつながる。

3つのレベルに潜む機会

合併後には、図8-2に示すとおり、3つのプライシング・レベルそれぞれにチャンスがある。ごく稀とは言え、合併後の市場や競争状況によっては、すべての顧客に対して一律値上げが可能になるケースがある。あるいは重複する製品・サービスをうまくまとめたりバンドルできるケースもあるだろう。それ以外の場合には、面倒な（あるいは野放図な）値引・割引方針を調整する余地が必ずあるはずで、これは取引レベルの問題になる。

⦿──業界レベル

合併は、業界の様相を大きく変える可能性がある。中堅クラスのメーカーが

第8章 合併後のプライシング

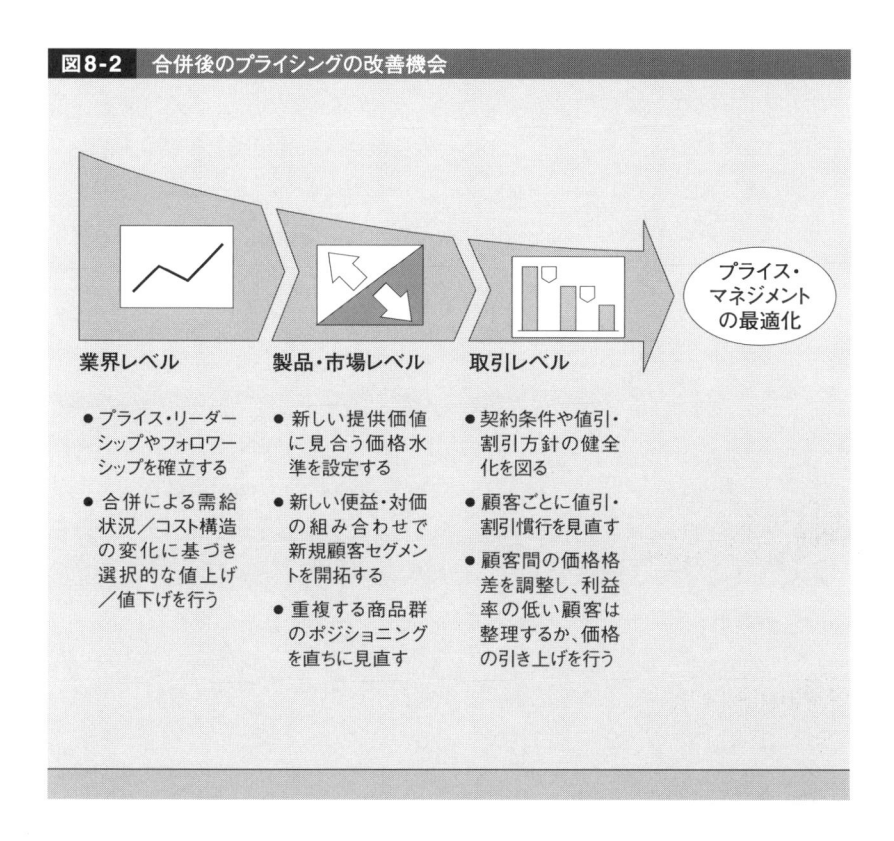

図8-2 合併後のプライシングの改善機会

業界レベル
- プライス・リーダーシップやフォロワーシップを確立する
- 合併による需給状況／コスト構造の変化に基づき選択的な値上げ／値下げを行う

製品・市場レベル
- 新しい提供価値に見合う価格水準を設定する
- 新しい便益・対価の組み合わせで新規顧客セグメントを開拓する
- 重複する商品群のポジショニングを直ちに見直す

取引レベル
- 契約条件や値引・割引方針の健全化を図る
- 顧客ごとに値引・割引慣行を見直す
- 顧客間の価格格差を調整し、利益率の低い顧客は整理するか、価格の引き上げを行う

→ プライス・マネジメントの最適化

　合併して業界トップになるケースは十分あり得るし、合併新会社が供給量を大幅に増やしたり、あるいは手控えたり、再配分するケースもあるだろう。また業界に破壊的な価格戦争を引き起こすこともあれば、製品の提供価値重視の競争を展開することもある。こうした可能性をわきまえている企業は、自ら一方的にプライシングの改善を目指す。それは自社の利益のためであるが、結局は業界全体を利することになる。

　合併新会社は、「シェア狙い」か「利益重視」か態度を鮮明にすることで、業界全体のプライシングに影響を与えられる。合併によって規模が大きくなるから、プライシングに投資する余裕も出てくるはずだ。とは言え最終的には、業界全体の行動は競合の認識に左右される。彼らは合併新会社の意図や能力を

厳しくチェックしているからだ。

　これを、ある消費財業界の例で説明しよう。この業界では、トップ争いを演じるサイモンズ社とジェフリー社が、ときに破壊的な価格競争をしてまでシェア拡大を追求していた。両社は互いに相手の上得意客を横取りしようと躍起になり、また販売店と独占契約を結ぼうと画策。しかしだいたいは無益な失敗に終わっていた。

　こうした状況で、サイモンズ社がシーザー社に買収された。シーザー社はまったく畑違いのメーカーである。この買収で業界の競争状況はがらりと変わる。シーザー社はサイモンズ社を買収すると、直ちにサイモンズ社の営業担当副社長をクビにした。この副社長は、シェア拡大路線を強く主張した張本人である。一方ジェフリー社の社長は、この買収が競争に与える影響を調査した。その結果、シーザー社は利益重視戦略を採っており、滅多に価格競争には走らないことがわかる。この情報に基づき、ジェフリー社は総代理店契約にこだわるのをやめ、2.5％の値上げをして利益率を引き上げる作戦に出た。するとシーザー社の傘下に入ったサイモンズ社は、旧来の方針を転換し、追随値上げを行ったのである。またどちらも相手の得意客をあからさまに口説くのを慎み、製品や包装に投資して需要拡大を狙う作戦を採るようになった。こうしたプライシング戦略が奏功し、ジェフリー社は25％の増益、サイモンズ社も17％の増益を達成することができた。

　業界全体の行動に影響力を及ぼすもう一つの方法としては、合併直後に主導権を握り、一部の商品で一方的な値上げを行うやり方がある。労組と再交渉して不採算プラントを閉鎖し供給量を減らすのも、この戦術の変形と言えよう。また合併で予算規模が拡大した場合には、マーケティングに予算を投じて需要を喚起する方法も考えられる。いずれの手法でも、業界の価格水準は押し上げられるはずだ。

◉──製品・市場レベル

　合併の結果として顧客への提供価値が変わることは珍しくない。合併のシナジーによって製品の質が向上することもあれば、製品属性やサービスが付加さ

れることもあり、また顧客にとって契約条件が有利になることもある。こうした場合には、合併によって高まった便益を反映するような価格を設定しなければならない。つまり便益の変化に見合うだけ価格を変更し、商品のポジショニングを価値均衡線（VEL）の右上へ動かす必要がある（第4章参照）。

　アメリカの銀行業界は、合併後の便益改善に釣り合う価格変更が行われた好例と言える。1990年代半ば、ある全国規模の大手都市銀行が地方銀行に次々に買収攻勢をかけ、支店網を強化したことがある。買収された地方銀行は都市銀の全国ネットワークに取り込まれ、おかげで顧客はたくさんの恩恵に与ることができた。全米最大級となったATMネットワークを利用できるし、商品やサービスの選択肢も増えたからである。たとえばクレジットカードのロイヤルティ・プログラムははるかに充実したし、インターネット・バンキングも利用できる。さらに、自己資本比率が引き上げられたので安心して取引できるという余禄もあった。

　となれば、サービス向上に対して価格を設定し直す余地が大いにある。買収された地方銀行は統一的なプライシング・プログラムの導入を義務づけられ、手数料は若干高めになった。それでも顧客はほとんど流出せず、顧客1人当たりの利益は大幅に増えたのである。

　この例からもわかるように、合併によってどんな便益が増大するか、またそれは顧客にとって本当に価値があるのかどうかをまず詳しく調べる必要がある。合併新会社が打ち出す便益・対価の新しい提案に対して顧客はどう反応するか――それを知るためには、コンジョイント分析や離散型選択分析といった市場調査手法が役に立つ。また新しい提案を実行するタイミングやコミュニケーション手法にも注意が必要だ。「便益の増大に見合った価格引き上げである」と市場に認識してもらえるようにすること。規模にものを言わせた力ずくの値上げと受け止められたら、激しい抵抗に遭いかねない。

　合併後に価格設定による優位性を確立するもう一つの方法は、事業統合時に製品ラインを取りまとめ、上手に価格を設定し直すことだ。同じような価格構造を持つ北米の自動車部品メーカー2社が合併したときの例を紹介しよう。両社は、製品ラインを統合すれば大幅な利益拡大が可能であることに気づく。な

にしろ最小在庫管理単位（SKU）が数百に上り、そのなかにはまったく同一の製品ラインやほとんど同じラインが多数含まれていたからだ。

そこで各社の営業・マーケティング、製品開発、技術スタッフ6名から成るプライシング・チームを編成して検討を開始。両社の製品ラインを逐一突き合わせ、どれが統合可能か、どれは打ち切るべきかをチェックした。継続や打ち切りの判断基準としては、利益率が高いか、シェアが拡大・縮小基調か、ブランド・リーダーと位置づけられるか、などを設定した。また最低限の効率確保に必要な生産水準を調べ、打ち切りが望ましい少量生産品目を洗い出している。

こうした詳細分析の結果、予想以上のコストダウンが期待できることがわかった。製品ラインの重複をなくすだけでなく、不人気あるいは非効率の品目の生産打ち切りも可能な選択肢になったからである。第1段階として、合併新会社は全製品の3分の1を直ちに生産打ち切りとした。次に利益率の低い品目については20〜25％の値上げを行い、別の製品ラインへの顧客の誘導を図った。こうした一連のプログラムを通じて同社は重複しているSKUの6割を削減。存続させる製品ラインについてはおおむね5％の値上げを行い、ROSの1.5ポイント上昇に成功した。

合併後には、製品ライン同士のシナジーによって需要を喚起する戦略も可能になる。たとえば合併によって製品ラインが拡大したら、多品目を幅広く買ってくれる顧客にインセンティブを用意する。ここでは、大手マットレス・メーカー2社が合併した例を紹介しよう。両社はマーケティングやマーチャンダイジングの統合化を通じて新しい価格構造の導入に成功した。

この2社が手がける製品は、片方が高級品、片方が中級品と大衆向けという具合に位置づけが大きく違う。合併後には、両社の製品を扱う小売店はかなりの恩恵を受けられることになった。高級品から一般品まで一括で買いつけられるし、マーケティングやマーチャンダイジング面でも従来より強力なサポートが提供される。しかし価格構造を従来どおり放置しておくと、小売店の側が一方的に利益を得、メーカーの側には何も見返りがないことがわかった。たとえば高級品を並べて客を呼び込み、他メーカーの利益率の高い商品を売りつけて儲ける不埒な小売店が現れかねない。これでは、せっかく便益が増大してもす

べて小売店が吸収し、エンドユーザーである顧客に還元されない。かと言って先の銀行の例のように商品の値上げをして利益率を高めるだけでは、問題が解決しないことも明らかだった。

そこで合併新会社はさまざまな割引・値引の類を詳しく分析し、より実績主義的なディーラー・パートナーシップ・プログラムを策定した。合併によって製品ラインが豊富になったことを踏まえ、全商品を取り揃えてくれる小売店を優遇するプログラムを提示したのだ。多品目を買いつけ、かつ取引の大半を合併新会社と行う販売店には、かなりの報奨が約束される。製品構成の点で見劣りする小規模な競合では、このインセンティブにはとても太刀打ちできない。こうして合併新会社の商品は、従来よりずっと多くの小売店で扱ってもらえるようになった。また小売店の側も幅広い品揃えが実現すると同時に、販売効率と利益率が共に改善されるという恩典があった。

このように合併を機に小売店に新しい商売のやり方を望む場合、価格構造を見直すと有効である。注文方法、注文数量、注文する製品構成、ターゲット顧客層などの重要な点で小売店の行動を変えさせたいときは、古い価格構造では対応できないことが多い。

●──取引レベル

取引レベルのプライシングにも、合併新会社の利益を改善する好機が潜んでいる。第3章でも見たように、企業のプライシングで重要な要素は定価や基準価格だけではない。さまざまな値引・割引、ボーナス、報奨金などが差し引かれ、最終的に企業の懐に入ってくるのはポケット・プライスだけである。異なる価格設定モデルを持つ企業同士が合併した場合、各社のこれまでのポケット・プライスを精査し、何か利益の取り逃がしはないか、取引価格を最適化するためにはどうすべきかを検討しなければならない。

ここでは、1990年代後半の産業用プリンター業界で行われた合併の例を紹介しよう。業界大手のエグザクト社とファストプレス社は、同程度の規模の会社を買収した。しかしその年の業績は、エグザクト社が前年比1.5％の増益にとどまったのに対し、ファストプレス社は12％増と、大きく差が開く。エグ

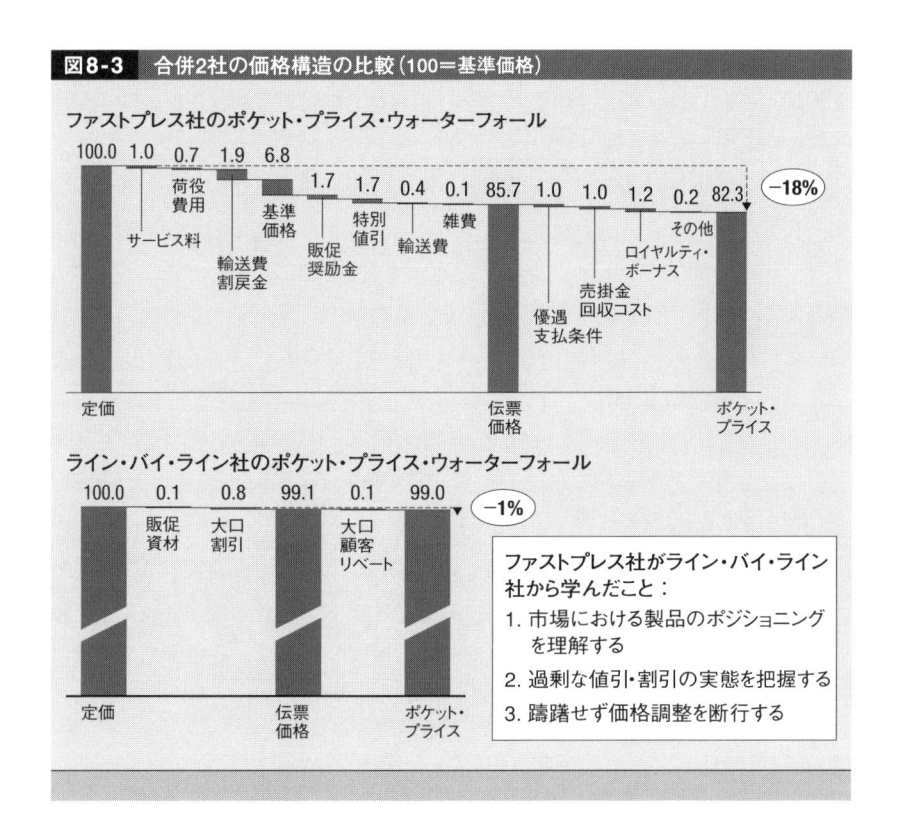

図8-3　合併2社の価格構造の比較（100＝基準価格）

ファストプレス社のポケット・プライス・ウォーターフォール

100.0　1.0　0.7　1.9　6.8　1.7　1.7　0.4　0.1　85.7　1.0　1.0　1.2　0.2　82.3　−18％

- サービス料
- 荷役費用
- 輸送費割戻金
- 基準価格
- 販促奨励金
- 特別値引
- 輸送費
- 雑費
- 優遇支払条件
- 売掛金回収コスト
- ロイヤルティ・ボーナス
- その他

定価　　伝票価格　　ポケット・プライス

ライン・バイ・ライン社のポケット・プライス・ウォーターフォール

100.0　0.1　0.8　99.1　0.1　99.0　−1％

- 販促資材
- 大口割引
- 大口顧客リベート

定価　　伝票価格　　ポケット・プライス

ファストプレス社がライン・バイ・ライン社から学んだこと：
1. 市場における製品のポジショニングを理解する
2. 過剰な値引・割引の実態を把握する
3. 躊躇せず価格調整を断行する

ザクト社の社長によれば「コスト削減策は順調に進んでいるが、価格設定方針の見直しはまだ行っていない」という。一方のファストプレス社は、まずプライシングの見直しに着手していた。

　ファストプレス社が買収したのは、ライン・バイ・ライン・プリンター社という中堅企業である。合併完了後、ファストプレス社では両社のポケット・プライス・ウォーターフォールを比較した。当初ファストプレス社は、低価格戦略を積極的に採り、かつポケット・プライスの管理もいい加減であろうと思い込んでいた。事実、価格を揃えるためには値下げもやむなしとまで考えていたほどである。

　しかし実際には、図8-3に示すとおり、ライン・バイ・ライン社は定価とポ

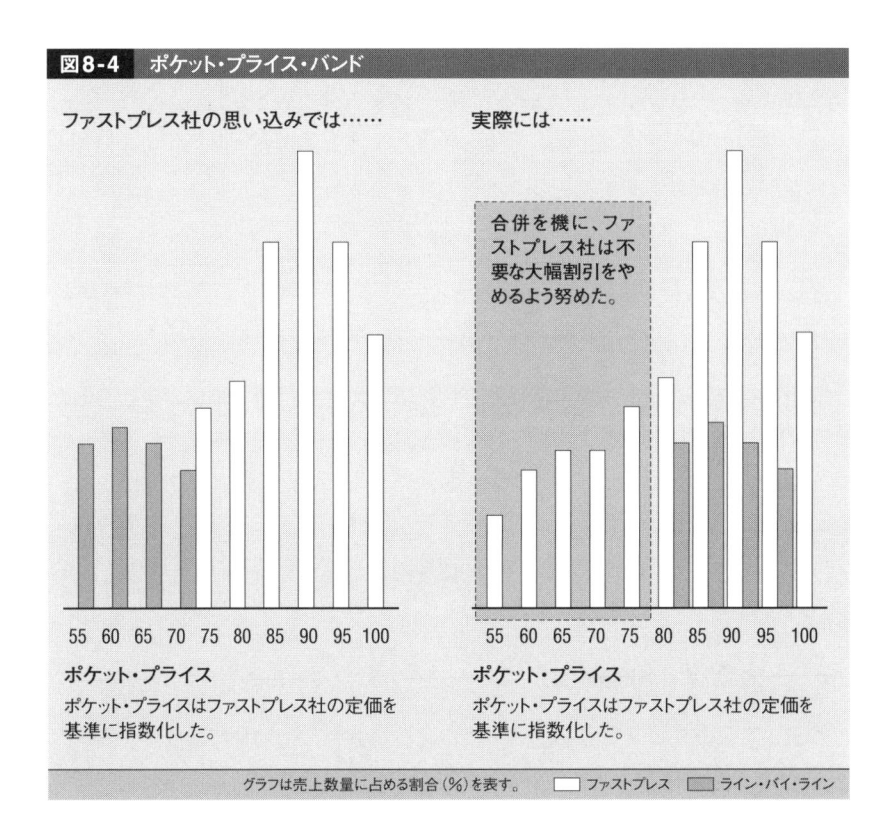

第8章　合併後のプライシング **165**

図8-4　ポケット・プライス・バンド

ファストプレス社の思い込みでは……　　　　実際には……

合併を機に、ファストプレス社は不要な大幅割引をやめるよう努めた。

55 60 65 70 75 80 85 90 95 100　　　55 60 65 70 75 80 85 90 95 100
ポケット・プライス　　　　　　　　　　　　　ポケット・プライス
ポケット・プライスはファストプレス社の定価を　ポケット・プライスはファストプレス社の定価を
基準に指数化した。　　　　　　　　　　　　　基準に指数化した。

グラフは売上数量に占める割合(%)を表す。　□ ファストプレス　■ ライン・バイ・ライン

ケット・プライスの差がごく小さかった。ライン・バイ・ライン社のほうが定価は安いのに、最終的にはこちらのほうがファストプレス社より高く売られている。平均するとファストプレス社のポケット・プライスは定価より18％低いが、ライン・バイ・ライン社のほうはわずか1％に過ぎない。しかも**図8-4**に示すとおり、ファストプレス社のポケット・プライス・バンドはライン・バイ・ライン社よりずっと広がっていた。

　実態を知ったファストプレス社は直ちに対策に乗り出す。ライン・バイ・ライン社を見倣ってポケット・プライス・ウォーターフォール構成要素の合理化を図ると同時に、大幅値引を享受している顧客はどこかをチェック。不当な値引を廃止し、ポケット・プライス・バンドを縮小して利益率の改善を目指した。

合併後に取引レベルで利益拡大を目指すためには、微に入り細に入る注意が必要になる。だがプリンター・メーカーの例からもわかるとおり、ウォーターフォールの構成要素を逐一厳しくチェックし、また各顧客セグメントの待遇を見直せば、利益拡大の余地がきっと見つかるはずだ。

合併後に陥りやすい罠

　合併時に価格設定方針を上手に統合すれば、大きな価値を手にできる。しかしその一方で、無防備なままだと、危険な罠が待ち受けていることを忘れてはならない。先を見越してプライシング対策を立てていかないとシナジーを失い、せっかくの合併で得られるはずの価値を台無しにすることがある。またプライシングをがっちり掌握していないと、他の面でも価値を取り逃がしやすい。合併後に陥りやすい罠の代表例を以下に3つ挙げる。

◉──大盤振る舞いの罠

　自社より製品・サービスの品質が劣る会社を買収した場合、優れているほうの会社のプライシングが甘くなることがよくある。自社の好条件を無造作に買収先にまで適用し、合併前を上回る品質・信頼性・サービス内容を同一価格水準で提供してしまうケースである。提供価値の向上に伴って価格の引き上げを行わないと、低価格セグメントで不用意に価格戦争を誘発したり、自社の高利益率の商品と共食い現象を起こしかねない。

　たとえば1990年代前半に、インターナショナル・コンプレッサがステート・コンプレッサを買収したケースがこれに該当する。ステートの製品はインターナショナルと似たようなものだが、性能面でやや劣り、価格も少し安い。またサービス・ネットワークや保証条件の点でも見劣りした。合併して2系統に増えた製品ラインのサービス提供コストや管理費を切り詰めるために、インターナショナルはステート製品のサポートも行うサービス・チームを編成。同時に、保証条件やサービス提供範囲も一元化した。しかしこのように便益を充

第8章　合併後のプライシング　　**167**

図8-5　価値は簡単に破壊され得る

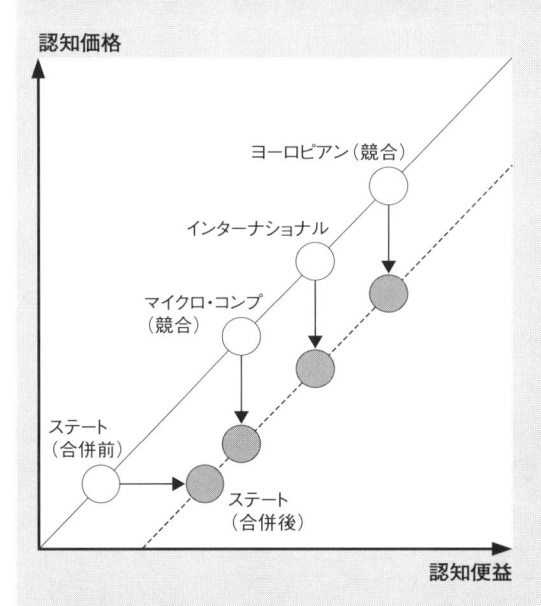

認知価格↑

- ヨーロピアン（競合）
- インターナショナル
- マイクロ・コンプ（競合）
- ステート（合併前）
- ステート（合併後）

認知便益→

1. インターナショナルは、製品の性能、サービス、保証条件でステートを上回っていた。

2. インターナショナルがステートを買収。ステート製品をサポートするためサービス・チームを編成し、保証条件も改善した。しかしステート製品の値上げは行わなかった。

3. ステートが提供する価値が増大したため、インターナショナルを含む各社のシェアを食う。シェアを脅かされた他社が値下げで対抗してきたため、業界の価格水準は7％下落した。

実させたにもかかわらず、インターナショナルは気前よくステート製品の価格を据え置いてしまう。するとたちまち、ステートの売上げが急増した。インターナショナルの経営陣はあわてふためく。ステート製品は性能が劣りメンテナンス・コストが高くつくのだから、多少値段が安くてもインターナショナルの製品ほど割安ではない、というのが彼らの読みだったからだ。しかし実際には、インターナショナルによる修理サービスの提供や保証範囲の拡大により、ステート製品の不利は帳消しになっていたのだ。旧価格のままだと、ステートのコンプレッサは大変な「お買い得商品」になる。

　このようにステート製品に便益を下回る価格が設定されたせいで、インターナショナルのシェアは食われた。そればかりでなく、競合であるマイクロ・コ

ンプ社とヨーロピアン社もシェアを奪われる。そこで両社は値引で対抗してきた。インターナショナルはシェアを確保するには追随するしかないと判断。**図8-5**に示すように、1年が過ぎたときにはコンプレッサ業界の価格水準は7％下落。また合併後のインターナショナルの利益率は、合併前の半分まで落ち込んでしまったのである。最終的にはインターナショナルが保証やサービスの一律適用を打ち切り、業界の価格水準は元に戻る。しかし最初の大盤振る舞いのツケは、業界全体にとって実に高くついた。

⦿── 割引重複の罠

合併後に契約条件や割引・値引方針をよく見直さないと、割引や値引が重なって思わぬ損をすることがある。最悪の場合には両社の方針がそのまま継続され、想定外の高い割引率が適用されることになりかねない。また片方の方針に一元化する場合でも、割引適用基準を調整しておかないと、みすみす利益を取り逃がすことがある。

ここでは、ある同じ小売業者に製品を卸しているメーカー2社──スーペリア社とエリート社──を例にとろう。どちらの会社も、年間取引高が25万〜100万ドルの顧客に対しては2％の大口割引を適用し、100万ドル以上の顧客には4％のボーナスを出す。小売業者は合併前のスーペリア社から95万ドル、エリート社からは25万ドル相当の商品を買いつけ、各社から2％の現金割戻しを受けていた。この状況でスーペリア社がエリート社と合併し、合併後も大口割引の基準がそのまま維持されるとしよう。すると件の小売業者は、120万ドルの注文に対して4％のボーナス（＝4万8000ドル）をもらえることになる。一切注文を増やさずに、労せずして2万4000ドルが懐に転がり込む計算だ。

こうした現象があちこちの顧客で発生したら、どうなるだろうか。重複する割引・値引を見過ごせば、合併新会社が利益を大幅に取り逃がすことは火を見るよりも明らかだ。これを避けるためには、合併両社の顧客を逐一チェックしなければならない。もし割引が相当程度重複しているようなら、割引適用基準も見直しが必要である。

●──親会社優先の罠

　子より親、すなわち買収先より買収元のほうが優れていると独断的に信じ込んでいると、合併新会社は罠にはまることになる。買収先のほうが優れているのに買収元が自社の方針を一方的に押しつけ、相手の優秀な手法を採り入れないでいると、合併の価値は大幅に減ってしまう。親会社優先の罠は事業のあらゆる面に潜んでいるが、プライシングは常日頃から関心の低い分野だけに、見落とす可能性がとくに高い。

　ここでは、大手の耐久消費財メーカーが補完的な製品ラインを持つ小型企業を買収した例を紹介しよう。小型企業のほうは顧客単位でプライシングを管理しており、顧客別に収益性を把握し、裁量的な値引を厳しくチェックしていた。またフィードバック・メカニズムも整え、顧客別に価格調整を行える体制を採っていた。ところが合併後は、大手のほうのルーズで曖昧なシステムが主流になる。小型企業のほうの営業部門はそれまでの厳格な管理のたがを外され、売上増狙いで無節操に値引や割引をするようになった。おかげでこの企業の価値は無用に損なわれてしまう。それだけではない。買収先の優れた取引レベルのプライシング・マネジメントを全社的に導入すれば、利益改善の機会があったのだが、買収元はその機会を失ってしまった。

反トラスト法

　合併後にプライシングを改善すれば利益増大の機会を活用できる。それは完璧に法律で認められた合法的な行為なのだが、実際には多くの企業が及び腰だ。訴訟という言葉がちらつくだけで、プライシングは後回しになってしまうらしい。そして合併後も現状維持ということになりがちだ。しかし合併が完了してからプライシングに取り組もうと考えるのでは、まったく遅すぎる。

　反トラスト法は、消費者保護の目的から、合併・買収プロセス進行中の行為に制限を設けている。だが完全に合法的かつ安全に買収前に価格を分析し、合

併成立時に直ちにプライシングの改善に手をつける方法はいくらでもあるのだ。ここでは反トラスト法について、合併後の統合に絞ってこの問題を取り上げる。なお不明点があれば、必ず顧問弁護士の意見を求めるようにしてほしい。

　欧米では、アメリカのハート・スコット・ロディノ反トラスト強化法（HSR法）と欧州連合（EU）合併規則が合併前の計画行為を規制している。簡単に言うと、競合する企業は重要情報の共有を禁じられる。重要情報には、価格・契約条件・顧客リストなど公になっていないものすべてが含まれる。合併が不成立となった場合、そうした情報の共有は違法な共謀・談合に相当するからだ。また合併成立前に価格絡みの分析を行った場合、それが情報の共有によるものであれ、自前の情報のみによるものであれ、規制当局への提出を義務づけられることがある点に注意しなければならない。あるいは合併が訴訟の対象となった場合に、分析資料の提出が求められることもある。規制当局は合併後の価格・割引方針変更に関する資料を精査し、当事者が合併後に過大な市場支配力を持たないかどうか判断する。

　だがそれでも、反トラスト法違反に問われずに早い段階で価格分析を行うことは十分に可能だ。たとえば第三者機関で構成する独立チーム（俗に「クリーンチームと呼ばれる」）を発足させ、競争情報の共有が必要な問題について検討を開始する。合併後のプライシングの取り組みは早いほど効果が高いので、このような独立チームの設置は賢いやり方だ。事前に行動を開始でき、しかも各社の秘密情報は保護できる。こうした手を打っておけば、経営陣が成果を早く出したい合併直後の時期に、プライシング面のシナジーをすみやかに利益に反映させられるはずだ。

　合併なり買収なりが成立するまでは、独立チームは重要な競争情報——製品ごとの価格・コスト構造など——を合併当事者に開示してはならない。だが合併成立前であっても、談合に当たらない情報ならば分析結果や勧告を双方の当事者に伝えてもかまわないし、適切な勧告であれば、合併成立後直ちに実行に移してよい。ただし合併交渉が決裂した場合には、いずれの当事者にもチームからのアドバイスなどは行わない。なお独立チームの分析結果は、規制当局への提出を求められ、合併の是非の精査に利用されることがある。

合併・買収交渉段階からプライシングで有利なスタートを切る方法は、ほかにも2つある。一つは、各当事者が合併前からプライシングに関する自社のデータを集め、分析しておく方法である。データ収集には非常に時間がかかるので、これを先行してやっておくわけだ。もう一つは当事者双方で合同チームを編成し、センシティブな価値情報の開示を必要としない問題について作業を進めるやり方である。合併後はこのチームが、プライシングに関して中心的な役割を果たす。

POINT

　合併・買収から1年ほどは、価格優位を強化するまたとないチャンスである。経営幹部はもろもろのシナジーを追求するに当たり、プライシングにも厳格な規律をもって取り組まなければならない。ほかのときでは決してめぐり合えない機会が豊富にあるはずだ。しかしことプライシングに関する限り、機会の窓はすぐに閉じる。合併直後、CEOを始めとする経営陣は、いくつもの統合に関するプロジェクトの検討に忙殺されることだろう。そしてプライシングはとかく後回しにされやすい。だが統合プロセスの早い時期にこの問題に取り組まないと、みすみす機会を取り逃がし、利益拡大の可能性は失われてしまう。価格における優位性を誇る企業は合併という貴重な機会を決して見逃さない。断固たる決意でプライシングに臨み、逃げ足の早い機会を活かしている。

第9章 価格戦争

　航空会社からパソコン、化学品、通信、電子部品、自動車タイヤ、さらにはファーストフードにいたるまで、価格戦争に苦しめられている業界は、このところ枚挙にいとまがない。価格戦争で勝利を手にする企業はほとんどないし、うまく生き残れる企業も滅多にない。この戦争の痛手は深刻かつ長引く。唯一の対抗手段は、戦争の勃発自体を防ぐことである。

　価格戦争が起きる危険はどこにでもあり、どれほど経営状態のいい会社でも無縁ではいられない。優れた戦略を持つ企業や実行力に富む企業であっても、生死を分ける価格戦争に対処できないと、自滅にいたることさえある。本章で詳しく論じるが、価格戦争の多くは、些細なアクシデント——競合の行動を読み違える、市場状況の判断を誤る、など——がきっかけで始まる。計画的な競争戦略として価格戦争が引き起こされることは滅多にない。ましてや業界全体あるいは当事者企業にとって好ましい結果をもたらすことなど、ほとんど皆無と言えるだろう。

　価格戦争を回避する方向へ自社を誘導するためには、並々ならぬ努力と巧みな「操舵術」が必要だ。何よりもまず、ここ数年価格戦争がさまざまな業界で頻発するのはなぜか、この戦争が滅多に成功せず業界全体の価値の破壊につながりやすいのはなぜか、理解しなければならない。市場環境が理解できれば、価格戦争に巻き込まれない方法が見つかる。最悪の場合でも、被害を最小限にとどめる方法が見えてくるはずだ。なお、ごく稀なケースではあるが、価格戦

争が望ましい場合もある。本章では価格戦争についてさまざまな面から論じていく。

価格戦争はなぜ回避すべきか

　値下げをしてシェアを拡大し利益を増やすことが健全な戦略だと考えている企業は、いま一度思い直すほうがいい。コスト面で圧倒的に優位でない限り、すなわち競合よりコストが30％以上低くない限り、値下げは自滅的な価格戦争を引き起こす結果になりやすい。価格を引き下げれば、競合は必ず直ちに追随する。顧客や売上げやシェアを失って、平気でいられる企業はどこにもないのだ。だから賢い企業は、価格戦争を避けるためにあらゆる手を尽くす。戦争を回避すべき理由を以下に掲げよう。

◉──価格は利益に直結する

　利益は価格に敏感であり、平均価格水準がほんのわずか下がっただけで大幅に減少する。第１章で見たとおり、価格は企業の業績にとって最も感度の高い経済性の要素である。どんな値下げも純利益に影響を及ぼさずにはおかない。グローバル1200企業の場合、１％の値下げでも、営業利益は11％落ち込む（コストと売上数量は一定とする）。

　値下げによるこの利益の落ち込みを、売上げ増でカバーできるのだろうか。たとえば価格戦争で価格が５％押し下げられたとしよう。第１章でも述べたが、このとき売上数量が17.5％増えない限り、営業利益を維持することさえできない。そして売上数量が17.5％増えるためには、価格弾力性が−3.5：１でなければならない。つまり価格が１％下がるごとに売上数量は3.5％拡大するということだ。これは途方もない数字である。現実には、価格弾力性が−2.1：１を上回ることは滅多にない。

　したがって、価格戦争による値下げを埋め合わせられるほど需要が拡大するケースはきわめて稀である。価格だけを武器にこの戦争を乗り切ろうとするな

ら、勝率はかなり低いと覚悟すべきだ。また、たとえ値下げで新規顧客を獲得でき売上げを増やせたとしても、競合は必ずや同程度まで(あるいはそれ以上の)値下げをしてくるだろう。値下げで対抗するのは一番手っ取り早い戦略であり、どんな企業にでもできるのだから。

●──値下げによる価格優位は長続きしない

　値下げで競合の価格を下回っても、それは長続きしない。シェア拡大を狙って価格を下げても、以前のシェアに落ちついてしまうものだ。しかも下げた価格のままで。たとえばPDA(携帯情報端末)市場ではパームが50％値引をしたところ、ライバルのハンドスプリングがわずか数日で対抗値下げしてきた。またパソコン市場でも、デルの18％値下げキャンペーンに対し、コスト面で劣るはずのコンパックが1週間足らずで対抗している。

●──期待価格はすぐに下がる

　価格戦争に巻き込まれると、消費者が期待する価格や比較する価格もたちどころに下落する。しかもひとたび価格に対する認識が変わってしまうと、価格戦争が終わってからもなかなか元に戻らない。数年前、夏の客引き合戦でニューヨーク―ロサンゼルス間の航空運賃が199ドルまで引き下げられたことがあった。すると大多数の消費者は、この区間の運賃としては199ドルが妥当だと思い込んでしまう。価格戦争が一段落してからも、運賃がこの水準前後でないと利用しないと言い出す客が続出。次の夏にはこの路線の利用客が激減し、前年の価格戦争のせいで消費者が比較する価格が大幅に下落したことが確かめられた。
　こうした現象は、価格心理や価格想起に関する研究結果とも一致する。消費者の意識調査をしたところ、ある商品に支払った最低価格を買い手は一番長く覚えており、それが長期にわたって――ときには一生涯にわたって――比較すべき価格となることが判明している。多くの人が初めてTフォードを買ったときの価格を覚えているのは、おそらくそのためだろう。つまり価格戦争に伴って導入された低い価格水準は、「妥当な価格」として消費者に認識されてし

まう。それも、価格戦争が終わった後までずっと。

◉──買い手が価格に敏感になる

　価格戦争の最中は、買い手は便益よりも価格に敏感になる。提供する商品の品質が優れていれば、大抵の企業は競合よりも高い価格を設定するだろう。それでも消費者がその商品を買ってくれるのは、他の商品より値段が高い分だけの便益があると考えるからだ。このように消費者が便益を重視する限りにおいて、品質で上回る売り手は高い価格を維持できる（第4章参照）。

　だが価格戦争が始まると、この便益・対価のバランスが崩れてしまう。売り手は価格に固執し、便益よりも価格を盛んに強調するようになる。そうなれば、買い手が価格にばかり目が行き、便益を顧みなくなるのは避けられない。パソコン業界ではまさにこの現象が起きている。性能の劇的な向上にもかかわらず、購買決定に際しては一番低価格品を選ぶ傾向がますます強まっているのだ。こうなると、価格戦争が終結しても、便益・対価のバランスはそう簡単には元に戻らない。価格戦争は、多くの場合、買い手の意識を売り手に不利な方向に変えてしまう。しかもそれは半永久的に続く。

◉──業界再編は滅多に起こらない

　価格戦争は業界再編につながるとの希望的観測をする企業が多いが、実際にそうなることは稀である。「体力の続かない相手を締め出して業界の合理化につなげる」という理由で価格戦争に突入する企業があるが、このアプローチには、少なくとも次の2つの問題点がある。

■規制当局や司法当局が、そうした戦略を違法な略奪的プライシングと解釈するおそれがある。**略奪的プライシング**とは、競争相手を強制的に業界から撤退させる意図を持ったプライシングを指す。

■価格戦争に没入すると感情的になりやすく、戦いの続行が明らかに無意味になっても、撤退を潔しとしなくなる。たとえば電子制御器市場では5年も価格戦争が続き、毎年巨額の損失を垂れ流しているが、それでも一社たり

とも足を抜こうとしない。

　しかも、たとえ弱小企業が撤退しても、生産能力はそのまま残ることが多い。たとえば小型電動モーター業界は競争が激しく、慢性的な価格競争に悩まされている。生産能力は20〜30％も過剰で、ほとんどのメーカーはここ10年間、資本コストすら回収できていない。まったくお先真っ暗で、こんな業界に参入したがる企業があるとは想像もできないだろう。しかし実際にはどこか1社が撤退するたびに、その資産を1ドルにつき25セントで買い叩く新規参入者が必ず現れている。したがって生産能力は一向に減らず、より低いコストで事業が続行されるのである。

　以上の例からわかるように、どんな企業も、価格戦争の回避・防止を戦略的な優先課題とすべきである。価格戦争で持続可能な優位性がもたらされるケースはほとんどないうえ、企業・業界双方の利益は大幅に損なわれ、対顧客戦略上、取り返しのつかない打撃を被る。しかも業界の構造問題や生産能力の過剰が、多少なりとも解消することは滅多にない。

価格戦争はなぜ起きるか

　価格戦争を忌むべき理由がこれだけあるのに、なぜ多くの企業はこの不毛な戦争に突入してしまうのだろうか。

　たしかに、総合的に見て、健全な戦略に基づき意図的に価格戦争が引き起こされるケースがないわけではない。たとえばコストの大幅削減を実現する新技術に投資した企業が商品価格を低めに設定し、まずはシェアを確保して競合が新技術に手を出すのを防ぐ、というアプローチがある。

　だが、熟慮のうえで計画的に価格戦争が起こされる例は稀だ。ほとんどの場合、競合の行動を読み違えたり市場の変化の解釈を誤るなど、些細なミスから価格戦争は起きている。自社のプライシングに対する競合の反応を読み損なうケースも少なくない。

● ——競合の行動や市場の変化を読み違える

　現場の営業スタッフが慌ただしく飛び込んできて叫ぶ——「敵が値下げしてきました。生き残るためにはうちも値下げしないと」。ライバルの価格情報はこうやってマネジャーの耳に入ることが多い。だが意思決定権のある上層部に重要な補足情報まで報告されることはまずないのが実情だ。たとえば値下げは2日間だけだとか、大口顧客のみが対象だとか、初回納入分以外には適用されない、とか……。そうなると値下げ情報だけを聞かされた上層部は、何ら制限を設けずに一律値下げに踏みきりやすい。当然、敵方はこれを見ている。そして当初の予定よりも長い期間、あるいは多くの顧客に対し、値引を適用することを決意する。

　価格戦争はこんなふうに始まり、次第にエスカレートしていく。最初に判断ミスをした会社のほうは、価格戦争を始めたのは敵だと信じ込んでいるが、敵のほうはもちろんまったく逆に考えているのだ。

　ここではあるタイヤ・メーカーの例を紹介しよう。このメーカーは、伝票価格35ドルで小売店に製品を卸している。年度末に支払われる年間取引ボーナス2ドルと値引プロモーションとして1.5ドルが差し引かれ、ポケット・プライスは31.50ドルである。さてある日このメーカーは、ライバルが伝票価格32ドルで同様の商品を販売していると現場から報告を受ける。そこで顧客の流出を恐れたこのメーカーは、伝票価格を35ドルから32ドルに値下げした。ところが後になってから、ライバルは年間取引ボーナスも値引プロモーション・フィーも払っていないことが判明（**図9-1**参照）。価格比較を同一ベースで行わず、あわてて3ドルも値下げしてしまったが、実際にはこのメーカーのほうが最終価格は0.5ドル安かったのである。しかし、気づくのが遅すぎた。長期にわたる価格戦争が起き、どちらも高い代償を払わねばならなかった。

　読み違いのほかに、単なる事故により価格戦争の火種になることも、実は珍しくない。数年前、ある業界誌が、ある産業機械の市場規模をうっかりミスから実際より15％多く報道した。これを見た大手4社はそれぞれに自社のシェアが大幅に減ったと思い込み、シェア奪回のためにただちに値下げをする。だ

図9-1　価格の比較を誤ると

	値下げ前の価格	競合の価格	値下げ後の価格
伝票価格	35.00ドル	32.00ドル	32.00ドル
年間取引ボーナス	−2.00	0	−2.00
販促費用	−1.50	0	−1.50
ポケット・プライス	31.50ドル	32.00ドル	28.50ドル

が現実にはどこのシェアも減っていなかったことは言うまでもない。3カ月後に誤報が訂正されたが、そのときにはもう破壊的な価格戦争が始まっており、この業界は1年以上にわたって不振に苦しんだ。

　もう一つ別の例を紹介しよう。ある食品メーカーは、競合が予想外に10％もの値下げをしてきたのに気づく。相手が戦略的な意図から製品ラインのポジショニングを変えてきたと判断したこのメーカーは、同率の値下げで応じた。だが相手はたしかに値下げをしたものの、それは確たる理由があってのことだった。その年の初めに、アメリカ食品医薬品局（FDA）に提出する成分情報の基準容量が6オンスに変更された。そこでライバル・メーカーは新規則に対応するため、商品のサイズを従来の6 1/2オンスからすべて6オンスに変更。6オンスの新商品発売に先立ち、旧型品の在庫一掃のために値下げをしたというのが実情だった。在庫がなくなれば価格水準は元に戻す予定だったのだが、敵に対抗値下げをされてしまったため、結局は価格戦争が始まってしまう。おかげでこの業界の利益1年分が吹き飛んでしまった。

●──価格設定の判断を誤る

　価格戦争を引き起こすのは価格帯の最底辺にいるサプライヤーだけだ、と思い込んでいるマネジャーは少なくない。だがこれは間違いだ。一番高い価格を

つけているサプライヤーであっても、たやすく価格戦争の引き金を引いてしまうものだ。

　第4章で論じたように、消費者は価格だけを見てものを買うわけではない。彼らがこだわるのは、実際には価値である。そして価値とは、認知便益と認知価格との差にほかならない。便益と対価が市場でどのように均衡するのかを知るためには、バリュー・マップを描くのが手っ取り早い。以下のケースで紹介するように、バリュー・マップを見れば、高価格のプレーヤーでも意図に反して価格戦争を引き起こしてしまう経緯がよくわかる。

　ここで紹介するのは、高性能の血液検査装置市場である。血液検体を処理する病院の検査センターや血液バンク向けの装置だ。図9-2に示すように、MTE社はプレミアム・セグメントに位置づけられていた。同社の製品は精度や処理速度などの性能に優れ、それに見合う高い価格が設定されている。業界にはほかにジャクソン社、ヘマテク社、ラブコ社があり、いずれも性能はMTE社に劣り、価格も低めだった。つまり全社の便益と対価は釣り合っており、各社はVEL上に位置づけられていた。最上位にMTE社、以下ジャクソン社、ヘマテク社、ラブコ社の順である。全社がVEL上にあるため市場は安定しており、シェアの変動はほとんどなかった。

　しかしMTE社が革新的な新機種——検査精度が一段と改善され、処理時間も短縮された製品——を発表すると、市場の均衡状態は破られる。臨床現場での試験運用の結果、新製品の便益が旧型品を大きく上回ることがはっきりすると、価格をどう設定すべきか、MTE社は大いに頭を悩ませることになった。市場分析によれば、性能改善に見合う値上げ幅は10%だという。つまり10%値上げすれば新製品はVEL上に位置づけられ、従来と同じシェアを確保できる。しかし製造コストは旧型品とほとんど同じなのだから、価格を据え置いてバリュー・プラス領域に移動し、シェア拡大を狙おうと主張するマネジャーもいた。悩んだ末に妥協案として、MTE社は便益に見合う10%の値上げではなく4%の引き上げを決める。それでもバリュー・プラス領域に位置づけられるのだから、シェア拡大は見込めるとの計算からだ。

　新製品が発売されると、市場はすぐに好意的に反応した。新型機はよく売れ、

第9章　価格戦争

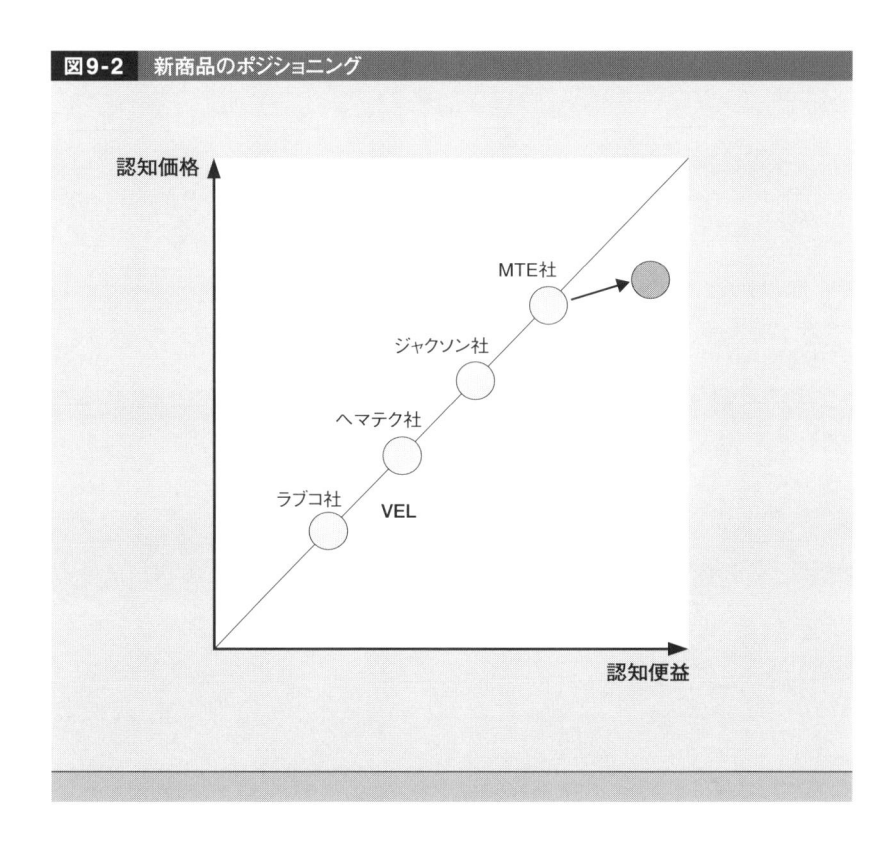

図9-2　新商品のポジショニング

[図：縦軸「認知価格」、横軸「認知便益」。対角線上にラブコ社、ヘマテク社、ジャクソン社、MTE社が並び、MTE社から右方向へ矢印が伸びて新ポジションを示す。対角線にはVELのラベル]

　わずか3カ月でシェアを大きく伸ばす。営業もマーケティング部門も製品開発担当者もにんまりしたが、しかしこれは早とちりだった。

　MTE社のシェアが拡大すれば、当然ながらジャクソン社、ヘマテク社、ラブコ社のシェアは落ち込む。そしてこの3社には、MTE社の新型機に対抗する製品を開発する能力も経営資源もない。シェアの縮小を目の当たりにした3社は、唯一可能な策に出た。大幅値下げである。半年も経たないうちに各社はMTE社と太刀打ちできる水準まで価格を引き下げた。その結果、**図9-3**に示すように、VELは4％以上も押し下げられる。すると、MTE社のシェアはたちまち元の水準に戻ってしまった。しかもこれは、市場を巻き込んだ価格戦争の第1ラウンドに過ぎなかったのである。

図9-3　価格戦争の結果

認知価格

MTE社

ジャクソン社

ヘマテク社

ラブコ社

押し下げられたVEL

認知便益

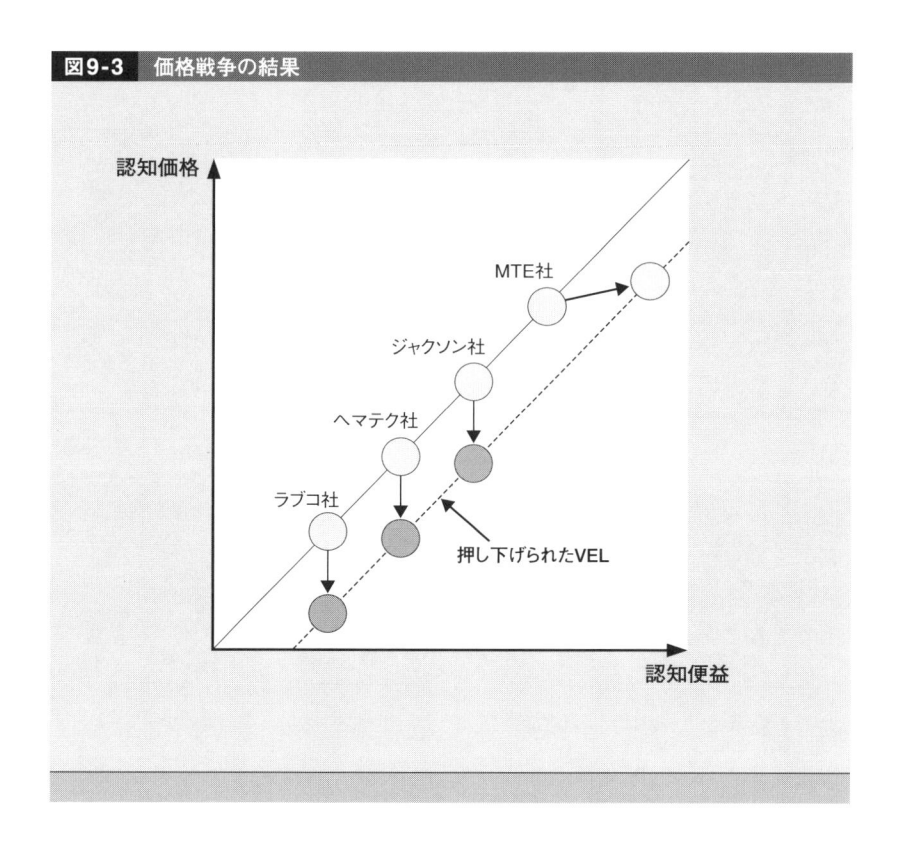

　MTE社のマネジャーは当惑し、こう弁解した——「価格戦争が起きたのは我々の責任ではない。我々は、ちゃんと4％値上げした。悪いのは焦った競合だ」。だがMTE社が便益に見合う10％の値上げをしておれば、4％ではなく10％高い価格で従来のシェアを維持できたはずだ。MTE社が革新的な商品にふさわしいプレミアムを設定しなかったために、破滅的な価格戦争が発生したことは疑うべくもない。

　このように、VEL上のどんなプレーヤーであっても、便益と対価の均衡を破るとき、判断ミスを犯す可能性がある。つまりどんな企業にも価格戦争を誘発するおそれはあるということだ。

価格戦争を賢く防ぐ

　これまで見てきたように、価格戦争は業界全体に修復不能な大損害を与えることが多い。また顧客の認識も変えてしまう。したがって、なんとしてもこれを防がなければならない。価格戦争を引き起こすのはフィールド・プレーヤー自身であること、しかもその原因は、競合や市場条件の読み違いあるいは判断ミスといった、つまらぬ過ちであることもおわかりいただけたと思う。それでは、どうすれば戦争を防げるのだろうか。

　価格戦争の回避・防止方法を知るためには、まずは価格戦争の発生リスクが高い業界とそれほどでもない業界があると承知しておくことだ（**図9-4**参照）。どの商品も似たり寄ったりのコモディティを扱う業界の場合、価格が購買決定の重要な要素となり、価格で競争するケースが多くなる。勢い価格戦争が起きやすい。ライフサイクルが短い商品も、サイクルが切り替わるたびに熾烈なポジション争いが起きるので、価格戦争の発生率は高くなる。設備稼働率が低い

図9-4　業界別に見る価格戦争のリスク

業界の特徴	低　　リスク　　高	
商品のタイプ	差別化が顕著	コモディティ
設備稼働率	高い	低い
市場動向	上向き	横ばいまたは下向き
顧客の集中度	分散	集中（少数の大口顧客のみ）
競合の数	少ない	多い
価格の透明性	低い	高い
スイッチング	しにくい	しやすい
顧客の価格感応度	低い	高い
コスト動向	安定	変動または下落傾向

業界、市場規模が縮小傾向にある業界でも、売上げを少しでも伸ばすため死に物狂いの競争が起きやすい。顧客の集中化現象が起きている業界も、そうだ。買い手が大手数社に絞られるような業界では、あらゆる売り手に強い価格押し下げ圧力がかかる。

　また競合の数が多い市場では、価格競争に走る会社も出やすく、価格戦争に突入する危険性は高くなる。スイッチングが容易な商品、価格感応度の高い商品、コストが変動・下落傾向にある商品も、価格戦争の対象となりやすい。このほか変動費に対する固定費の比率が高い業界も、一般に価格戦争のリスクが高い。売上数量を増やして高い固定費の元を取ろうと、価格競争に突入しやすいためである。

　価格戦争の引き金を引くさまざまな原因に加え、業界によってリスクが異なることがおわかりいただけただろうか。それではこうした価格戦争から自社を守るためにはどうすればいいだろう。以下ではそのための7つの秘策を紹介する。どれも、戦争の火種となりかねない不用意な誤認を避けるための知恵である。

◉──競合を値下げに追い込むような戦略は採らない

　競争の場は価格ではなく便益であることをはっきりと示し、破滅的な価格戦争を避けて健全な競争を促す。消費者には便益の差に注目してもらい、価格を強調した広告は打たない。また、主な競合からのシェア奪還を目的とする攻撃的な作戦も手控える。どうしてもシェアを拡大したいなら、ゆっくり進めることだ。シェアの急激な拡大は、まず間違いなく価格戦争につながる。短期間のうちに主な競合からシェアを奪えば、相手が値下げで対抗してくる可能性は高くなり、価格戦争を引き起こしやすい。

◉──競合・市場についての誤認や早とちりを避ける

　事実誤認は致命傷となりうる。競合がなぜその価格にしたのか、原因を突き止めること。値下げの理由がはっきりわからないうちは、むやみに対抗手段に出てはいけない。競合の行動が無意味だと思えたら、おそらくは背後の原因や状況をよく理解できていないのだ。こんな場合は、事実を確認できるまで待つ

こと。とくに早まった値下げで対抗するのは絶対に避けなければいけない。まずは競合の価格設定を全体像の中でとらえる努力をしよう。ごく一部の地域や品目での値下げは例外的なものかもしれないし、単なる見間違いかもしれないのだから、後追い値下げは禁物である。まずは理由を探る。対応が遅れても、その代償は、全面的な価格戦争よりはるかに軽微で済むはずだ。

●──過剰反応を避ける

競合が値下げをした理由がわかっても、機械的に後追い値下げをするのは避けるべきだ。意外かもしれないが、最善の戦術は何もしないことである。値下げの挑戦にいちいち応じる必要はない。競合は何かの間違いか例外的な事情から値下げをしたのかもしれない。たった一度の値下げに対応して価格戦争を引き起こすのは馬鹿げている。

何か手を打たねばならない場合でも、できれば価格で対抗するのは避けたい。ある聡明な医療機器メーカーは、競合が値下げをするたびに、性能の改善、サービスの拡大、納期の短縮など便益の増大で対抗した。

またどうしても値下げが必要と判断した場合でも、限定的かつ対症療法的にとどめること。たとえばフロリダ州南部で敵が値下げをしてきたら、フロリダ州南部でだけ、相手と同じ下げ幅で値下げをする。相手より大幅で全国的な値下げなどをしてはならない。

●──バリュー・マップを描く

重要な市場セグメントに関しては、高い予算をかけてでも調査を徹底的に行い、自社のポジショニングや自社の優位性を把握しておく。自社の優位がわかれば、自信を持ってそれに見合う価格を設定できるはずだ。また新商品や改良品を市場に投入するときは、便益の増加に対し顧客が認めてくれる価値も確かめておくべきである。たとえばグッドイヤーは数年前、高性能レインタイヤには確実な需要が見込めると判断して適正なプレミアム価格を設定し、業界の不安定な価格水準を押し下げることなく市場でのポジションを確立した。

●──価格設定方針を効果的に表明する

　自社の価格水準を競合が誤解しないように、また価格変更の理由を競合が読み誤らないように、価格設定方針をわかりやすく表明すること。こちらのプライシングを読み違えられるのは、こちらが相手を読み違えるのと同様に危険であり、価格戦争につながりやすい。なお反トラスト法に基づき、価格に関して何かシグナルを送ることはアメリカなどでは禁じられている。しかし純粋に自社のみの商業目的のためなら一般的に問題はない。これからとる行動がただの値下げと受け取られかねないときは、通常のプレスリリースなどに加え、適用対象や制限範囲、場合によっては背景説明などを公表するとよいだろう。

●──価格戦争の回避を普段から訴える

　巧みに価格戦争を回避している企業は、価格競争の不毛さを日頃から訴えており、便益競争こそ望ましいと強調している。彼らは社内報や各種のメディアにそうした趣旨の記事を掲載したり、アナリストとの会見で意見表明をするなど、あらゆる機会を利用する。

●──ニッチ市場を開拓する

　価格戦争が猛威を振るう業界の場合、小規模企業が生き残る最善の方策は、火の粉のふりかからない場所を見つけることだ。製品、セグメント、販売チャネルなどどこでもいい。大企業が手を出さないような、特殊で小さなニッチを見つける。たとえば中小コンピュータ・メーカーはごく高性能なニッチに特化し、最近の価格戦争をうまく回避している。

価格戦争から逃れる

　あらゆる予防策の甲斐もなく、こちらにまったく落ち度がないのに価格戦争に巻き込まれてしまった場合、会社を救い、ダメージを最小限に抑えるために

はどうすればいいだろうか。まずは先の7つの秘策を続行すること。これらは簡単かつ健全な手法であり、競合から好ましい反応を引き出せる可能性がある。もしそれもことごとく失敗したら、次の2つの方法を試みてほしい。ややリスクは高いが、価格戦争を免れる強力な手段である。

　まずは、主要顧客と長期契約を結ぶ。可能であれば、現在の契約を早めに延長・更新して、重要な顧客に価格戦争の火の粉がかからないようにするのだ。契約延長の機会に自社製品の便益を改めて強調し、競合に不毛な値下げを思いとどまらせるチャンスも出てこよう。ただし相手が価格戦争の兆候に気づいてしまったときは、この交渉は難しくなる。

　そして最後の手段は、**報復戦略**を採って攻撃的に相手に対抗することである。敵が大幅値下げをしたら、ただちにおおっぴらにこれに応じる。大事な顧客に手を出してきたら、すぐさま相手の最重要顧客にアプローチをかける。要するに、価格戦争ではだれも勝者になれないことをはっきりさせるのだ。相手のあらゆる動きに報復する姿勢をきっぱりと示すこと。ただし、敵が合理的なプライシングに戻る様子を見せたら、ただちに同じ行動をとって後押ししなければならない。そうすれば相手には、健全な価格に戻すなら、その隙に抜け駆けされるおそれはないことがわかるだろう。

　この戦略がきわめてリスキーであることは、ここで指摘しておかなければならない。相手は、価格戦争が不毛であることになかなか気づかないかもしれない。業界全体が好戦的になって競争が激化するかもしれない。報復合戦が止めどなく続き、顧客に不利益がもたらされる事態も考えられる。したがってこの手法を採るのは、万策尽きてからにすること。採るときは、慎重のうえにも慎重でなければいけない。

　また価格戦争の発生原因がさまざまであるように、その深刻度もさまざまである。誤解に基づく値下げと、相手を市場から締め出す意図とはまったく違う。したがって、深刻さの度合いに応じた報復措置にとどめること。さほど重大でない価格競争に強烈な報復で応じるのは最悪である。そんなことをすれば、たちどころに相手はエスカレートし、全面戦争になりかねない。

　こうした理由から、対抗措置に出る前には念を入れて状況を評価することが

肝要である。価格戦争が始まるととかく感情的になりやすく、事態を大げさに考えやすい。そして過剰反応を起こせば、会社も業界もすさまじい価格戦争の渦中に放り込まれることになる。

価格戦争に意味があるとき

　以上のように、ほとんどの価格戦争は企業にも市場にもマイナス効果をもたらす。したがって価格戦争を引き起こすような攻撃的な値下げには、合理的な理由はまず認められない。例外として2つの状況が考えられ、これらは浸透価格戦略が有効な状況（第6章参照）とよく似ている。

　第1は、価格を引き下げたときの潜在需要がきわめて大きい状況である。たとえば1990年代後半に家庭用パソコンの価格が1000ドルを切ったとき、需要は爆発的に拡大した。需要曲線にこうした不連続面が現れることは珍しいが、そうなったときは少なくとも短～中期的には、増収・増益の両方が期待できる。

　第2は、競合の後追い値下げが構造的に不可能な場合、あるいはそうしたくない特別な理由が存在する場合である。たとえば値下げをする側がコスト面で圧倒的に有利である（コストが競合より30％以上低い）、技術力が桁違いに優れている、といったケースだ。競合にとって、値下げをすれば失うもののほうが多い場合もここに該当する。たとえば圧倒的なシェアを握る企業が、弱小メーカーの値下げに対して全面的な値下げで対抗するのは馬鹿げている。

　だがこうした状況にも落とし穴はある。まず、潜在需要の急拡大は長続きしない。たとえば本章で触れたPDA市場では、需要は一時的に急増したものの、最終的には元の水準に戻っている。しかも潜在需要狙いの価格戦争は、業界全体を構造的に存続不能な状況に追い込みやすい。価格が低すぎ、コストが高すぎ、需要が横ばいとなったら、長期的な存続可能性が低いことは明らかである。

　また構造的なハードルがあるから価格戦争を起こしても大丈夫と思える状況であっても、競合が予想外の反応を示す可能性があることを忘れてはいけない。たとえ相手がコスト面・技術面で圧倒的に有利とわかっていても、捨て身で立

ち向かってくるかもしれないのだ。さきほども述べたが、価格戦争では当事者が感情的になりやすく、業績を悪化させるような不合理な対応をしてくることも珍しくない。

POINT

　価格戦争の脅威に直面している今日の企業のために、ここで本章の内容を簡単にまとめておこう。比喩的に言えば、価格戦争は心臓病と似ている。心臓病は重大な病気で、死にいたることもある。価格戦争もそうだ。まただれもが心臓病にかかる危険を抱えているが、なりやすい人とそうでない人がいる。この点も、価格戦争が起きやすい業界とそうでない業界があるのとまったく同じだ。しかしかかりやすい人であっても、日々健康管理に注意していれば（食事、喫煙、運動など）リスクは低くなる。

　これと同じように、日々のプライシング行動が価格戦争の発生リスクを左右する。競合の意図を読み違えたり、市場動向を把握しきれなかったり、過剰反応をしたり、優れた便益に見合う価格をつけないでいたりすると、価格戦争の発生確率は高まる。そしてまた心臓病と同じく、予防に勝る治療はない。したがってプライシング絡みの決断を下すときは、それが価格戦争の引き金を引かないか、チェックが必要だ。「これをしたら価格戦争にならないだろうか、あるいは戦争を拡大・長期化させないだろうか」と考えてほしい。もし答えがイエスなら、してはいけない。答えがわからないときも踏みとどまるべきだ。

　とるに足らないことに思えても、適切なプライシングを日々積み重ねていれば、それが悲惨な価格戦争から会社を守ってくれる。そのためには、規律とたゆみない努力が必要だ。しかしその効果を考えれば、取り組む価値は大いにある。

Bringing It Together

第 V 部

価格優位を目指して

Technology-Enabled Pricing

第10章 ITの活用

　適切に価格を設定するのはなかなか難しい。価格優位を確立するためには豊富な知識と情報を得たうえで決定を下さなければならず、顧客・競合・自社の能力や利益構造についての詳細なデータが必要になる。価格を決定するのは大口顧客と商談中の営業スタッフかもしれないし、主要ラインナップの価格設定を見直すプロダクト・マネジャーかもしれない。あるいは業界で価格優位を目指す経営幹部という場合もある。いずれにせよ、情報を収集し価格決定担当者に提供するうえで重要な役割を果たしてくれるのが、**プライシング・テクノロジーだ**。

　精度の高い情報を常に入手できることは、もはや一部の先進企業の特権ではない。情報収集と処理はプライシング改善に不可欠の要素である。

　だが、正しい情報をしかるべき場所とタイミングで入手するのは、そう簡単ではない。必要な過去のデータにアクセスするのでさえ、膨大な時間と労力を要する。とは言え技術が進歩したおかげで、データの蓄積と解析は以前に比べはるかに簡単になった。またインターネットの発達によって、多くの分野で効率よくデータ収集ができるようになり、価格変更実験を行ってリアルタイムの反応を調べるといったことも可能になっている。ただし技術の進歩が今後も続くとしても、基本的なプライシングの課題は変わらない。

　技術の進歩により、価格を短期間でミスなく変更することが可能になった。また流通チャネル別・セグメント別の利益データを定期的に収集することもで

き、こうしたデータがプライシングの効率分析に活用されている。ITシステムのなかには、リアルタイムの価格弾力性と需給状況を解析し、利益率を最適化する価格を推奨できるものまである。このほかにも新種のプライシング・テクノロジーが登場し、顧客や消費者について質の高い情報を抽出できるようになった。おかげで企業は買い手が払ってもいいと考える最高限度の価格を設定できるようになり、また状況が変化したときにすみやかに調整することも可能になっている。

　我々の知る限りでは、ITシステムを強化せずに、プライシングを改善できた企業は存在しない。ほとんどの企業が新しいアプリケーションやソフトウェアを導入している。と言っても、価格優位に立つために何百万ドルもIT投資をするには及ばない。たとえばごく基本的なデータベースを1人か2人の技術者が運用するだけでも、定期的にポケット・プライス・ウォーターフォールやプライス・バンドを作成し、取引レベルのプライシング改善に必要な作業を8割はこなすことができる。

　あわてて最新のプライシング・ソフトウェアなどを購入する前に、まずは価格設定の改善にITがどんな役割を果たせるか、よく検討してみよう。そしてどの種の改善が最も望ましいのか、見きわめることだ。次に、それにふさわしいシステムやソフトウェアはどれか、社内外の選択肢を厳正に評価するとよい。

ITがプライシングに果たす役割

　プライシング・ソフトウェアを活用すると、次の3点で効果が期待できる。第1に、顧客に対する価格表示の精度が高まる。第2に、市場条件の変化に柔軟に対応できる。第3に、細かいセグメンテーションが可能になる。どれを重視すべきかは業界によって違い、また企業によっても違う。ITのプライシング貢献度をよく理解していれば、自社にとって有利な分野に投資を絞り込めるだろう。

● 精度の向上

　プライシング絡みのミスをすると、売上高利益率（ROS）は数％単位で下がってしまう。うっかりミスはどこにでも紛れ込むものだが、とくにありがちなのは、成約した取引がシステムに正しく入力されていないとき、終了した販促キャンペーンがシステムから削除されていないときなどだ。統計学的に言えば、価格を高く間違えるミスと低く間違えるミスの発生確率は等しいので、差し引きゼロで収入は変わらないはずである。だが実際には、価格表示や請求のミスがあると収入は必ず減る。というのも、余計に請求された買い手は必ず文句を言ってくるので請求金額は訂正されるが、少なく請求された買い手は大抵口を拭って知らん顔をするからだ。したがって大雑把に言うと、請求ミスで会社が被る損害は、苦情に応じて訂正した金額にほぼ相当する。

　請求金額のミスそのものに加え、売掛金の回収期間が延びることでも企業は損をする。間違った請求書を送りつけられた顧客は、大抵は間違いが訂正されるまで支払わないからだ。さらに訂正に人手を煩わせるし、システムの調整も必要なので、人件費がかかる。**図10-1**には、ある消費財メーカーを例にとり、プライシングのミスが及ぼす影響を示した。このメーカーは年間売上高が約20億ドルだが、コストが合計140万ドルしかかからないのに対し、プライシングのミスだけで2000万ドルを取り逃がしている。しかもこの数字には、請求ミスのトラブルから取引を打ち切られる損失は含まれていない。

　ITの活用で価格表示・請求の精度が上がれば、プライシング分析の精度も向上する。第4章でも論じたように、あらゆる商品には、価格が変動しても買い手が反応しない無感度ゾーンがある。無感度ゾーンは高級化粧品などでは17％に達するが、一部の金融商品では2％とごく狭い。このゾーン内のポジショニング次第で、利益に多大な影響が出る。たとえばある金融機関の場合、個人向けローンの金利を無感度ゾーンの中間から限度いっぱいまで引き上げただけで、この商品の利益率が11％も改善された。（原注1）

原注1： 金利8.5％のローンで無感度ゾーンが2％であれば、金利は8.33〜8.67％の範囲で設定可能である。

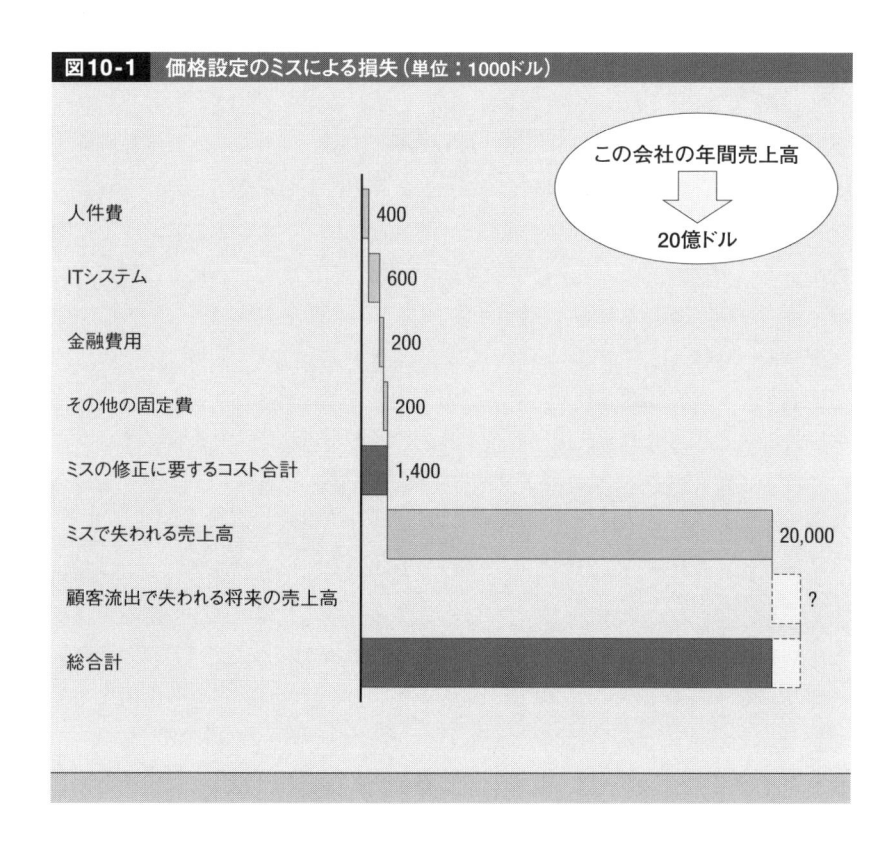

図10-1 価格設定のミスによる損失（単位：1000ドル）

この会社の年間売上高 ⇩ 20億ドル

人件費	400
ITシステム	600
金融費用	200
その他の固定費	200
ミスの修正に要するコスト合計	1,400
ミスで失われる売上高	20,000
顧客流出で失われる将来の売上高	?
総合計	

　従来、無感度ゾーンの限界を決定することは技術的にきわめて難しかったし、予算も時間もかかった。たとえばある商品の価格感応度調査を実施するとなると、25万ドルはかかったものだ。したがってそうした調査を行う会社は稀だった。くわえて時系列回帰分析の対象となるのは、価格変更の余地が十分にあって統計的に有意な需要曲線を描ける産業だけなので、航空会社など予約を利用するごく一部の業種に限られてしまう。それに市場の行動調査から価格範囲の上限・下限がわかったとしても、シェアを失うことを恐れるあまり、多くの企業は上限近くまで価格を押し上げることに後込みする。だが後述する新しいプライシング・テクノロジーを活用すれば、価格変化に対する買い手の許容範囲を正確に割り出せるので、無感度ゾーンの上限近くで価格を維持することが

可能になる。

●──柔軟性の向上

　価格を変更するには相当な時間がかかる。Ｂ２Ｂ市場では、販売店に通告し、新しい価格表を印刷・配布し、いざ実行するのに数カ月から１年かかることもある。一般消費者向けの場合でも、変更が容易でなく、かなり前から準備が必要なケースは珍しくない。たとえば価格が印刷されたチケットだとか、手数料が明記された説明書などの類はこれに該当する。だが新しいプライシング・テクノロジーを導入すれば頻繁な価格調整が容易になり、需給状況や消費者の行動に応じて小幅の調整を行い、利益率を上げることが可能だ。このほか、顧客１社ごとに価格の承認手続きを自動化できるソフトウェアもあり、これを利用すれば各社の要求にスピーディに応じることができる。

　臨機応変に価格を設定し迅速に表示・通知できる企業は、業界の需給状況の変化にも機敏に対応できる。たとえば設備稼働率が全般的に高いとき、リードタイムが短いとき、在庫水準が低いときには価格を一時的に引き上げる。逆に需要が落ち込んできたときは的を絞った短期間の販促を行い、売上数量と利益の最適化を図るといった具合だ。たとえば第５章で紹介したように、ある電子部品メーカーは1999年の台湾大地震で主要部品が一時的に品薄になることを見抜き、他社より早く価格を引き上げたおかげで、2500万ドルの増益を達成した。

●──セグメンテーションの最適化

　便益を評価する顧客は、他の顧客より多くの対価を払ってくれる──この事実を多くの企業は知っているが、それでもセグメント別に価格設定をカスタマイズするとなると、躊躇する企業は少なくない。理由はどの顧客をターゲットにすべきか判別しにくいからであり、あるいはまた価格のカスタマイズそのものが難しいからである。たとえば最前線にいる営業部隊は、相手が高価格品に気前よく金を出すタイプなのか、割安品を選ぶタイプなのか、見きわめる手段をほとんど持っていない。

しかし新技術の登場で、過去のポケット・プライス、購入履歴、オンライン調査に対する回答などさまざまな情報を総合的に判断し、セグメンテーションを短時間で行うことが可能になった。ここでは、ある電子部品メーカーの例を紹介しよう。このメーカーは膨大な数の顧客を抱えているが、購買履歴に基づいて顧客を分類している。部品の大半を自社から買いつけてくれる顧客、通常は競合から買いつけて切羽詰まったときだけ注文してくる顧客、といった具合である。そしてセグメント別の価格設定を行い、後者の顧客には上得意の20％増しの価格を適用する。窮地に陥った顧客は、気前よくプレミアムを払ってくれるからだ。

プライシング・ツール

精度・柔軟性・セグメンテーションに関するメリットを活かすため、賢明な企業はさまざまなツールのなかから適切なものを選んで活用する（図10-2参照）。事務処理ツールは取引ごとの価格計算や見積もり作成を容易にしてくれる。報告・業績管理ツールは顧客・セグメント・製品・地域・営業実績などを精査し、気づかなかったプライシングをめぐる問題点や機会を抽出する役割を果たす。このほか市場調査や最適化のためのツールも近年進化が目覚ましい。どちらのタイプも膨大なデータ分析を行ったうえで、最適価格を推奨する機能を備えている。

◉──事務処理ツール

プライシング初心者の目には、取引1件ごと、顧客1社ごとに価格を計算することなど、ごく簡単と映るかもしない。だが多くの企業にとって、個別の価格決めは実に厄介な仕事である。注文1件ごとに基準価格を設定し、適用可能な値引・割引を割り出す作業を**価格構成**（price configuration）と呼び、これをこなすソフトウェアを**プライス・コンフィギュレーター**と呼ぶ。

図10-2 プライシング・ツール一覧

	事務処理ツール	報告・業績管理ツール	市場調査ツール	最適化ツール
精度	●複雑な注文の自動処理 ●適用除外の自動通知	●取引・顧客・商品ごとに利益率を測定・報告	●現在の需要弾力性に基づきリアルタイムでデータを分析 ●競合の価格や在庫についてリアルタイムのデータを収集	●複数の情報源に基づき価格を最適化 ●微調整による価格の最適化
柔軟性	●基準価格の調整や割引率の変更を自動的にコード化	●主要指標を毎日集計	●価格弾力性および競合の価格変更について常時データを更新・報告	●リアルタイムのデータ分析を通じ、価格変更・バンドル変更を自動推奨
セグメンテーション	●価格形成の実行	●セグメントごとに収益性を報告 ●有望セグメントの洗い出し	●セグメントごとに購買行動を調査	●セグメントごとに、計算式やターゲットを変更した最適化モデルを実験

価格構成ツール（プライス・コンフィギュレーター）

　企業の多くでは、価格管理を二元的に行っている。基本的に最小在庫管理単位（SKU）には一つの価格が割り当てられる。つまりSKUが1000あり、どの顧客にも同じ値段で売るならば、管理する価格も1000で済む。だが販売チャネル、顧客セグメント、地域別などに価格を設定したいとなれば、作業は一気に複雑になる。

　たとえばある企業のSKUが1000あり、販売店を4系列抱え、それぞれに違うプライシング・プログラムを運用するほか、大口割引を4種類設定していると仮定しよう。この場合、管理すべき価格は全部で1万6000になる。この状況で、10の販売地域で別々の販促キャンペーンを展開するとしたら、その数

は一気に16万まで跳ね上がる。こうなるとエラーの発生確率が高まるだけではない。管理対象となる価格が大量にあるわけだから、市場条件の変化に即応するのが難しくなるし、セグメント別の対応もややこしくなる。たとえば何か局地的に競合の脅威が発生したとき、北西部の大口顧客に限って値下げを適用する、といったことがすぐにできるだろうか。

　顧客や商品をグループ化しアルゴリズムを使って価格管理を行う新技術を活用すれば、こうしたことも容易になる。たとえば上の例なら、1000の基準価格からスタートし、いちいち価格を割り出すのではなく計算式を用いて処理する。この方法だと、16万の代わりにたった1018の変数（SKUが1000、販売店が4系列、大口割引が4種類、販売地域が10）を管理すれば事足りる。コンフィギュレーターは、こうした変数に基づいて最終価格を算出する。つまり適切な割引率を基準価格に乗して計算するだけである。

　これだと、いくつもの変数に対して短時間で価格表を作成するスプレッドシートと大して変わらないように見えるかもしれない。だが実際には、コンフィギュレーターは適用可能な数十もの割引率や価格方式を扱うことができ、最終的に顧客に提示する価格は数百万種類に達する。しかもコンフィギュレーターは、顧客規模・地域・購買履歴など複数の属性の組み合わせに対して価格を設定するといった離れ業も演じられる。これは、のべつ変わる変数を処理する以上に複雑な作業である。

　このように、プライス・コンフィギュレーターを使えば、必要な属性とエラーの少ないプロセスを組み合わせ、いくつもの視点からセグメンテーションが行える。オーダーやセミオーダーが可能な商品（例：コンピュータ、注文生産のバイク）を扱う企業にはとくに有効なソフトウェアと言えるだろう。到底管理不能な膨大な価格の処理に威力を発揮できるはずだ。

価格承認プロセス管理ツール

　顧客から価格の照会や見積もり依頼があり、すぐに応じなければならないような場合には、厳格な価格管理がついおろそかになりやすい。だが価格承認プロセス管理ソフトのおかげで、この問題にも対処しやすくなった。業界レベル、

製品・市場レベルでのプライシングをめぐる決断は散発的に行われるため、たとえば経営幹部を交えた戦略会議の場などで承認を得ることができるが、取引レベルとなると膨大な数の意思決定が頻繁に行われるので、適切な管理が難しい。顧客から依頼されれば、即時に対応して競争優位に立とうとついついチェックがおろそかになり、監督が行き届かなくなってしまう。だが幸いなことに、大抵のERPやプライシング・ソフトウェアには業務プロセス管理機能が備わっており、承認が必要な案件は担当マネジャーに自動的に回付するといった具合に、手続きをスピードアップすることができる。こうした機能を活用すれば、素早い対応で競合を出し抜くことができ、需給の変化を始めとした市場の変化に即応したり、十分な監視態勢を維持しながら即断即決で価格交渉に応じることなども可能になる。

◉── 報告・業績管理ツール

「測れないものは管理できない」と昔から言われるが、これはとくにプライシングに当てはまる。報告ツールがあれば、CEOやマーケティング担当副社長から営業スタッフ一人ひとりにいたる組織のあらゆるレベルで、価格優位に立つ機会を把握し数値化することができる。具体的には、売上げ増が必ず増益につながっているかをチェックする、自分の実績を同僚と比較する、などが容易になる。

現場の意思決定支援ツール

　本書で繰り返し強調するように、多くのビジネスの最前線では、営業部隊が十分な情報を持たないまま膨大な仕事をこなしている。しかし使い勝手のいい最新のデータベースなどの新技術を導入すれば、現場での意思決定にとって力強い武器となるはずだ。生き馬の目を抜く修羅場でタフな交渉を強いられる営業スタッフは、自分の経験や知識に頼って価格を決めてしまう。腕利きの営業マンにとっても会社に蓄積された知識やデータは役に立つはずなのだが、せっかくの宝が活かされていない。
　ほとんどの業種では、基準価格や標準的な取引条件は商談の出発点に過ぎな

い。そうした状況では、プライシング担当者、営業部隊、コールセンター担当者など、プライシングに関係する売り手側のあらゆるスタッフにとって、ソフトウェアやデータベース管理ツールが価格最適化の役に立つだろう。これまで急場の商談などでは勘や個人の知識に頼るしかなかったが、新技術を使えば、次のような質問に対して答えを見つけることができる。

■いま見積もり計算中の商品のポケット・マージンはどの程度か。
■品質や顧客満足度が同等で利益率の高い代替商品は存在するか。
■この顧客の購買履歴（あるいは類似の顧客の履歴）から考えて、現在の見積もりで注文を獲得できる確率はどの程度か。
■納期・初回納入数量・ペナルティ条項・販売期限などを変更して契約条件を改善することは可能か。
■この取引に上部の承認は必要か。その場合、だれが承認権限を持っているのか。

さらに高度なアプリケーションになると、次のような質問にも答えを出すことができる。

■現在の在庫水準やサプライチェーンの能力を考えると、この商品の納期はどの程度か。
■この見積価格は、類似の顧客に最近提示した価格とどの程度違うか。
■CRM戦略として考えたとき、クロスセリング（関連商品の販促）やアップセリング（高利益率への移行）の機会はどれほどあるか。

このようにITは隠されたデータを発掘・収集し、まさに必要なタイミングで現場の営業スタッフに心強い裏づけ情報を提供することができる。したがって顧客1社ごとに適切な価格や条件を設定することは、決して以前ほど難しくはない。

実績報告・診断ツール

　実績の報告・診断を行うソフトウェアを導入すればプライシング実績の継続的な評価が可能になり、またプライシング改善の機会を見きわめることも容易になる。時宜に適った業績評価基準がないと価格優位を確立するのは難しいが、この種のソフトなら、さまざまな測定手法を駆使してプライシング・データを取りまとめてくれる。たとえばポケット・マージンを、地域別、特定の競合に競り勝った契約別、営業担当者別、顧客業種別・規模別、初回・リピート契約別に測定や比較をすることが可能だ。評価基準が何であれ、さまざまな視点からの比較評価を一目でできるという利点があり、それはすなわち業績改善の機会を教えてくれることにもなる。たとえば成績の悪い営業スタッフに交渉スキルの研修を受けさせる、売行きの悪い地域があれば広告宣伝に力を入れる、などの対策を講じればよい。

　図10-3に示すように、ソフトウェアの機能や会社のニーズに応じ、評価結果のリポートは、簡単なものから高度なものまでいろいろなタイプを選ぶことができる。この手のソフトはデータを分析するだけでなく、リポートの自動出力を設定できるのも魅力だ。また部署や地域を問わずリポートの形式が統一されるので、知識の普及にも役立つ。たとえばポケット・プライスとは具体的に何か、だれもが理解できるようになるだろう。各部門・個人の業績目標や利益貢献度も簡単に抽出してモニターできるし、全社に目配りする経営幹部も部門に注目するマネジャーも同じリポートに目を通せる。このように同一基準での比較ができるので、社員にとっては発奮材料となり、健全な競争意識の向上にもつながると考えられる。

●──市場調査ツール

　適切な価格設定をするためには、市場の無感度ゾーンを常に確かめる必要がある。だが自社商品について、価格水準のテストを実施している企業はごくわずかしかない。というのも、パイロット・テストや従来型の市場調査をするには途方もない金額（25万ドル前後）と3カ月もの期間がかかるからだ。

図10-3 主要なプライシング実績に関する情報

情報提供者	実績測定項目
営業スタッフ	● 販売実績 　── 顧客別・セグメント別・製品グループ別の浸透度の変化 　── 顧客維持率（顧客数・売上高） ● 同業他社と比較した総合実績 　── 顧客別 　── 営業担当者別 　── 製品グループ別 ● 下位1/4の顧客層についての実績 　── 実現できた活動内容の比率（％） 　── 目標圏以下／圏内／以上の比率（％） ● 目標に照らした総合実績（売上高、価格設定、利益率、浸透率）
営業担当マネジャー	● プライシングの実績 　── 営業担当者別（同僚との比較） 　── 地域別（他地域との比較） 　── 製品・顧客セグメント別 ● 下位の顧客層のアップセリング成功率
営業担当役員・経営チーム	● プライシングの実績 　── 営業担当マネジャー別（同僚との比較） 　── 地域別（他地域との比較） 　── 製品・顧客セグメント別 ● 下位の顧客層のアップセリング成功率
製品担当マネジャー	● 各製品のプライシングの実績（他のグループとの比較）

リアルタイム・テスト・ツール

　新しいツールを活用すれば、価格水準を移動するテストを簡単に行うことができる。しかもリアルタイム・ベースなので、買い手の反応が直ちにわかり、すぐに分析にかけられる。たとえば金融機関が住宅ローンの金利を0.1％引き上げたいとき、コールセンターへの問い合わせに対し15人ごとに高いレートを回答して成約率を比較する、などの手法がある。テスト・ツールはインターネット上でもコールセンター経由でも使えるし、商談中の営業マンにアドバイスを与えるという使い方もできる。

　こうしたツールを上手に活用すれば、劇的な効果が期待できる。ここでは、あるソフトウェア・サービス会社がエレクトロニクス・メーカーのために実施

したオンライン・テストを紹介しよう。テストでは、製品4品目について価格を7％引き下げたところ、3品目では売上げ増が5〜20％にとどまり、期待したほどの効果が上がらなかった。しかし唯一ハイエンド製品の売上げだけは倍以上に伸びたのである。テスト・データを分析したところ、大きく伸びたのは高校・大学向けだったことが判明。7％の値下げが相当な潜在需要を掘り起こしたことがわかった。テスト結果に基づき、このメーカーは学校向けのウェブサイトを立ち上げ、特別価格を提示。同時に、学校向けオフライン販売の見直しも行った。

インターネット経由の価格弾力性調査

通常の価格テストでは実際の消費者の購買行動を調査するが、インターネットを利用した価格弾力性調査では、仮想的な購買状況を設定して買い手の反応を調べる。通常の方式では予算も時間もかかるため、企業はなかなか実施しようとしない。その結果、便益・対価の組み合わせを変えると買い手がどう反応するかわからないまま価格を変更する例が多かった。しかしインターネットを利用する方式なら、期間は1〜2週間、費用も3万ドル程度で済む（従来方式の場合は10週間、25万ドル）。当初、インターネット経由の調査は対象が情報リテラシーの高い層、つまりは高額所得者に偏りがちになるのではないかと懸念されたが、人口比に近い比率で消費者パネル調査を実施するため、この心配はなくなっている。

インターネット経由の価格調査

インターネットを利用するツールでは、消費需要パターンを調べるだけでなく、競合のプライシングの調査も行える。このため、市場環境について最新の全体像を常に俯瞰することが可能になった。たとえばWeb-botsと呼ばれるソフトウェアを使うと、インターネットを網羅的に自動スキャンし、競合の価格データを収集することができる。この種のソフトは、主要製品についてライバルの価格を追跡調査したい小売業者にうってつけだ。最新の価格を追跡できるので、常にライバルと同じ値段に設定することができる。このように、インタ

ーネット経由の価格調査ツールを導入すれば、競合品・代替品・補完的商品の価格や販売状況を逐一調べられるので、価格感応度の高い商品を扱う企業にとっては大いに役に立つだろう。また値下げ合戦の激しい業界や商品のライフサイクルが短い場合にも有用と考えられる。

◉──最適化ツール

価格最適化ツールは顧客の購買行動と市場の供給状況を分析し、基準価格・顧客別の適切な割引率・値引など、潜在利益を最大化しうる価格を推奨する役割を果たす。社内外のデータを活用してモデルを構築する高度なアルゴリズムを備えており、製品のライフサイクル全般にわたって価格動向を予測することも可能だ。[原注2] こうした最適化ツールは、単にデータを提供するだけでなく価格の推奨もできるという点で、他のツールを凌ぐ能力を持つと言えるだろう。

基準価格最適化ツール

第6章で論じたように、新製品の利益を最大化できるような発売価格の設定は難しい。こんなときに基準価格最適化ツールを使えば、新製品の期待需要弾力性をモデル化することができる。このツールは製品をサイズ、色、特徴、機能などの属性に分解し、市場がそれぞれに対してどう反応するかを予測する。たとえばある大手コンピュータ・メーカーは、サーバーの新製品を発売するに当たってこのタイプのソフトウェアを活用。過去の価格と売上げデータに基づき、各要素とその組み合わせの価格感応度を分析して期待需要パターンをモデル化した。その結果、最初の1年間でROSを1.4ポイント改善することができた。このソフトは新製品と旧型品との間の相対的な価格弾力性も予測できるので、共食い現象を防ぐ効果も期待できる。

取引最適化ツール

取引最適化ツールは、注文1件ごとに値引・割引の組み合わせを推奨する。

原注2： 詳しくは、Robert G. CROSs "Revenue Management: Hard-Core Tactics for Market Domination"（Broadway Books、1998年）を参照されたい。

この種のツールは、注文履歴、市場状況、競合の行動などの情報に基づき、利益率を最大化しうる価格・割引水準を推奨する。またポケット・プライス・ウォーターフォール構成要素の最適化を行うだけでなく、クロスセリングやアップセリングの可能性も教えてくれる。

　ある工業部品メーカーは、25万品目の引き合いを手作業で処理していた。しかしこれほどの量になると、過去の競合の価格、注文履歴、現在の在庫水準、市場動向といったデータをいちいち調べてはいられない。そこで取引最適化システムを導入したところ、このプロセスを自動化し、さまざまな要素をきちんと織り込むことが可能になった。見積もり依頼が来ればそれを担当マネジャーに回付するのはもちろんのこと、保証サービスを提供する、注文を取り逃がさずに利益率の高い代替品を提示する、ポケット・プライスを増やせるような割引率を設定する、といったことまでシステムが提案してくれる。また見積もり依頼に対する応答時間を42％も短縮できたほか、価格交渉に要する時間にいたっては60％も圧縮できた。

値引最適化ツール
　値引最適化ツールは、いつ、どの程度の値引をすれば、最大限の利益率を確保しつつ在庫を一掃できるかを決めるときに役に立つ。とくに季節ものの衣料品や傷みやすい商品など、寿命の短い商品に有用である。このソフトウェアは値引をした場合の利益率や需要の変動を予測するほか、運送費・マーケティング費用・季節要因などを見積もることができる。カナダのある服飾店チェーンは、この種の最適化システムを導入したところ、季節もの衣料の値引を従来より1週間遅らせると効果的であることが判明。おかげで粗利益率の1％アップに成功した。また販売・在庫状況がリアルタイムで報告されるため、在庫処分を急ぐか新商品を導入するかなどの決定を、店舗別・カテゴリー別にきめ細かく下すことができるようになった。システム導入前は紙の報告書をやりとりして分析したうえで全店一律に指示を出していたため、敏速な対応ができていなかったのである。

自社にふさわしいソリューションを選択する

　ITの進歩によって、プライシングやセグメンテーションの精度向上や市場の変化への対応時間の短縮が可能になった。だがどんなプライシング戦略を策定・実行すれば、ITの進化を活用できるだろうか。大事なのはメリットを活かせるシステムを構築することであって、ITの導入それ自体が目的ではない。

　ITを活用したプライシング・システムを構築するに当たっては、システムの運用と会社の戦略目標、事業方針、ブランド・イメージなどが矛盾しないよう、注意が必要である。たとえば最適化ツールを使って、新商品の価格を低めに設定すれば短期的な増益を見込めるとわかったとしよう。だが長い目で見て付加価値の高いハイエンド商品としてその商品を位置づけたいならば、安値で売り出す案を採用すべきではない。同じように、グローバル・ブランドとして定着させたいブランドの場合には、顧客別・地域別の商品提案は避けたいところである。

　ここで、オンライン書店として名高いアマゾン・ドットコムの失敗例を紹介しよう。アマゾンは同社の評判を裏切るような2000品目のマーケティング実験を行って消費者の不評と不満を買ってしまった。異なる価格水準をテストするため、ネット通販で35％、40％、45％という具合に違う割引率を適用したのである。しかしチャットや掲示板でこの実験のことが暴露され、消費者は差別的な待遇に怒りを爆発させた。抗議が殺到し、アマゾンは実験中止に追い込まれている。

　技術は戦略に従うべきであって、その逆はあり得ない。企業によっては、基本的な追跡調査とテストを行うだけで、プライシング戦略に必要な基礎情報が十分に得られるところもあるだろう。これなら、専任のアナリスト1名にコンピュータと標準的なスプレッドシートがあれば事足りる。もう少し高度なシステムが望ましいケースでは、まずは既存システムの機能を評価したうえで、ERPなどを導入できる環境が整っているか判断すべきだろう。また社内のIT部門についても、部署別に用意された多種多様なソフトウェアを運用し、デー

タを取りまとめて部門横断的な目標をサポートするだけのスキルが備わっているのか、厳しくチェックする必要がある。

ITソリューションの導入を検討する場合、自前のシステムだけでなく社外のベンダーの提案も当然ながら評価しなければならない。多数の選択肢をどのように判断し、自社のニーズにふさわしいソリューションをどう選び出すか、以下の3つのステップを参考にしてほしい。

◉──ステップ1：弱点を知る

プライシング・ソリューションを選ぶ最初のステップは、自社の弱点を知ることである。プライシング計画・管理・分析のどこが非効率か、冗長なプロセスはないか、どこかに抜けや漏れはないか。とくに重要なのは、適切な情報が適切なタイミングで適切な担当者に活用され、効果的な価格設定が行われているかどうか、という点である。

自社のプライシング手法を評価し弱点を知るためには、次の点をチェックするとよい。

- 価格・価格変更はどのように管理されているか。価格そのものや価格に関する意思決定は適切に管理されているか。価格設定方針は明確で、目標も定まっているか。価格はどんな手続きを経て承認されるか。
- プライシングや営業に関して定期的に報告が上がってくるか。顧客・商品の利益率・注文履行率・特約条件などについて、定期的に報告されるか。
- 価格の設定・管理に利用されるのはどんな種類の情報か。
- プライシング分析では、価格や市場条件を変えて複数のシナリオを分析しているか。

弱点が判明したら、当然それを補うソリューションを選ばなければならない。そうなれば、選択範囲は自ずと狭まるはずである。

● ステップ2：専門性か、総合性か

　選択肢を絞り込む次のステップは、高度に専門的なソリューションか総合ソリューションか、どちらを選ぶか決めることである。

　前者にするなら、抜きん出た専門性を備えたベンダー数社を選び、その製品を一貫性のあるインフラに組み込むことになる。たとえば優れた値引最適化ツールを持つベンダーを選んだら、それを補完するために収益性分析ツールを提供するベンダーを組み合わせる。このやり方だと総合ソリューションを選ぶよりも高度で健全性の高いシステムを実現できる可能性が高く、また1社にすべて依存する危険性も免れられる。しかしその半面、システム・インテグレーションが必要になるため、膨大な出費を覚悟しなければならない。

　このやり方が適切なのは、しっかりしたITインプリメンテーション・プロセスを備え、複数のベンダーと同時並行的に仕事をする経験が豊富な企業、高度なソリューションでなければ処理できない問題を抱えている企業である。こうした条件に当てはまる企業なら、自社のニーズに合致する最新鋭ソフトウェアの機能から最大限のメリットを引き出すことができるだろう。しかも総合ソリューションにありがちな複雑なプロセスに頭を悩ませる必要もない。

　これに対して総合ソリューションは、大企業向けエンタープライズ・ソフトウェアの実績があるベンダー1社に「丸投げ」することになる。たとえばどこかのベンダーのERPシステムを導入済みの企業なら、同じベンダーにプライシング関係も任せてしまうほうが便利だろう。このやり方のメリットは、効率的なことだ。システム・インテグレーションが容易だし、相手は1社なので話が早い。それにおそらく社内のトレーニングも短時間で済むだろう。しかし専門性に劣るシステムを使用することになるので、機会費用の発生は避けられない。総合ソリューションがふさわしいのは、高度なシステムを必要とせず、またシステム・インテグレーションの経験に乏しい企業である。

● ステップ3：最終選定のための6つの基準

　ステップ1、2の選別に残ったソリューションは、**図10-4**に示す6つの基

第10章　ITの活用

図10-4　システムを選ぶ6つの基準

	内容	具体例
会社概要	●規模 ●存続可能性	●社員数、売上高 ●設立年数、戦略
実績	●プロジェクトの規模 ●同一業界での実績 ●代表的な顧客の購買頻度	●ユーザー数など
技術	●アーキテクチャ ●データベース ●開発ツール ●レガシー・システムとの互換性	●n-tier、スケーラビリティ ●UNIX、Windows NT ●オラクル、DB2 ●プログラミング言語
機能	●管理 ●報告 ●過去の最適化履歴 ●リアルタイムの最適化	●業務管理、分析ツール ●最適化のタイプ ●情報源
サービス／サポート	●既存システムの診断サービス ●購入前のカウンセリング ●システム・インテグレーション ●プロジェクト・マネジメント ●技術サポート	●時間、品質 ●サポート／専門知識のクオリティ ●納期、マンパワー ●利用しやすさ
コスト	●初期コスト ●訓練・実行の所要期間 ●ランニング・コスト	●ライセンス、カスタマイゼーション ●メンテナンス、アップグレード ●トレーニング

評価方法
●デュー・ディリジェンス
●第三者機関による評価
●公表資料のチェック
●第三者機関によるランキング
●聞き取り調査
●財務報告（監査済みのもの）

□印は社外のベンダーのみ

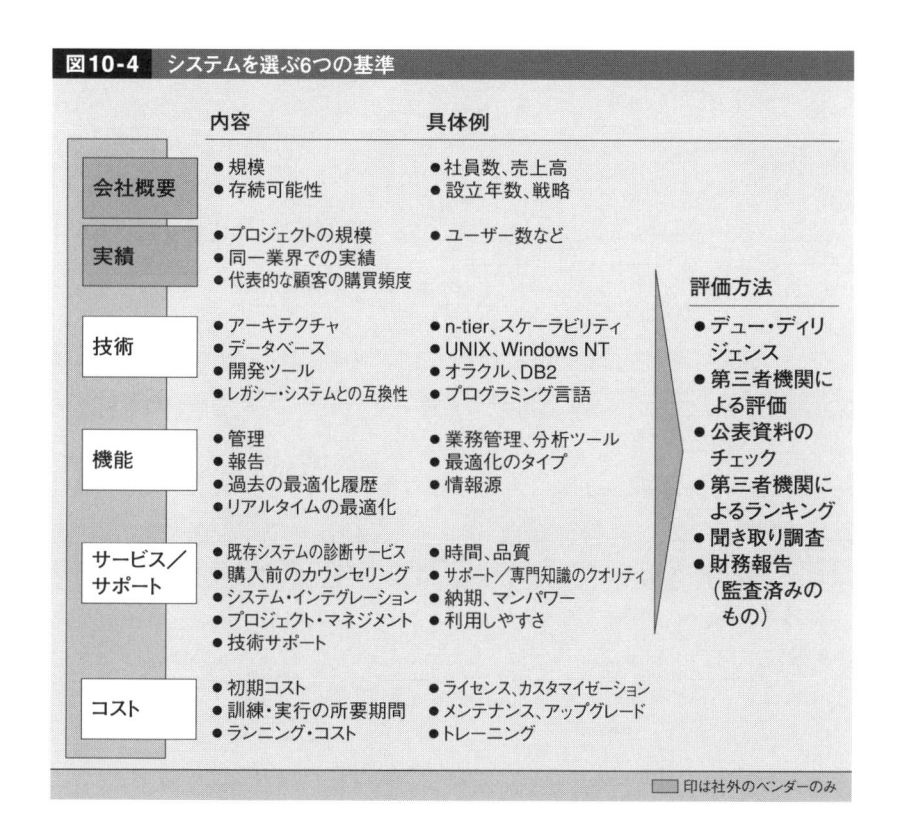

準に従って最終評価する。社外・社内を問わず、技術的な適合性、機能、サービスおよびサポート、コストの面から評価するほか、社外ベンダーの場合は事業内容や実績も精査しなければならない。社外ベンダーに対する評価は、担当者との面談、アナリスト・リポートや業界誌など外部資料の調査、現在の顧客からの聞き取り調査、財務報告のチェックを行ってから下すべきである。

　企業によって重視する基準は違うかもしれない。それに、サード・パーティの登用が効率的と考える会社もあれば、できるだけ社内でシステムを構築したいと考える会社もあるだろう。しかし6つの基準に従って体系的に審査すれば社外・社内のトレードオフもはっきりわかり、自社にはどれが最もふさわしいかが明らかになるはずだ。候補に残ったソリューションには基準に従って順位

をつけ、最適なベンダーを選んでほしい。

POINT

　価格優位を実現するうえでITが果たす役割は大きく、適切な技術の裏づけなしにプライシングで他社を圧倒するのは難しい。しかしプライシング・テクノロジーが近年急速な進歩を遂げているにもかかわらず、その恩恵を被っている企業はほとんどないのが実情である。今後も技術の進歩が進むことは間違いなく、そうなれば、せっかくの機会が活かされずに終わる可能性はますます高まるだろう。

　実は多くの企業にとって、プライシングへのITの応用にはさほど莫大な投資を必要としない。おそらく既存システムでも新しいアプリケーションを十分サポートでき、透明性・処理速度・精度の改善に貢献できるだろう。そうなればマネジャーは自信を持ってプライシングに取り組める。大切なのはITの導入がプライシングにどのような効果をもたらすかをよく理解し、最も大きなメリットを見込める分野で集中的に取り組むことだ。

　自前のシステムを開発するにしろ、サード・パーティから購入するにしろ、あるいはベンダーと協力してソリューションのカスタマイズを図るにしろ、価格優位を実現し維持するためには、価格・シェア情報の収集や利益改善機会の発掘・対応などの面で常に能力向上に努めなければならない。賢くIT投資を行えば、価格優位の確立に向けて必ず前進できるはずだ。その暁には、努力をはるかに上回るメリットが得られるだろう。

Pricing Architecture 第11章

プライシング・アーキテクチャ

　建物の設計をするとき、建築家は大きく分けて2つの面から考える。一つは形（form）、もう一つは機能（performance）である。前者は、端的に言えば視覚的な印象や認知である。形によって、「これはどういう建物か」という受け手の認識が決まる。後者は、建築物の場合は居住性、機能性、利便性などである。機械設備や空調、床面積などは機能を考えて決められる。プライシングも建築（アーキテクチャ）ととらえることができる。上手に設計すれば買い手の認知価格を望ましい方向に誘導できるだけでなく、機能面でも、エンドユーザーやチャネル・パートナー（卸売業者、小売業者など）の行動を好ましい方向に変える効果が期待できる。

　優れた建築家と同じように優れたプライシング・アーキテクトも、たくさんのデザイン要素を自由自在に使いこなす。定価、セグメント別のきめ細かな価格設定、ポケット・プライス・ウォーターフォールの値引項目、各項目に適用される価格設定方針やガイドラインといったものは、すべてデザイン要素と言えるだろう。このほか、販売単位（たとえば携帯電話の料金は従量課金か月額か）や価格の表示方式などもデザイン要素に当たる。

　本章では、価格優位を実現した企業がどんなデザイン要素を駆使しているかを見ていく。彼らは要素を巧みに組み合わせ、買い手の認知価格や購買行動に好ましい影響を与えられるような**プライシング・アーキテクチャ**を構築する。このほか、単一の製品やサービスではなく、パッケージ商品を提案するときの

課題やデザインの自由度についても併せて検討する。

顧客認知のマネジメント

　プライシングに長けた企業は、顧客の認知便益への積極的な働きかけが可能であるのと同じく、認知価格にも相当な影響力を行使できることをよく知っている。それを端的に物語る例を、ここでいくつか紹介しよう。

　最初に紹介するのは生命保険会社の例である。この会社は価格表示が顧客認知に及ぼす影響を知りたいと考え、調査のために表示方法を変えた新商品の案内通知を出した。価格表示以外の条件はすべて同一である。第1案では、保険料は年360ドルと表示。第2案では月額30ドル。第3案では1日当たり1ドルと表示した。言うまでもなく、年間保険料は実はどれも同じである。しかし結果は驚くべきものだった。第2案の加入者は第1案の3倍に、第3案の加入者は第1案の実に10倍に達したのである。

　次は、ある都市銀行の例である。この銀行は利息つき当座預金口座の利用手数料を引き上げたいが、顧客は失いたくない。そこで手数料の表示方式を2通り試してみることにした。第1案の表示方式では、顧客が負担する手数料を月3ドル引き上げるが、預金残高につける利息は従来どおりに据え置く。第2案では手数料の上げ幅は1ドルにとどめる代わり、利息を0.2％引き下げる。どちらにしても最終的には同じなのだが、第1案を提示された顧客の流出率は第2案の4倍にもなった。

　2つの例から、プライシング・アーキテクチャが顧客の認知価格に大きく関わってくることがわかる。顧客だけではない。小売業者や卸売業者の認知価格も、プライシング・アーキテクチャの影響を受ける。**図11-1**には電子レンジ・メーカーが家電販売店に製品を卸すときのポケット・プライス・ウォーターフォールを掲げた。なかなか複雑な価格構造で、伝票上・伝票外の値引は10項目以上に上る。これではややこしすぎると考えたこのメーカーは、価格に関する小売店の意識調査を行うことにした。

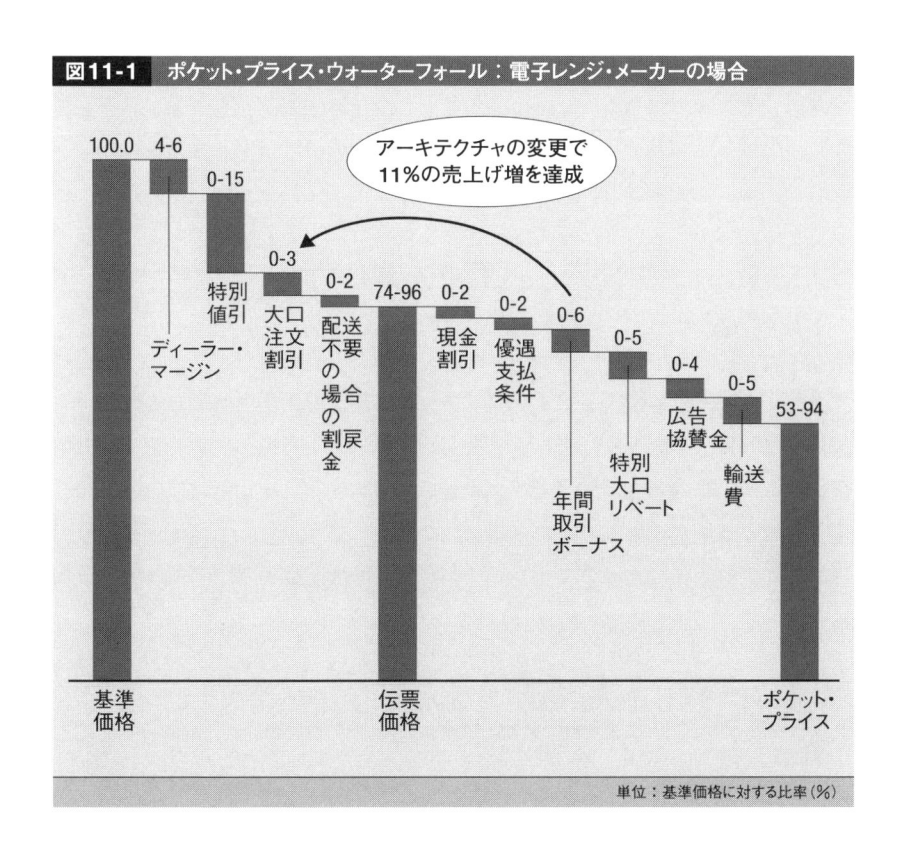

第11章 プライシング・アーキテクチャ

図11-1 ポケット・プライス・ウォーターフォール：電子レンジ・メーカーの場合

アーキテクチャの変更で
11%の売上げ増を達成

100.0　4-6　0-15　0-3　0-2　74-96　0-2　0-2　0-6　0-5　0-4　0-5　53-94

基準価格　ディーラー・マージン　特別値引　大口注文割引　配送不要の場合の割戻金　伝票価格　現金割引　優遇支払条件　年間取引ボーナス　特別大口リベート　広告協賛金　輸送費　ポケット・プライス

単位：基準価格に対する比率（％）

　聞き取り調査に応えて小売店はこんなふうに言った——「おたくの価格構造はたしかに複雑ですが、ほかのメーカーのはもっとややこしいですよ。それに、競合のポケット・プライス・ウォーターフォールも、伝票価格まではほとんど同じです。違うのは伝票外の値引ですね。大口リベートも販促奨励金も支払い条件も、各社まちまちです。だから、伝票外の値引や割引は単純には比べられませんね」。というわけでほとんどの小売店は、どのメーカーの製品を扱うかを決めるとき、伝票価格で比較していることがわかった。伝票外の値引は、どこも大して変わらないだろうと見込んでいるのだ。

　こうした事情を知った件の電子レンジ・メーカーは、伝票上の値引にもっと注意を払うようになる。そして、価格構造に一つだけ簡単な変更を加えた。伝

票外の値引のなかで値引率が最も高い年間取引ボーナスを、伝票上に移したのである。顧客別に年間取引数量の予想を立て、年度末に支払うボーナスをあらかじめ計算して伝票上の値引に組み入れた。年間取引数量が予想と大幅に違った場合には、年度末に調整する。こうすると、伝票価格を6％引き下げることができる。ポケット・プライスは変わらないのだが、この変更のおかげで製品の売上数量は11％も伸びた。小売店の評価基準に合わせてプライシング・アーキテクチャを微調整し、価格の「見栄え」をよくしたことが勝因だったと言える。

このように、プライシング・アーキテクチャの設計次第で顧客や中間業者の認知価格は大きく変わる。そしてここに紹介した例からもわかるとおり、適切なプライシング・アーキテクチャを構築する手がかりは、認知便益の場合と同じく市場調査を通じて得ることが可能だ。このためプライシングに優れた企業では、認知価格調査とカスタマー・バリュー調査の両方を定期的に実施している。

顧客の行動に影響を与える

上手に設計されたプライシング・アーキテクチャは、顧客が価格について抱く印象だけでなく、顧客の行動にも影響を与えることができる。これは、事業の成功に欠かせない要素と言えるだろう。プライシング・アーキテクチャを設計するときに何よりも重視すべき点は、ポケット・プライス・ウォーターフォールの構造が自社を利するものかどうかということである。つまりウォーターフォールのあらゆる項目が、望ましい顧客行動を誘発する仕掛けになっているかどうか、常に注意しなければならない。たとえば現金割引を設定するのは請求代金を早めに支払ってほしいからであり、また売掛金の回収コストを減らしたいからでもある。大口注文割引を設定するのは、配送やコスト削減の都合上あまり小口の注文をしないでほしいからだ。

図11-2にはプライシング・アーキテクチャの影響を受ける顧客の行動を列挙した（なお、エンドユーザーではなく仲介業者のみに関わるものも含まれている）。

第11章 プライシング・アーキテクチャ

図11-2 プライシング・アーキテクチャに影響される要素

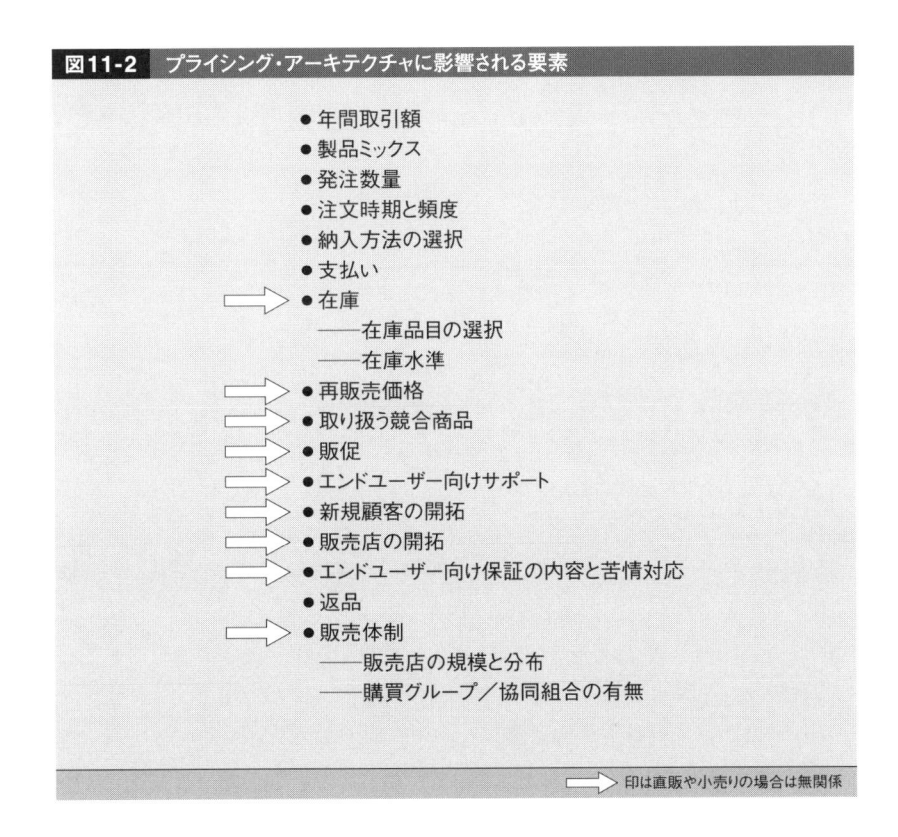

- 年間取引額
- 製品ミックス
- 発注数量
- 注文時期と頻度
- 納入方法の選択
- 支払い
⇒ - 在庫
　　――在庫品目の選択
　　――在庫水準
⇒ - 再販売価格
⇒ - 取り扱う競合商品
⇒ - 販促
⇒ - エンドユーザー向けサポート
⇒ - 新規顧客の開拓
⇒ - 販売店の開拓
⇒ - エンドユーザー向け保証の内容と苦情対応
- 返品
⇒ - 販売体制
　　――販売店の規模と分布
　　――購買グループ／協同組合の有無

⇒印は直販や小売りの場合は無関係

ここではそのいくつかを取り上げ、巧みに設計・運用されたプライシング・アーキテクチャがどのように顧客の行動を誘導するか、見ていくことにしよう。

◉――年間取引高

　ポケット・プライス・ウォーターフォールの一部の項目は、割引率が高いにもかかわらず、顧客の行動に好ましい影響を与えないことがある。たとえば年間取引ボーナス（年間取引高に対して年度末に支払われるボーナス）は相当な額に達することが多いが、必ずしもうまく機能していない。つまり、期待されたほど売上げの伸びに貢献していないのである。ここではある自動車部品メーカーの年間取引ボーナス・プログラムを取り上げ、問題点を調べてみることにし

図11-3　年間取引ボーナス・プログラムの構成：自動車部品メーカーの場合

年間取引高（単位：1000ドル）	年間取引ボーナス（単位：％）
100未満	0
100〜200	1
200〜500	2
500〜1,000	3
1,000〜2,000	4
2,000〜3,000	5
3,000以上	6

よう。

　このメーカーは、卸売業者や小売業者に製品を販売している。同社の年間取引ボーナス・プログラムの構造を**図11-3**に示した。図からわかるように、年間取引高が10万〜20万ドルの顧客には取引高の1％が年度末にボーナスとして支払われ、20万〜50万ドルなら2％という具合になっている。

　それではここで同社の顧客に着目し、年間取引高の分布を見てみよう（**図11-4**）。これを見ると、同社のプログラムが機能しない理由が一目瞭然でわかる。まず、この市場は成熟し安定しており、どの顧客にとっても20％以上の発注増はほぼ不可能であることを念頭においてほしい。となると、20％以上注文を増やさないと次のランクのボーナスに手が届かない顧客に対しては、同社のプログラムはまったく効き目がないことになる。たとえば年間取引高が30万〜40万ドルの顧客を考えてみよう（ちなみにこのクラスの顧客は全体の17％と最も多い）。取引高が50万ドルを超えないと次のランクのボーナスはもらえないが、そのためには25％以上注文を増やさなければならない。このクラスの顧客にとっては、これほどの増額は到底無理である。図では、プログラムの効果が期待できない顧客群を黒で表示した。すると同社の顧客の半分以上、売上高ベースでは75％以上に相当する顧客が「効果なし」に分類されてしまう。もちろんどの顧客も年度末になればボーナスを喜んで受け取るが、もらっ

図11-4　顧客分布：自動車部品メーカーの場合

単位：顧客総数に占める比率（%）

年間取引高（単位：1000ドル）

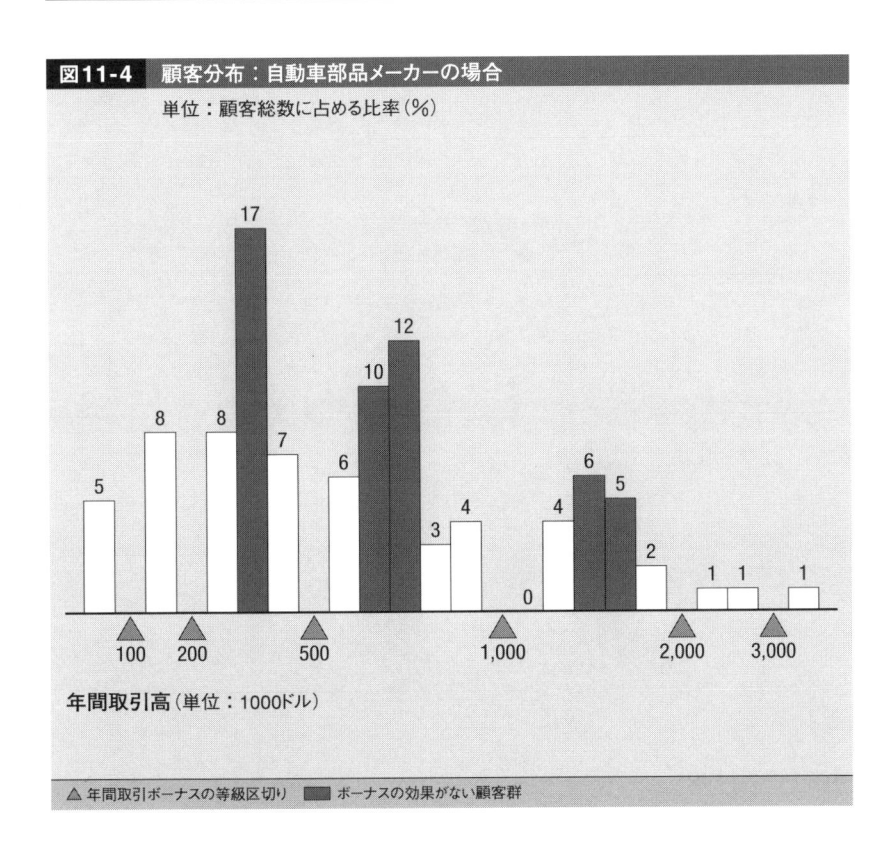

△ 年間取引ボーナスの等級区切り　■ ボーナスの効果がない顧客群

たからと言って彼らの発注行動には何の変化も期待できないのだ。

　このメーカーは年間取引ボーナスとして売上げの実に6％を充当しているのだが、この高額の出費がまったく役に立たず、投資に見合うリターンが得られていないことは明白である。分析結果を知ったこのメーカーはさっそくプログラムを手直しし、ボーナスの設定を顧客の分布に合わせて変更した。

◉──製品ミックス

　複数の製品ラインを扱う企業の場合、ラインによって利益率にばらつきがあるのはとくに珍しいことではない。ここでは、油圧ポンプ・メーカーを例にとって考えてみよう。このメーカーの製品には主なシリーズが6種類あり、どれ

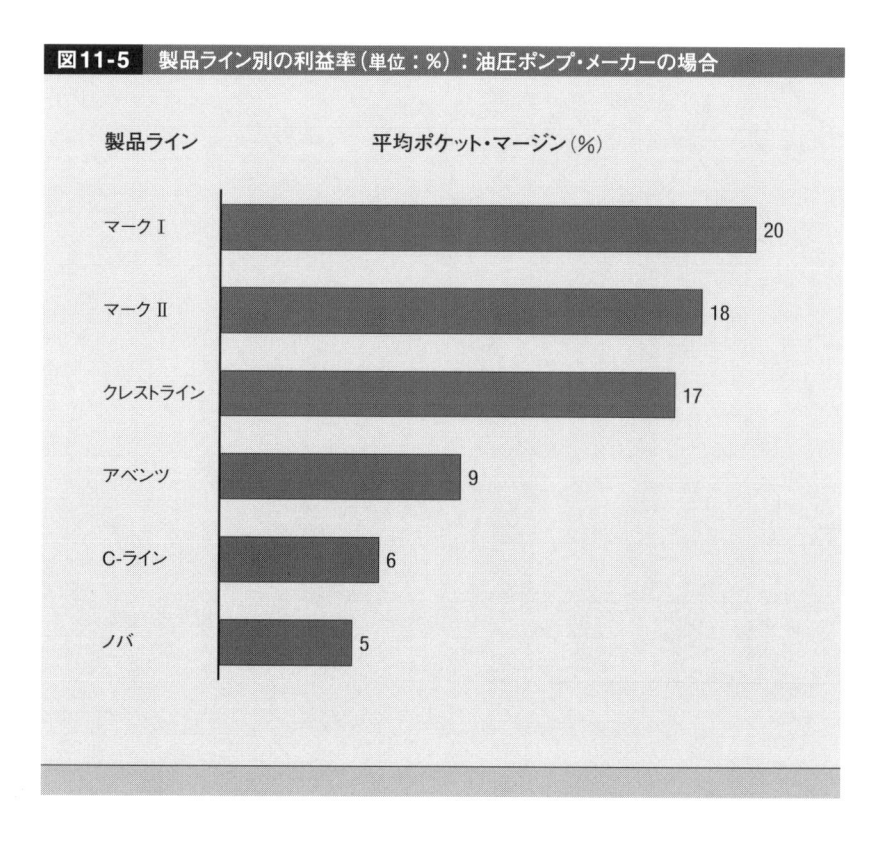

図11-5　製品ライン別の利益率(単位：%)：油圧ポンプ・メーカーの場合

製品ライン	平均ポケット・マージン(%)
マークⅠ	20
マークⅡ	18
クレストライン	17
アベンツ	9
C-ライン	6
ノバ	5

も専門の販売店に卸されている。図11-5からわかるように、利益率が最も高いライン(マークⅠ、マークⅡ、クレストライン)のポケット・マージンは、利益率が低いライン(アベンツ、C-ライン、ノバ)の常時2〜4倍に達している。しかし同社は、データベースにポケット・マージン情報を組み入れるまで、こうした利益率の乖離に気づいていなかった。製品ラインによるばらつきがこれほど大きくなったのは、製造工場、設計効率、競争状況などさまざまな要因のためと考えられる。

　こうした状況では、製品ミックスが少し変わっただけで、たとえば低利益率の製品から高利益率の製品へ売上げが5%移動するだけで、ポケット・マージンの合計額は8%増えることになる。ところが同社は製品ミックスにまったく

無頓着だったので、利益率の高い製品を注文してくれた販売店に対して報奨を増やすような仕組みを用意していない。値引リベートや支払い条件の類は、どの製品ラインにも平等に適用されていた。

製品ミックスが少し変わるだけで大きな利益改善効果が期待できることを知ったこのメーカーは、利益率の高い製品の売上げ増を狙ってプライシング・アーキテクチャを修正することにした。年間取引ボーナス・プログラムを手直ししてマークⅠ、マークⅡ、クレストラインを購入してくれた販売店へのボーナスを増やし、アベンツ、C-ライン、ノバのほうは減らす。広告協賛金や販促奨励金などもすべて前者に集中させた。しかも支払い条件も、前者については長めに設定。通常は請求後30日以内なのにマークⅠ、マークⅡ、クレストラインに限って45日以内とし、この期間内に支払われれば現金割引1.5％も適用した。好条件を提示された販売店はマークⅠ、マークⅡ、クレストラインの在庫を積み増すようになり、その結果としてこれらの製品ラインはよく売れるようになった。ポケット・プライス・ウォーターフォールの巧みな再構築のおかげで、利益は大幅増を記録。ポケット・プライス・ウォーターフォール全体としての割引提供額は以前とほぼ同じなのに、高利益率品の売上げは1年間で14％伸び、営業利益は23％増となったのだった。

●──再販売価格

サプライヤーから仕入れた商品を卸売業者や小売業者が再販売する際の価格は戦略的に重要な意味を持つ。小売業者が競合を大幅に上回る価格をつければ、売上数量は落ち込むだろう。逆に大幅に下回れば商品のポジショニングが下がり、ブランド・イメージを損ないかねない。サプライヤーのプライシング・アーキテクチャは、再販業者が設定する価格に影響を及ぼす強力なツールとなりうる。

ほとんどの仲介事業者は、再販売価格の計算をするとき、サプライヤーのポケット・プライスではなく伝票価格をスタートラインにする。つまり伝票価格に適宜マージンを乗せ、顧客に請求する価格を決めるわけだ。したがって、伝票価格が下がれば再販売価格も下がることになる。そして伝票上で行っていた

値引を伝票外に移すだけで、サプライヤーはポケット・プライスを変えずに伝票価格を変えられる。

この点が理解できれば、あとは簡単だ。自社製品の再販売価格を高くしてほしいときは、伝票上の値引を伝票外に移動させればいいのである。こうすれば伝票価格が上がるので、まず間違いなく再販売価格も上昇する。再販売価格を下げてほしいときは、この逆をすればよい。つまり伝票外の値引を伝票上に移す。これで伝票価格は下がり、再販売価格も下がる。ただし、競合がこの動きをどう見るか、注意しなければならない。

伝票上・伝票外の値引をうまく配分するこの手法に加えて基準価格の管理を強化するのも、再販売価格の誘導に効果がある。基準価格から伝票価格にいたるまでの値引や割引には相当なばらつきがある。これでは「わが社の基準価格には何の意味もありません。この価格で買ってくれる人はだれもいません」と公言しているようなものだ。当の売り手がこんな姿勢でいれば、基準価格は当然きちんと管理されず、再販売価格に健全な影響力を行使する機会は失われてしまう。

価格優位を確立している企業は基準価格の管理に熱心であり、この価格を市場向けのコミュニケーションに大いに活用する。基準価格は企業によって呼び方がまちまち（たとえば「メーカー希望小売価格」「標準的再販業者における実勢価格」など）だが、名称はどうあれ、基準価格は値引交渉をするときのいい加減な参照点では決してない。基準価格とは、市場でだれの目にもはっきり見える存在なのである。基準価格が一貫して注意深く管理されているならば、それが変更されたとき、市場は重要かつ信頼できるメッセージが発信されたと感じる。それは業界の価格動向を暗示するメッセージかもしれないし、ある商品の価値を強調するメッセージかもしれない。

ここで取り上げた３つの要素——年間取引高、製品ミックス、再販売価格——は、プライシング・アーキテクチャの影響を色濃く受ける要素のほんの一例に過ぎない。筆者の経験によれば、価格優位を持つ企業は注意深くプライシング・アーキテクチャを設計・活用し、顧客のさまざまな行動に巧みに影響を及ぼしている。

パッケージ販売で
顧客認知や行動に影響を与える

　同じサプライヤーの複数の製品・サービスにまたがって購買決定が行われるときは、プライシング・アーキテクチャの設計は一段と難しくなる。第7章で検討したように、パッケージ商品にはいくつかのタイプがある。一番単純なのは、複数の商品を販売店などが取りまとめて抱き合わせで売るバンドルだ。これに対して最も複雑なのは、サプライヤー側が多数の商品を組み合わせて顧客のニーズに最適な解決策を提供する方法、すなわちソリューションである。ソリューションの例としては、複数のスピーカーを使って臨場感を高めるサラウンド・システム、ハードウェア・ソフトウェア・サービスを組み合わせた通信インフラなどがある。

　どのタイプにせよ、パッケージ全体の価格を設定するときは、提供する便益の価値が市場に伝わり、かつ望ましい顧客の行動を誘発できるよう配慮しなければならない。パッケージを構成する各要素に割り当てる価格をほんの少し変えるだけで、買い手はパッケージ全体や個別要素の便益について違うメッセージを受け取り、購買行動が大きく変わる可能性がある。

◉──顧客認知

　価格を伝達するに当たりプライシング・アーキテクチャを上手に活用し、パッケージ商品から最大の利益を引き出す例としてシェーバーと替え刃の話がよく知られている。シェーバー本体の値段がかなり高いと（たとえそれが便益の適切な対価だとしても）、替え刃の値段はひどく安くても、消費者はその商品になかなか手を出そうとしないだろう。最初に払う金額が大きすぎ、「高い」商品と認知されてしまうためだ。しかし賢いシェーバー・メーカーは逆の提案をする。つまり本体価格を安くし、その分を後で取り返すために替え刃を高めに設定するのだ。この価格構造なら、潜在ユーザーに「ちょっと試してみようか」という気を起こさせられる。

このようなプライシング・アーキテクチャは、第1の商品（たとえば本体）を買ってもらえば第2の商品（たとえば付属品・消耗品）に安定的な売上げが期待できるようなパッケージ商品によく使われる。第2の商品は利益率が高く、しかも第1の商品の寿命が続く限り着実な売上げを確保できるため、最初に割安な価格設定をしても十分に元が取れお釣りがくるという仕組みだ。しかもこのアーキテクチャは、競合品への乗り換えや浮気を防ぐ役割も果たす。

　しかしパッケージ構成要素の相対的な便益について、顧客の認知がセグメントによっててんでんばらばらの場合もありうる。こうなると、プライシング・アーキテクチャの設計は難しい。総合的な視点から価格を配分し、かつそれを適切に伝える必要が出てくる。

　ここでは、あるデータ・ネットワーク・システム・プロバイダーの事例を紹介しよう。同社はプライシング・アーキテクチャを活用してパッケージに含まれる特定要素の便益を強調し、該当セグメントにアピールすることに成功した。このプロバイダーはハイエンドの統合ネットワーク・システムでは業界トップだったが、あるとき中級品市場で競合に値引攻勢をかけられた。このプロバイダーはトータル・ソリューションが売りなので、通常はネットワーク・システムに総合価格しか設定しない。だが安値を武器にローエンド市場からミドルエンド市場に殴り込みをかける新参企業が何社も出現する状況になってくると、そうも言っていられなくなった。新参企業はシステムの一部しか供給しないのだが、それだけを取り出して統合システム・プロバイダーの価格と比較。つまり単品サプライヤーのオレンジと統合プロバイダーのリンゴを無理矢理同列扱いするやり方で買い手の認知価格を自分たちに有利に誘導しようとした。この市場には必ずしも統合ソリューションのメリットを理解していない買い手もおり、相手の作戦にまんまと乗ってしまう。こうして統合システム・プロバイダーのシェアは食われ始めた。

　問題は認知価格であって、自社製品に不備はないと分析した件のネットワーク・サプライヤーは、このセグメントに限ってプライシング・アーキテクチャの修正を行う。パッケージのコア部分、すなわちハードウェア、ソフトウェア、OSの価格明細を明らかにし、競合と直接比較できるようにした。またそれ以

外の部分についても、「価格に差があるのは性能の違いのため」であると便益の差を強調。こうして同じ土俵の上で比較ができるようにしたおかげで顧客認知は正しい方向に戻り、ただちにシェアを奪い返すことができた。

パッケージ商品のプライシング

　バンドルであれソリューションであれ、パッケージ商品のなかにまったく性質の異なるものが含まれている場合、プライシングはきわめて難しくなる。こうしたケースは、ハイテク業界では珍しくない。ソリューション・プロバイダーの場合、有形の物体（ハードウェア）、無形の知的財産（ソフトウェア）、サービス主体（システム・エンジニアなど）を組み合わせて提供するからだ。しかしこうした商品に価格をつけるのは実に厄介である。どんなタイプのパッケージにせよ、価格を構成要素すなわちコンポーネントにどう振り分けるか、よく勘案しなければならない。パッケージとしての総合価格しか表示しない場合でも、内訳を押さえておくことは重要である。ボトムアップによる体系的な価格形成が可能になるし、価格をコンポーネントごとに比較されたとしても、各コンポーネントの最低価格水準は確保できる。

　価格配分をするとき、阻害要因になりかねないのが過去の経緯である。たとえば元々はハードウェア専門だった企業の場合、ソフトウェアやサービスを強調するようなプライシング・アーキテクチャを採用すれば、社内から反発が起きるかもしれない。しかし大切なのは顧客の認知便益を第一に考え、それに応じて価格を設定することである。これまでも繰り返し指摘したように、認知便益は市場のセグメントごとに大きく異なる。したがってパッケージ商品の価格設定方針は、そうした違いを念頭において立てなければいけない。

　多種多様なコンポーネントから成り立つパッケージ商品の場合、ほかにも考慮すべき要素がある。景気循環の影響を受けて値上がりするコンポー

ネントもあれば、値下がりするものもあることだ。このような場合、上昇基調にあるコンポーネントには価格配分を多めにすることが望ましい。またパッケージのなかでコンポーネントの納入時期が異なる場合には、その点を考慮してプライシング・アーキテクチャを構築するとよい。たとえばハードウェアは初回に納入することが多いが、その点をはっきりさせておかないと、買い手は1回目の支払額が膨らむのをいやがることがある。

● ── **事業パフォーマンス**

　パッケージ商品のプライシング・アーキテクチャは、認知価格に影響を与えるだけでなく、顧客の購買行動やサプライヤーの料金徴収方法にも影響を及ぼす。保守・修理などのワンストップ・サービスからITサービスのアウトソーシングまで、程度の差こそあれITパッケージは顧客の業務システムに直接組み込まれるものである。したがってサプライヤーにとっては、有利なプライシング・メカニズム、すなわち事業リスクを共有し、サプライヤーと顧客の結びつきを強化し、競合を締め出せるようなプライシングが可能になる。

　この種のプライシング・メカニズムは、従量制（pay-per-use）と実績制（pay-by-performance）の2種類に大別できる。

従量制

　これは事業リスクを共有する一般的なやり方である。従量制は使用頻度に比例して支払額が上がる方式で、複数のパソコンにソフトウェアをインストールする場合などがこれに該当する。たとえばセキュリティの強化など直接的な便益を数字で表しにくいとき、便益が全体の一部としてしか実現されないとき、顧客により得られる便益が異なる（またはそれを顧客がコントロールできる）ときには、この方式が効果的である。

　従量制と似たようなタイプに逓増制（pay-as-you-grow）がある。売上高や売上数量などはっきり数字で示せる実績が伸びたら、支払額を増やす方式である。ソフトウェア開発企業の多くはこの方式を採用し、事業規模が拡大すれば

払いは多く、縮小すれば少なくなる。商品の使用頻度をカウントできない場合や、便益の発生が商品購入時期より遅れる場合などには、逓増制が適している。

実績制

　実績制は、従量制や逓増制に比べるとやや複雑である。簡単に言うと顧客とサプライヤーで一定の評価基準を設定し、これをクリアしたら料金を支払うというものだ。この方式に最も適しているのは、便益が明快に数値化できるパッケージである。たとえば通信システムのようにパッケージと収入が直結するもの、あるいは塗装請負のように塗装加工された自動車の台数がはっきりわかるものなどだ。実績制は、提供する便益の度合いをサプライヤー側がコントロールできる場合に限り採用すべきである。第7章で見たように、本当の意味でのアウトソーシング型ソリューションには、このプライシング・アーキテクチャが採用されることが多い。

　建設業界にも実績制の好例がある。ある業者は既存インフラ（照明、暖房、換気、空調、防火・保安システム）に自動管理システムを後づけする工事を請け負っているが、このとき、頭金はもらわない。工事代金は、システムによって実現した光熱費節減に応じて支払われる仕組みである。その節減基準は、あらかじめ顧客と業者の間で取り決めておく。光熱費がこの基準を下回れば業者には差額が支払われる。省エネが実現すればするほど、業者に支払われる額は増える。

　実績制は魅力的な支払い方式ではあるが、便益の測定方法で意見が対立しやすいのが難点である。また、顧客のシステム運用方法が悪くてせっかくの性能を発揮できないという問題も起こりがちだ。プロセス・オートメーションを手がけるある業者は、「優れた性能」とは何か、どう測定するかをめぐって顧客と論争になった。最終的にシステム不具合の責任分担を決めることで決着したのだが、そこにいたるまでに設計や据付以上のエネルギーをとられたという。

POINT

　以上のように、顧客の行動や認知に影響を与えるという意味では、プライシング・アーキテクチャは価格そのものよりも重要な意味を持つことがある。プライシング・アーキテクチャは強力な手段であるにもかかわらず、それを十分理解していない企業が多い。伝統やら業界の慣例やらにとらわれ、価格に対して十年一日のごとき姿勢で臨んでいるのは残念なことである。

　一方、価格優位を確立している企業は、プライシング・アーキテクチャをもっと自由でダイナミックな視点からとらえる。単品販売にせよ、パッケージ販売にせよ、プライシング・アーキテクチャを有効に活用できる市場や顧客層を絞り込み、定期的に評価し、自社にとって有効な価格構造を常に維持する。言い換えれば、ウォーターフォールの各要素が単に顧客を金銭的に優遇するだけでなく、顧客の望ましい行動を誘発するようにプライシング・アーキテクチャを組み立てるのである。

Driving Pricing Change

第12章 プライシング変革4つの柱

　価格優位を目指すと決めた瞬間に、企業は長きにわたる変革プロセスを歩み始めることになる。この変革は、ビジネスのあらゆる側面に関わってくる。価格優位は、小手先のテクニックやトリックでは到底確立できない。マーケティング、営業、オペレーション、財務など、プライシングに関わるあらゆる部門の考え方や組織能力を変えていかなければならない。

　この長いプロセスの間には、社内で感情的な反発が起きることは避けられない。価格裁量権は、マーケティングや営業の人間にとって実に重大な権限である。この裁量権があればこそ、「だれを顧客にするか」「だれは顧客にしなくていいか」を決められるのだ。価格裁量権のために顧客が営業スタッフを重んじるケースは珍しくない。したがってこの裁量権を厳格に制限するような変革に着手すれば、抵抗が起きることは間違いない。

　価格優位は一朝一夕に確立できるものではなく、息の長い変革プログラムと情熱と根気が必要である。早い段階で多少の成果は上がるにしても、社内に知識が浸透し、能力改善が継続して行われるようになって変革が本当に実を結ぶのは、おそらく数年先になるだろう。我々の観察によると、プライシングとは言わば「自己増殖」的な過程である。最初の目標が達成されると、うまくいったチームは今度はさらに高い目標に挑む、といった具合だ。だがこうした好循環を促すには、まずは健全なプライシング変革に着手し、継続するための周到な計画を立てなければならない。

数百社のコンサルティングに携わってきた経験から見て、効果的なプライシング変革を支える柱は4本ある（図12-1参照）。それらは、

1　社員に理解させ積極的に取り組ませること
2　組織や仕組みを整えること
3　人材や能力を開発すること
4　ロールモデルを構築すること

である。本章ではそれぞれについて詳しく論じ、最後に変革の失敗要因を検討して締めくくる。

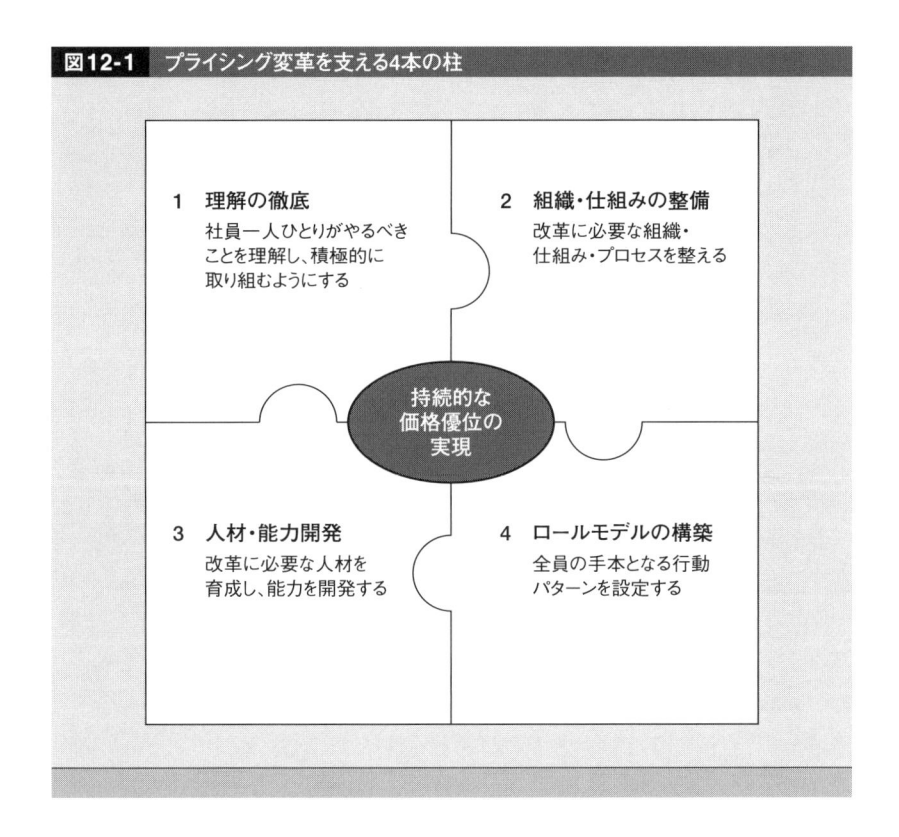

図12-1　プライシング変革を支える4本の柱

1　理解の徹底
社員一人ひとりがやるべきことを理解し、積極的に取り組むようにする

2　組織・仕組みの整備
改革に必要な組織・仕組み・プロセスを整える

3　人材・能力開発
改革に必要な人材を育成し、能力を開発する

4　ロールモデルの構築
全員の手本となる行動パターンを設定する

持続的な価格優位の実現

理解の徹底

　価格優位の確立を目指して社員が積極的な役割を果たすためには、まずは何をすべきか、それはなぜかを、一人ひとりが理解しなければならない。そのためには経営陣が陣頭指揮を執り、全社に向けて価格優位の価値を説き、ビジョンを打ち出し、成功までの道のりを描く必要がある。図12-2に示すように、プライシングに長けた企業は、社員の理解を徹底させ取り組みを決意させるためにさまざまな方法を駆使する。ここでは、価格優位のメリットを訴える、説得力のあるストーリーを提示する、経営陣の意思を統一する、最高責任者を置

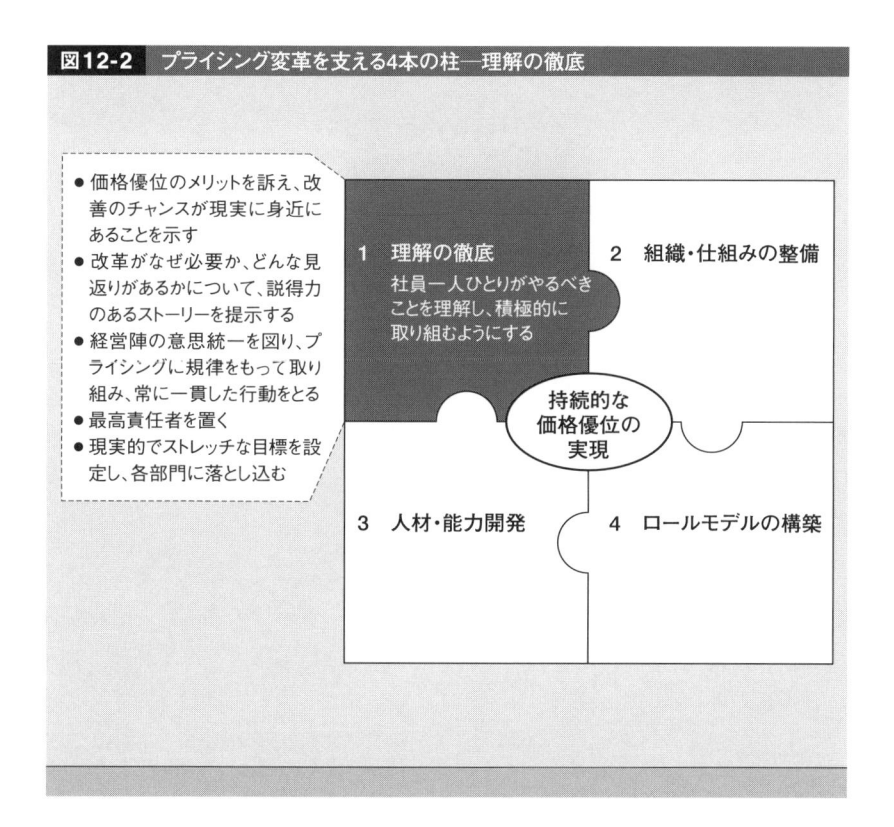

図12-2　プライシング変革を支える4本の柱─理解の徹底

- 価格優位のメリットを訴え、改善のチャンスが現実に身近にあることを示す
- 改革がなぜ必要か、どんな見返りがあるかについて、説得力のあるストーリーを提示する
- 経営陣の意思統一を図り、プライシングに規律をもって取り組み、常に一貫した行動をとる
- 最高責任者を置く
- 現実的でストレッチな目標を設定し、各部門に落とし込む

1　理解の徹底
　社員一人ひとりがやるべきことを理解し、積極的に取り組むようにする

2　組織・仕組みの整備

3　人材・能力開発

4　ロールモデルの構築

持続的な価格優位の実現

く、目標を設定する、の5点について説明する。これらの作業は人任せにせず経営幹部が行うべきだ。社内やステークホルダーに向けて経営幹部が一貫したメッセージを頻繁に発して初めて、目標の達成は可能になる。

●── 価格優位のメリットを訴える

　価格優位がいかに大切か、プライシング変革の機会がどこにあるかを訴えるには、信用できる身近な実例を示すのが一番である。あるいはまた、製品カテゴリーや顧客セグメント、地域などを選び、プライシングを実践するパイロット・プロジェクトを立ち上げるのもいい。このプロジェクトは有能なリーダーに担当させ、営業・マーケティング知識、ITサポート、そしてもちろん資金を潤沢に投入する。プロジェクトが成功すれば、その後のプライシング変革にとって手本になり、また道しるべにもなるだろう。

●── 説得力のあるストーリーを提示する

　全社をプライシング変革に導くために、説得力のあるストーリーを提示する。ストーリーと言っても作り話ではない。なぜプライシングを改善すべきなのか、そのためには何をすべきか、改善するとどんなメリットがあるかについて、事実に基づく説明をする。それに説得力を持たせられるかどうかは、会社が置かれた状況によっても異なる。たとえば経営不振に陥っている企業であれば、そのこと自体がプライシングを改善して利益率向上を目指さねばならない十分な根拠となるだろう。

●── 経営陣の意思を統一する

　プライシング変革を推進する企業では、経営トップの意思が統一され、目標に向けて一丸となって努力することが大切である。経営陣の間で食い違いがあると、社員はすぐに影響を受ける。プライシングを改善しようとすれば、困難な決断を迫られる場面がどうしても出てくる。儲からない客は切り捨てなければならないかもしれないし、価格設定方針を厳格に運用すれば怒る客も出てくるだろう。これまで優遇していた客へのサービスを低下させることもあるかも

しれない。市場から撤退する可能性さえあり得る。これらに対処すべき経営陣が一枚岩でないと、社員はたちどころにそれを感じ取るだろう。

◉──最高責任者を置く

経営陣が一致して問題に立ち向かうのと並行して、プライシングに関する最高責任者を置く必要がある。この責任者は変革プログラム全体に目配りし、それが組織に根を下ろすよう長期にわたって見守る任務を引き受ける。言ってみれば、「チーフ・プライシング・オフィサー」（CPO）だ。CPOはポケット・プライスごとの改善目標と進捗状況をチェックし、商品や市場別に自社・競合のプライシングをウォッチするほか、業界で価格優位を確立するチャンスを見きわめる。

◉──目標を設定する

プライシングの変革プログラムには、あくまで現実的だが少々背伸びした目標を設定すべきである。目標としては、ポケット・プライスあるいはポケット・マージンのかたちで数値目標を掲げるのがよい。この数値目標は、会社全体から部門別・地域別の目標に落とし込んでいく。言い換えれば、ある地域の営業スタッフごとのポケット・プライス目標を総合すると担当地域のポケット・プライス目標になり、さらにそれが積み上がって部門のポケット・プライス目標になる……といった具合に目標を設定する。なお、ポケット・プライスやポケット・マージンに関する目標は、シェアや売上高など他の業績目標とのバランスを考えて設定すべきである。

組織・仕組みの整備

プライシング変革の2本目の柱は、変革プログラムの屋台骨となる組織、仕組み、プロセスの整備である。**図12-3**に示すとおり、これらはツールと業務プロセス、組織構造、主要業績指標（KPI）、報奨制度に大別できる。

図12-3 プライシング変革を支える4本の柱―組織・仕組みの整備

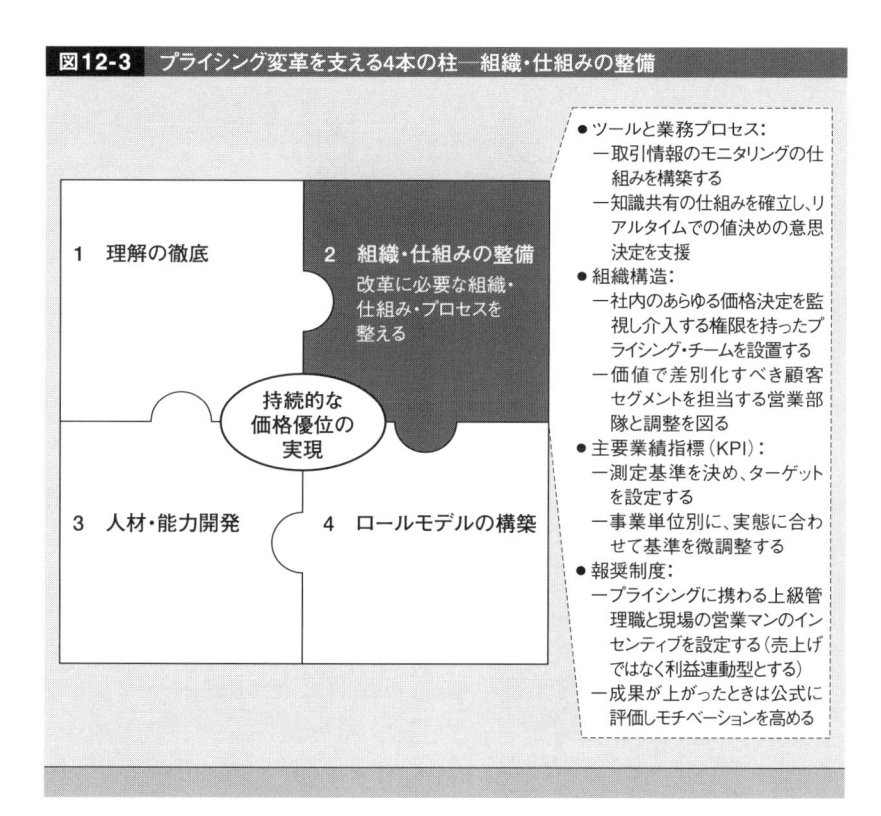

```
┌─────────────────────┬─────────────────────┐
│ 1  理解の徹底        │ 2  組織・仕組みの整備 │
│                     │   改革に必要な組織・  │
│                     │   仕組み・プロセスを  │
│         ╭───────╮   │   整える             │
│         │持続的な│   │                     │
│         │価格優位の│                      │
│         │ 実現  │   │                     │
│         ╰───────╯   │                     │
│ 3  人材・能力開発    │ 4  ロールモデルの構築 │
└─────────────────────┴─────────────────────┘
```

- ツールと業務プロセス：
  ―取引情報のモニタリングの仕組みを構築する
  ―知識共有の仕組みを確立し、リアルタイムでの値決めの意思決定を支援
- 組織構造：
  ―社内のあらゆる価格決定を監視し介入する権限を持ったプライシング・チームを設置する
  ―価値で差別化すべき顧客セグメントを担当する営業部隊と調整を図る
- 主要業績指標（KPI）：
  ―測定基準を決め、ターゲットを設定する
  ―事業単位別に、実態に合わせて基準を微調整する
- 報奨制度：
  ―プライシングに携わる上級管理職と現場の営業マンのインセンティブを設定する（売上げではなく利益連動型とする）
  ―成果が上がったときは公式に評価しモチベーションを高める

⬤――ツールと業務プロセス

　第10章で取り上げたように、ソフトウェアなどのITツールの活用が価格優位の確立には欠かせない。とは言えうかうかしていると、変革プログラムが膨大なデータの波に飲み込まれるおそれがある。また、不必要な精度をむやみに追求するのも望ましくない。

　変革プログラムを成功に導くためのツールやプロセスには無限の組み合わせがある。本書ではこの点についての詳しい解説は省くが、大まかな指針を以下に掲げておく。

- 正確な価格データが担当者の手に渡るようにしなければならない。リアルタイムの商談支援から新製品発売価格の設定にいたるまで、適切なデータが適切な担当者に、適切なタイミングで届くようにする。
- プライシング・データは意思決定に必要な精度であればよい。たとえば最高価格と最低価格の差（すなわちポケット・プライス・バンド）が60％以上開いているようなら、ポケット・プライスを0.1％の精度で計算しても無駄というものである。
- プライシング・データは、意思決定に役立つ程度までまとめる必要がある。決断を下す場面では的確な1ページのデータがあれば十分で、膨大な情報は不要である。
- 値引の権限を定め、厳格に実行する。現場での自由裁量の余地が大きすぎるのは好ましくない。価格をごくわずか変えるだけで利益が大きく変動することを忘れてはいけない。
- プライシングの実績管理システムを立ち上げ、担当者ごとに評価基準を設定する。価格設定方針の違反者が1人か2人出るだけで、変革プログラム全体が台無しになることがあるので注意してほしい。

●── 組織構造

プライシング変革を推進するときには、組織改革も必要になることが多い。どんな企業にも当てはまる万能策はないが、プライシングに長けた企業の多くでは次のようなやり方を実行している。

- 各事業部にプライシング・チームを設置し、これを率いるチーフ・プライシング・オフィサーがプライシングを掌握する。
- プライシング・チームの使命は、プライシングに関する膨大な数の意思決定をサポートし、調整を行い、場合によっては決定そのものを下すことである。新製品の価格設定からポケット・プライスの最適化まで、さまざまな作業を取引1件ごとに行い、結果を評価しなければならない。**図12-4**には、プライシングに関する決定が社内のさまざまな部署にどのように関わって

図12-4　プライシング・チームと他の部署との関係

プライシングに関する意思決定	マーケティング	営業	プライシング・チーム	財務	IT	業務
製品/市場プライシング						
・セグメンテーション、ポジショニング	●	◐	●			
・製品/システム開発	●	◐	◐			◐
・製品/システムのプライシングとポジショニング	●	◐	●			
・競合の情報収集	●	●	●			
・価格構造	◐	◐	●			◐
取引方針						
・ガイドラインと基準の策定	●	◐	●	◐		
・顧客の分類と優先順位の決定	●	◐	●			
・顧客別の交渉		●	◐			
・価格設定方針の適用除外ケースの抽出*		●	●			
・適用除外の承認	●		●	●		
実績評価						
・データ収集／統合、報告			◐	●	◐	
・プライシングのモニタリング／介入		◐	●			
・営業部門の報奨	●	◐	◐			

＊基準適用のしきい値や関与のレベルは共同で決定する

○関与しない　◐一部関与する　●全面的に関与する

いるかを示した。

■プライシング・チームと、プライシングに関わる現場との連絡を密にする正規のルートを設ける。現実の意思決定プロセスにプライシング・チームが介入できないようでは、せっかく設置しても意味がない。

■プライシング・チームを社内における中立で公正な「良心」として位置づけ、不健全な意思決定を常時監視して指摘する。

■プライシング・チームは価格設定戦略の実績を管理し、成果を公開する。また、改善の機会を常にチェックする。

■プライシングはトップが一元管理・監視する必要があるが、その一方で現場の事情にも通じていなければならない。プライシング・チームは両者のバ

ランスをうまくとれるように編成すること。たとえばグローバル展開する半導体メーカーの価格は本社で決める必要があるが、地方の配管部品店の価格設定に本社が口を挟むのは、その市場の内情に精通していない限り、きわめて難しい。

● 主要業績指標（KPI）

プライシング変革の進捗状況をチェックするためには、社員やチームの主要業績指標（KPI）を設定しなければならない。KPIには、組織としての目標と社員一人ひとりの責任範囲とを反映させる。効果的な指標にするには、目標と実際のポケット・プライスの乖離といったアウトプット指標、プライシング・チームが評価を実施した取引件数などのインプット指標の両方を設ける必要がある。

KPIを設計するときに注意すべき点を挙げておこう。第1に、簡単な微調整さえすれば社内のどんな部署でも共通して使えるのが優れた指標である。たとえば定価に対するポケット・プライスの比率を示すポケット・プライス・レシオ（PPR）なら、顧客別・営業担当者別・地域別の実績を追跡調査できることである。

第2に、少数のKPIで商品・市場・部門を超えた比較ができることも大切な条件である。

第3に、マーケティングやオペレーション効率など他の基準を補うものとして位置づけることである。当然「こちらを立てればあちらが立たず」で、他の指標とぶつかることがあるが、それが業績評価にいい意味での緊張感をもたらす。

● 報奨制度

優れた報奨制度は、社員の行動を望ましい方向に導く重要な仕掛けの一つである。目の前にぶら下げられた「ニンジン」の魅力は大きい。行動と報奨についてここで詳しく論考することはできないが、プライシングに長けた企業で採用されている報奨制度の基本原則を以下にまとめておく。

■プライシングに関して望ましい行動を促すようなインセンティブは、現場の営業部隊だけでなく、価格設定に携わるあらゆる職場に設定する。たとえば販売管理やマーケティングなどの部門でも、プライシングに正しい姿勢で臨んでもらうことが欠かせない。

■営業部隊のための報奨制度を策定するに当たっては、売上数量と価格のバランスをよく考えなければいけない。このバランスは、担当業務（新規顧客の開拓か、既存客へのサービスか）によって、また時間経過によって変わってくる。

■報奨プランに最低達成基準を設けるのは好ましくない。たとえばプライシングの実績に対するボーナスが一定売上げに達するまで出ないような場合、基準到達前と後とで営業担当者の行動ががらりと変わってしまう。これでは顧客は困惑し、競合は混乱し、ひいては業界の価格水準に悪影響を及ぼしかねない。

■総合的な報奨プランでは、金銭以外のインセンティブも活用する。たとえばプライシングの実績ランキングを月1回発表するとわかっただけで、値引に対する営業担当者の姿勢は劇的に変わるだろう。

人材・能力開発

　金槌と釘と設計図を渡しさえすれば大工が出来上がるわけではない。同じように、プライシング・ソフトウェアと価格設定方針を与えれば優秀なプライシング・オフィサーが誕生するという具合にはいかない。プライシングの能力開発には時間がかかる。また経営幹部から第一線の営業部隊にいたるまで、一貫したトレーニングも必要だ。

　図12-5に示すように、能力開発でクリアすべき条件は4つある。中核となる業務を定義にする、有能な人材を確保する、的を絞った教育を実施する、知識・情報を共有する、である。

図12-5 プライシング変革を支える4本の柱——人材・能力開発

- 中核となる業務を定義する：
  - 担当業務別に必要な能力を見きわめる
  - 能力開発、トレーニングを実施する
- 有能な人材を社内で確保または社外から登用する
- 的を絞った教育を実施する
- 知識・情報を共有する

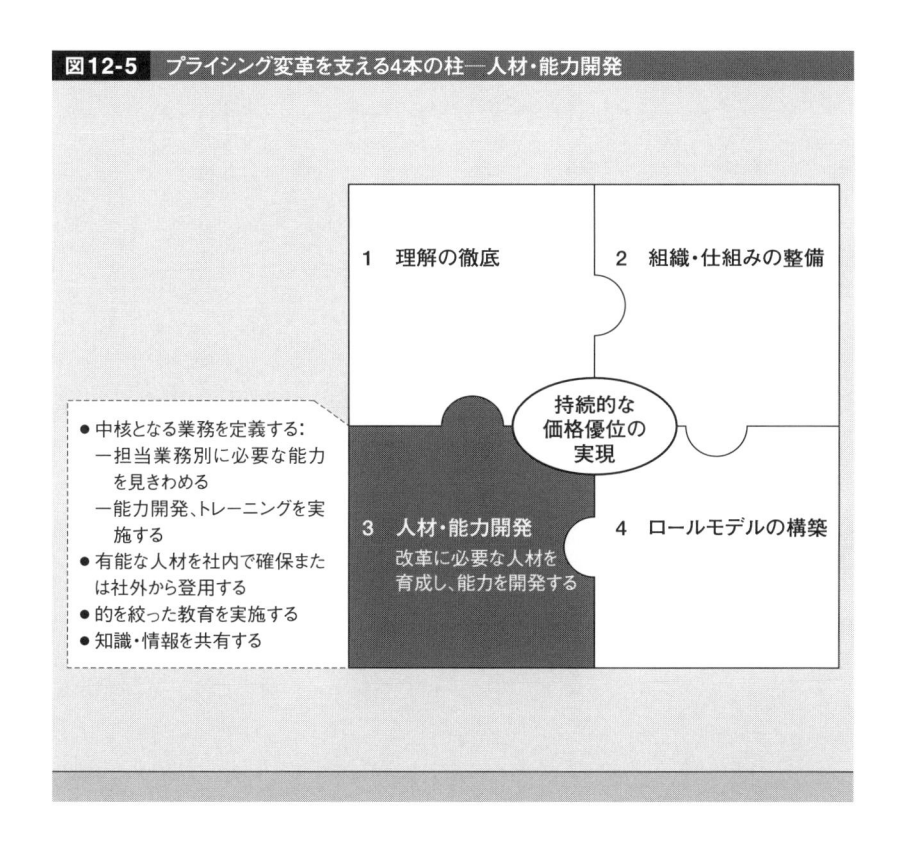

1 理解の徹底
2 組織・仕組みの整備
3 人材・能力開発　改革に必要な人材を育成し、能力を開発する
4 ロールモデルの構築

持続的な価格優位の実現

●——中核となる業務を定義にする

　重要なプライシング・プロセス——たとえば新製品の価格設定、取引レベルのプライシングなど——では、ポイントとなる仕事がいくつかある。企業のさまざまなレベルでそれらがうまく実行されれば、プライシングは従来の脇役から脱皮し、利益改善の原動力となれるだろう。ポイントがはっきりしたら、次はそれに必要な能力や適性を理解する。たとえば価格交渉の支援が重要であると見きわめ、専任のプライシング・マネジャーを任命するとしよう。このプライシング・マネジャーは商品の利益構造に詳しく、競合との関係もしっかり把握しているだけでなく、交渉の進め方や戦略にも精通していなければならな

い。また最前線の営業スタッフがプライシング・マネジャーを尊重し、重要な場面で助言を受け入れることも大切である。

●──有能な人材を確保する

まず潜在的能力を秘めた人材を発掘し、次にその能力を育成する。そうした人材を社内で見つけ、能力育成に力を入れれば、プライシングの能力がキャリアアップにつながることを示す格好のデモンストレーションになる。あるハイテク企業では、セールス・マネジャーは国内でプライシング・マネジャーを2年間務めないと昇進できない規定になっている。

●──的を絞った教育を実施する

必要なスキル──たとえば大口顧客のポケット・プライス管理、競合のプライシング情報収集、価値に基づく新商品の価格設定など──が判明したら、次は集中的にトレーニングを実施する。まずは知識・情報源がどこにあるか知らなければならない。ベンチマーキングや専門家からの知識吸収も有効だが、最高の情報源は社内にあることが多い。すなわちプライシングに最も優れた手腕を発揮している社員がそれである。彼らはすでにプライシング・オフィサーとして活躍しているかもしれないし、まだ能力開発の途上かもしれないが、いずれにせよそうした人材を見きわめたら、ノウハウの体系化や共有を図ることが大切である。また彼らの能力を評価することで、会社全体に好影響が期待できる。

●──知識・情報を共有する

知識の伝達には、社外でのトレーニング、社内でのベスト・プラクティス公開、イントラネット経由、OJTなど公式・非公式のさまざまな方法を活用するとよい。有能な社員によるマネジメント・ワークショップやロール・プレイングなどを採り入れると有効である。知識の共有が進み、実際に顧客と接する場面で活用できるようになれば、組織知として長く残ることになる。

ロールモデルの構築

ロールモデルとは、端的に言えば、望ましい行動パターンの手本を言葉と実際の行為で示すことである。そしてこの手本を、トップから現場まですべての社員が見倣わなければならない。

図12-6には、効果的なロールモデルを構築するための4つの原則を掲げた。リスクを共有する、対話を活性化する、望ましい行動を奨励する、望ましくない行動にペナルティを与える、の4項目である。

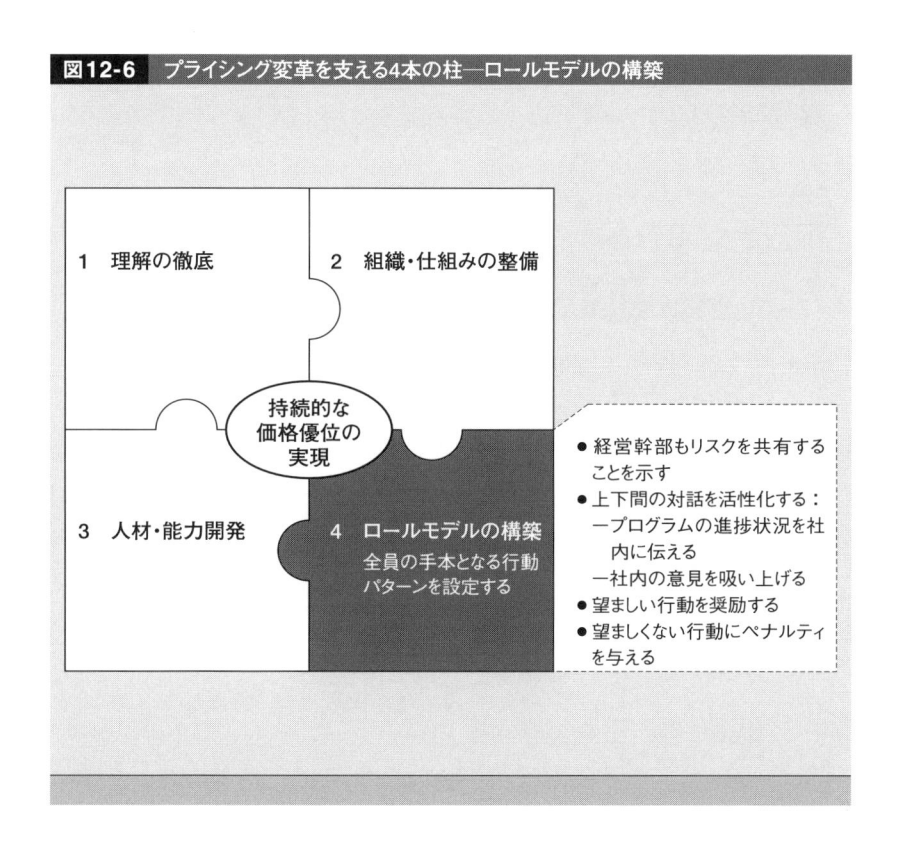

図12-6　プライシング変革を支える4本の柱―ロールモデルの構築

1. 理解の徹底
2. 組織・仕組みの整備
3. 人材・能力開発
4. ロールモデルの構築
   全員の手本となる行動パターンを設定する

持続的な価格優位の実現

- 経営幹部もリスクを共有することを示す
- 上下間の対話を活性化する：
  ―プログラムの進捗状況を社内に伝える
  ―社内の意見を吸い上げる
- 望ましい行動を奨励する
- 望ましくない行動にペナルティを与える

◉── リスクを共有する

　大抵のプログラムはプライシングの重要性を訴えるだけで、リスクの共有を考えていない。しかし間違った意思決定を下せば顧客を失うおそれは現実に存在するのだ。値引はしないという強気の姿勢を営業スタッフに要求するなら、そのリスクを上司が共にすることを知らせてあげなければいけない。ところが「あと５％値引してもらいたいときは上司に直談判すればよい」との噂がまかり通るような企業もある。これでは、顧客はぺろりと舌を出すことだろう。経営幹部が値引をするのには至極もっともな理由がある（新市場である、戦略上重要な顧客である、等々）としても、「上は本気で価格優位を目指してはいない」という噂はたちどころに広まる。そうなったら、全社一丸となっての取り組みなど到底望めない。

　逆に大口顧客に対する防衛戦では経営幹部が最後の砦になるといった具合にはっきりわかるかたちで規律が保たれるなら、社内の士気は大いに上がる。価格優位を実現するために経営陣が大口顧客にも譲らないという姿勢を示せば、その噂は野火のようにあっという間に広がるに違いない。

◉── 対話を活性化する

　経営チームと現場の価格設定担当者の間で、プライシングについて話し合える環境を整えなければならない。両者の対話を通じて基本路線や目標を定め、実績を報告し、対策や報奨を決めたり改善の機会を探す。

　経営幹部は社員を煽るだけでなく、現場の声を聞き、謙虚に学ばなければいけない。上から下まで社内のだれもが市場の変化にいつも敏感であることが大切だ。経営幹部は、価格優位を目指して社員にハッパをかける際にも、市場ではいま価格に関して何が問題なのか、現場の声を吸い上げるよう努力すべきである。

◉── 望ましい行動を奨励する

　価格優位を目指すロールモデルは、経営幹部から現場にいたるあらゆるレベ

ルに浸透しなければならない。優れたプライシングを実行する社員がいたら、それが上級管理職であれ現場の営業スタッフであれ、高く評価し報奨を与えるべきである。プライシングのベスト・プラクティスに対し十分に報いているだろうか。この点を確かめるには、次の質問でチェックしてほしい。

■プライシングに最も優れた実績を上げた営業担当者をどのように判別し、報いているか。激しい競争圧力のなかで値引せず踏みとどまったとき、ポケット・プライスの確保に努力したとき（たとえ注文を取り逃がしても）に、きちっと評価しているか。売上げの多い営業スタッフにだけ報奨を出していないか。
■昇進はどんな基準で決めているか。昇進を発表するとき、プライシングの実績を理由に挙げているか、それとも売上げだけか。昇進したマネジャーには、会社の価格設定方針に反するような評判が立っていないか。

優れた実績に対しては、公の場で評価するだけでなく、もっと親密なかたちで称賛するのも効果的だ。たとえばある大手サービス企業のCEOは、利益率で見て成績のよかった営業スタッフ上位3人に対し、四半期ごとに自ら電話して苦労をねぎらう。ごく個人的に仕事ぶりを誉めるわけだが、それでも翌日には営業部門全体にその噂が広まるそうだ。

◉──望ましくない行動にペナルティを与える

プライシング変革を推進する責任のある地位にいたら、苦渋の決断もしなければならない。抵抗する社員に対しては厳しい態度で臨むことが必要だ。昇進や賞罰がプライシング・プログラムとは何の関係もなく行われていると社員が感じるようだと、「プライシング重視」はかけ声だけだと疑いの目で見られることになる。処罰そのものが深刻に受け止められるだけでなく、処罰しないことにも社員が目を光らせていることを忘れてはならない。

変革が失敗する原因

　プライシング変革を支える4本の柱は、だれにでもわかりやすく、納得のいくものだと信じる。それでも我々の経験では、失敗に終わる企業が何社もあった。せっかくの変革プログラムが道半ばで頓挫したり、思ったほどの成果が上がらなかったり、あるいは長続きしなかったりする。そうした失敗の主な原因を以下で解説する。

■CEOがプライシングの重要性を説けばそれで十分だと考えてしまうと、変革は失敗に終わりやすい。CEOだけでなく、経営チームがことあるごとにプライシングの大切さを訴え、プライシングが利益改善策の「刺し身のツマ」ではないことを繰り返し強調することが大切である。価格優位を確立する決意と努力は、何年にもわたるそうしたメッセージを通じて浸透していく。価格優位戦略は一度きりのプロジェクトではなく、企業が存続する限り続くものであること、ビジネスの進め方そのものであることを、社内に訴え続けなければいけない。

■システムやプロセスの整備に力を入れすぎ、スキル開発や信念の醸成に力を入れないのも、ありがちな失敗だ。価格をめぐる決断には感情的な面があり、また行動や意識を根本的に変える必要もあるので、ハード面とソフト面のバランスをうまくとることが大切である。

■何回か研修を実施すればプライシングの能力は改善されると甘く考える失敗も多い。型どおりの研修は基礎の基礎に過ぎない。本当のスキルは時間をかけて向上するもので、助言指導が繰り返し必要である。またコーチやメンター役がプライシングに関する新しい知識を絶えず広め、実際の成功例から学ぶ姿勢が全社に浸透することが望ましい。

■プライシングの優れた実績が適切な評価・報奨の対象にならないことも、重大な失敗要因となる。常に適切なプライシングを実行するのは、とにかく難事業なのだ。しかもリスクも伴う。こうした困難さやリスクが考慮され

ていないインセンティブ・プランは、まったく不適切である。
■プライシングに関して実績の低い社員に報奨を出すのも、改革の失敗につながりやすい。たとえば「今年のトップ・セールス」を表彰するとき、売上げは多いが利益の少ないセールスが選ばれるようでは、日頃いくらプライシングの重要性を唱えても無駄である。
■経営幹部が顧客の圧力に屈してしまったら、変革は間違いなく失敗する。改革プログラムは台無しになり、ロールモデルとしてもその幹部は信用を失墜する。

POINT

　価格優位を目指す企業は、業務面でも文化の面でも大きな変革を伴う長い航海に乗り出したようなものだ。この航海では、乗組員の理性とハートをがっちり摑まなければならない。知識を提供し、決意を導くこと。適切なITツールやプロセスを導入すること。必要なスキルを見きわめ開発すること。望ましい行動のロールモデルを構築すること。こうしたことをすべて実行して、初めてプライシングへの取り組み姿勢は変わる。4本の柱のどれが欠けても価格優位戦略は企業の中に根づかない。この点をよく心してほしい。

The Monarch Battery Case

第13章 マナーク・バッテリーの事例

本書では、プライシングについてさまざまな角度から論じてきた。プライス・マネジメントの3つのレベルに注目して詳しく検討し、それぞれにふさわしいアプローチやツールを実際の例に応用したほか、新商品や合併後などの特殊なケースも取り上げた。さらに価格優位を目指すときにどの企業も直面する問題として、プライシング・アーキテクチャなども論じている。

さて本章では、これまでに取り上げたことを網羅する総合的なケーススタディを行う。プライシングの基本を適用し、実際のビジネスシーンでプライシング理論がどう活用できるかを検証していこう。

マナーク・バッテリー

マナーク・バッテリー・カンパニーは自動車用バッテリーのメーカーである。**図13-1**に示すように、同社の製品は、自動車部品専門の卸売業者、地域および全国規模の自動車部品店チェーン、店内で自動車部品を取り扱う全国規模の大手小売業者に販売されている。卸売業者からは小売店経由で、それ以外のチャネルからは直接、エンドユーザーに売り渡される。

図13-2には、マナーク社の収益構造を掲げた。売上高利益率（ROS）は5.2％で、ごく小幅の価格のぶれでも利益は多大な影響を受ける。1％価格を引き

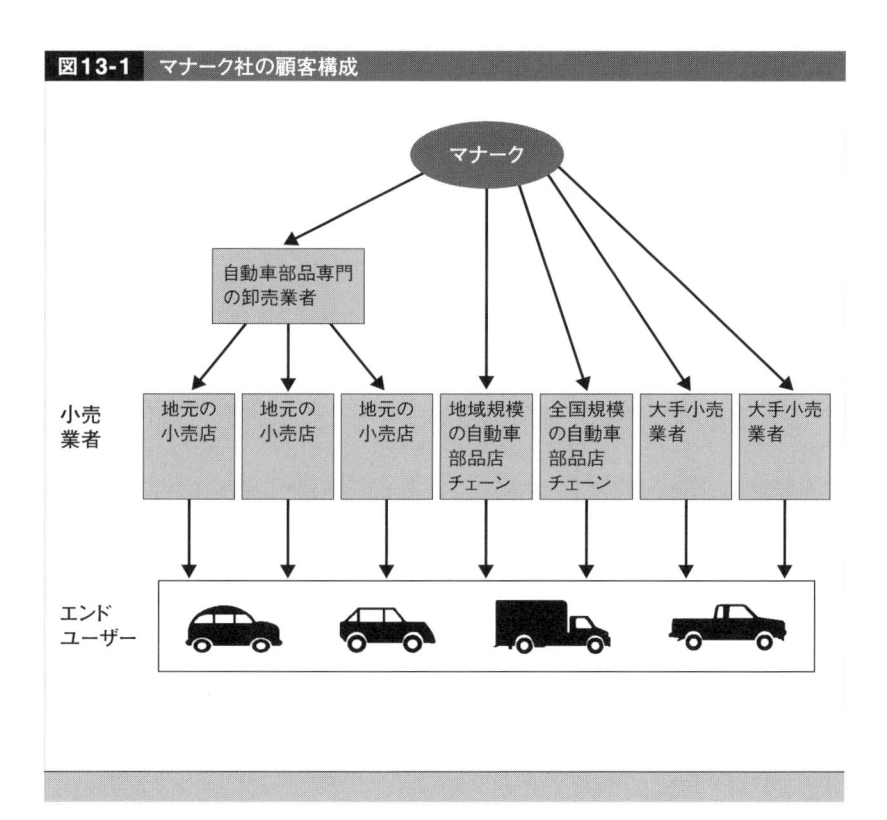

図13-1 マナーク社の顧客構成

```
                        マナーク
           ┌──────┬──────┼──────┬──────┬──────┐
           │      │      │      │      │      │
      自動車部品専門
       の卸売業者
     ┌─────┼─────┐
小売  地元の  地元の  地元の  地域規模  全国規模  大手小売  大手小売
業者  小売店  小売店  小売店  の自動車  の自動車  業者      業者
                           部品店    部品店
                           チェーン  チェーン

エンド
ユーザー    [車] [車] [トラック] [ピックアップ]
```

上げたとき、売上数量が同じでも営業利益は19％跳ね上がる。そして1％値上げしたときの営業利益の伸び率は、1％の売上数量増（平均価格が同じ場合）のほぼ3倍に達する。これは、多くの企業に共通する現象である。このようにマナーク社にとって、プライシングを改善する価値はきわめて大きい。

　マナーク社は全社を挙げてコスト削減に意欲的に取り組んでおり、製造部門から販売、管理部門にいたるまで切り詰めに躍起になっている。だが順調にコストが圧縮されているにもかかわらず、同社の営業利益は過去5年間で50％も落ち込んでしまった。コスト構造はすでに贅肉を削ぎ落とされ、競合に見劣りしない状況で、もはやこれ以上の削減余地はない。だが残念ながら、コストを減らす以上に末端の平均単価が下がっているのだった。同社の経営幹部はつ

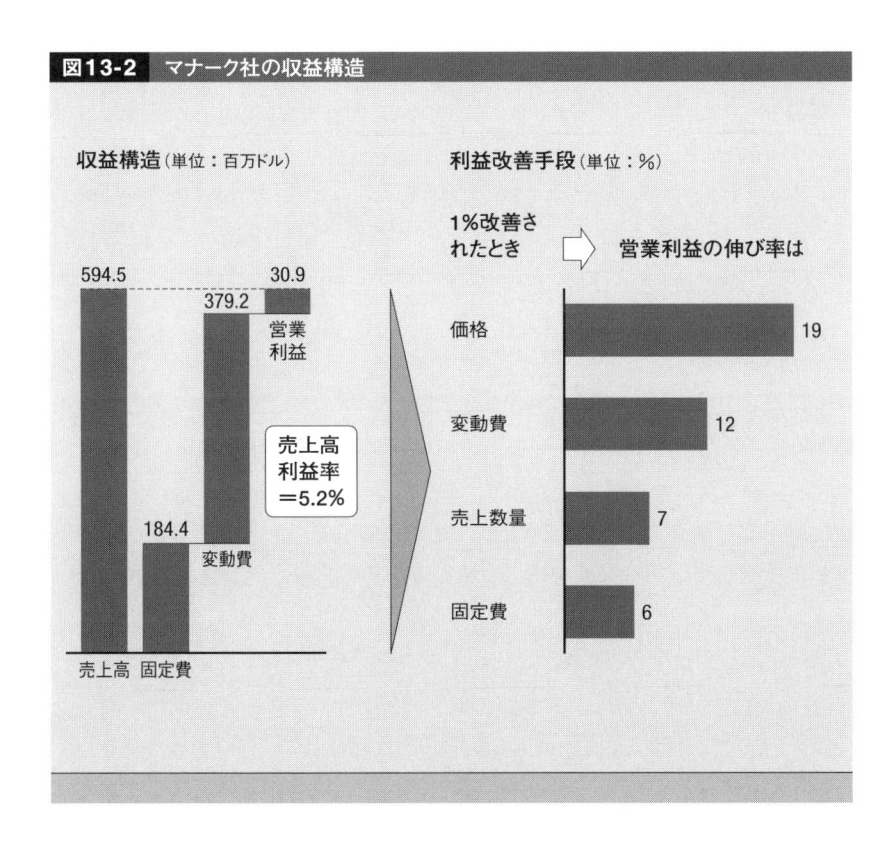

図13-2 マナーク社の収益構造

収益構造（単位：百万ドル）

- 売上高：594.5
- 変動費：379.2
- 固定費：184.4
- 営業利益：30.9
- 売上高利益率＝5.2%

利益改善手段（単位：%）

1%改善されたとき → 営業利益の伸び率は

- 価格：19
- 変動費：12
- 売上数量：7
- 固定費：6

いに気づく――プライシングを改善しない限り、収益性をまともな水準まで回復することは不可能だ。マナーク社の経営陣は本腰を入れてプライシングに取り組むことを決め、プライス・マネジメントの3つのレベルにわたって厳しい分析を開始した。

本章ではマナーク社の経営幹部と共に3つのレベルの実態を詳しく検討し、利益改善の機会がどこに眠っているか、同社の経営幹部はどのようにそれに気づいたか、見ていくことにしよう。取引レベルから順に検討し、その後に、マナーク社が各レベルでプライシング改善のために採った対策を紹介していく。

取引レベル

　マナーク社の場合、顧客ベースが多様であり、かつ長年の間に価格の構成要素が増え、額も大きくなっているため、取引形態は相当に複雑である。同社の代表的な製品である「メガライツ」を例にとり、**図13-3**にポケット・プライス・ウォーターフォールを示した。

　販売店向けの基準価格は28.40ドル。そこから伝票上の割引が3項目ある。まずは標準ディーラー割引。これは販売チャネルによって適用率が違うが、平均するとバッテリー1個当たり4.26ドルになる。次に大口割引があり、これは注文額に応じて最高5％に達するが、平均すると基準価格の2.5％、すなわち0.71ドルである。さらに多くの取引で特別値引が適用される。これは競合の価格をにらみながら個別交渉を通じて決定される。あれこれをすべて含めると、メガライツの平均伝票価格は21.16ドルとなる。マナーク社は取引価格にさほど注意を払っていないのだが、そのごくささやかな注意でさえ伝票価格止まりだった。

　つまりマナーク社の経営幹部は、伝票外でも値引が行われ収入が目減りしていることにはまったく気づいていなかったのである。実際には、請求金額を一定期間内に支払うと0.25ドルの現金割引が適用される。さらに販促プログラムの一環として、得意客に限り60日あるいは90日の支払期限延長が適用されることもある。その結果として発生する売掛金回収コストは1個当たり0.22ドルに達していた。くわえて地元で広告を打ってくれた場合の広告協賛金が平均0.85ドル。店内販促に適用されるマーチャンダイジング割引が0.60ドル。全製品を対象に年間取引高に応じて支払われる年間取引ボーナスが平均0.74ドル。最後にマナーク社が負担する輸送費が平均0.32ドル。

　以上を伝票価格から差し引くと、ポケット・プライスは伝票価格を14％下回る平均18.18ドルにしかならない。基準価格からポケット・プライスにいたるまでの割引率、すなわちポケット・ディスカウントは平均36％、金額では10.22ドルとなる。

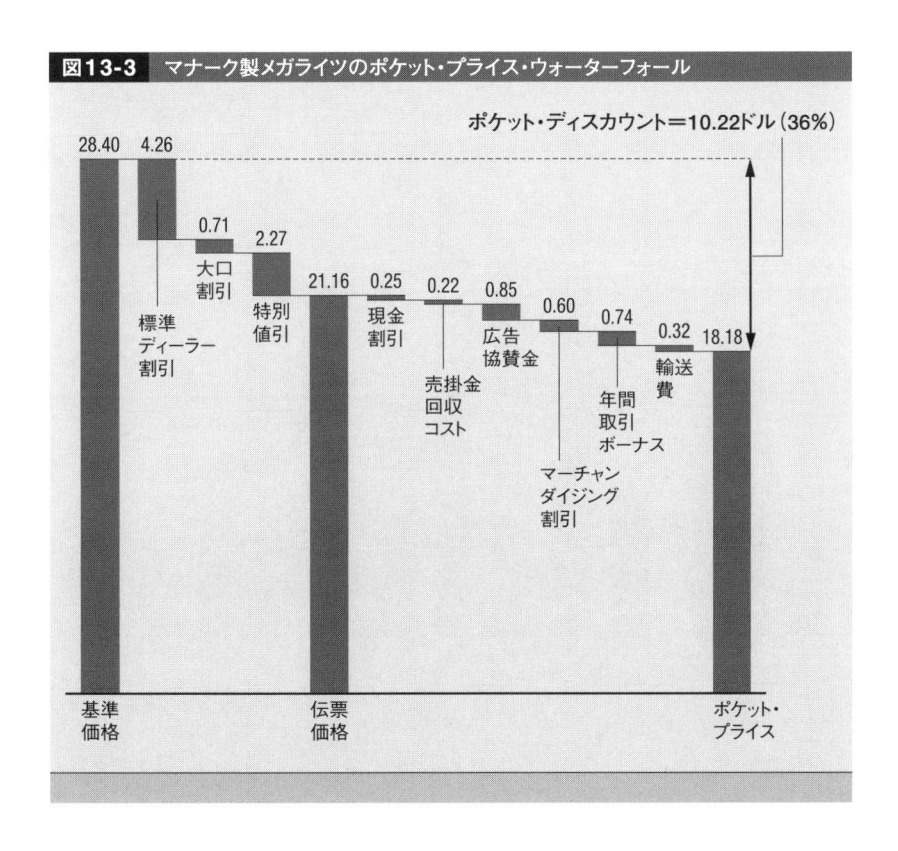

第13章　マナーク・バッテリーの事例

図13-3　マナーク製メガライツのポケット・プライス・ウォーターフォール

ポケット・ディスカウント＝10.22ドル（36%）

28.40　4.26　0.71　2.27　21.16　0.25　0.22　0.85　0.60　0.74　0.32　18.18

標準ディーラー割引／大口割引／特別値引／現金割引／売掛金回収コスト／広告協賛金／マーチャンダイジング割引／年間取引ボーナス／輸送費

基準価格　　伝票価格　　ポケット・プライス

　どんな商品でもそうだが、メガライツのポケット・プライスも決して一定ではない。販売チャネルが違えばディーラー割引が違うし、顧客によって注文額が違うから大口割引の率も違う。個別交渉による特別値引にいたっては言うまでもない。

　伝票外の値引となれば、顧客によるばらつきはさらに大きくなる。すぐに払う顧客もいれば期限に遅れる顧客もいるので、現金割引が適用されるケース、売掛金回収コストが発生するケースが出てくる。広告協賛金も、マーチャンダイジング割引も、受ける資格のある顧客、ない顧客に分かれる。顧客の規模はさまざまだから、年間取引高も差が大きいし、輸送費は顧客の所在地や注文パターンによって変わる、という具合だ。

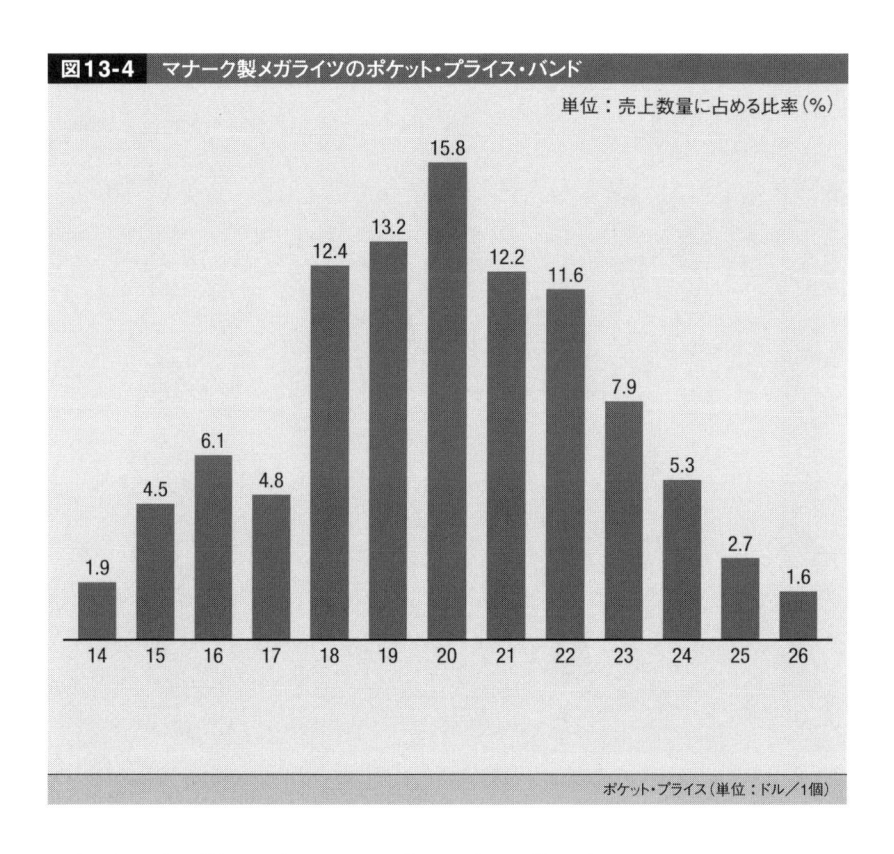

図13-4　マナーク製メガライツのポケット・プライス・バンド

単位：売上数量に占める比率（％）

ポケット・プライス（ドル／1個）	比率（％）
14	1.9
15	4.5
16	6.1
17	4.8
18	12.4
19	13.2
20	15.8
21	12.2
22	11.6
23	7.9
24	5.3
25	2.7
26	1.6

　伝票上・伝票外のこうしたさまざまな要因が積み重なって、ポケット・プライス・バンドの幅は図13-4に示すように大きく広がる。ポケット・プライスの平均は18ドルだが、最低は14ドル、最高は26ドルで、後者は前者の186％にもなる。つまり格差は86％だ。このポケット・プライス・バンドを見ると、すぐに次のような疑問が浮かんでくるだろう。ポケット・プライス・バンドの幅や分布がこのようになった主な原因は何か。ポケット・プライスにこれほどのばらつきがあるのは経営上問題ではないのか、また会社の市場戦略に反しないのか。ポケット・プライスはなぜこれほど差がつくのか、これをうまく管理することは可能なのか。

　こうした疑問のいくつかは、注文量で説明できるとマナーク社の経営幹部は

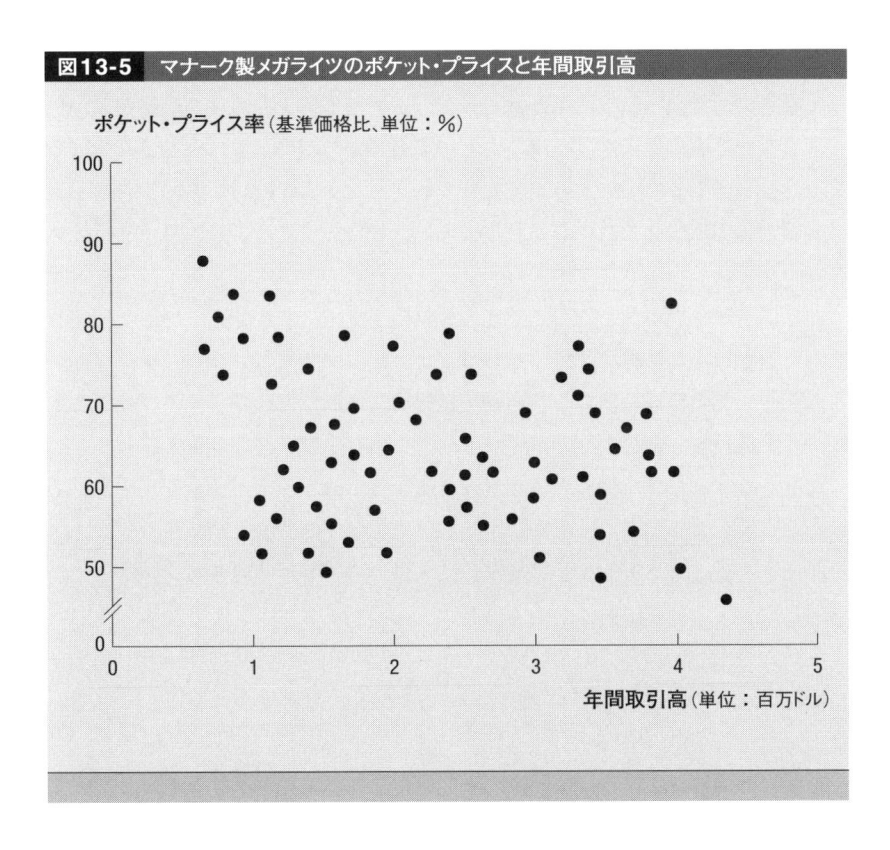

第13章 マナーク・バッテリーの事例 **253**

図13-5 マナーク製メガライツのポケット・プライスと年間取引高

考えた。そこで立証するために、メガライツの年間取引高とポケット・プライスの相関関係を示すチャートを作成した（**図13-5**）。横軸に年間取引高、縦軸にポケット・プライス率（基準価格に対するポケット・プライスの比率）をとり、取引先各社をプロットしていったのである。チャートを見るとすぐわかるように、年間取引高とポケット・プライス率にはまったく相関関係が認められない。取引高が少ないのにポケット・プライスが低い、すなわち安く仕入れている小口顧客がいる（チャートの左下）かと思えば、取引高が多い上得意なのにポケット・プライスが高い、つまり高い買い物をしている大口顧客がいる（チャートの右上）。

そこでマナーク社は、ポケット・プライス・バンドが広がっている理由をも

っとよく説明できる要因はないか、さらに詳しい分析に乗り出す。販売チャネル、顧客の所在地、競争状況、顧客が扱っている他のメーカーの価格など、さまざまな変数を分析にかけた。だがどの変数でも、ポケット・プライスの分布をうまく説明できない。どう見ても甚だしくランダムな分布状態に、マナーク社の経営幹部は当惑した。なにしろ彼らは、価格設定には十分慎重だと信じ込んでいたのだ。

さらに調査を進めたところ、問題の根本は値決めのプロセスにあることがわかった。きちんと管理されているのはポケット・プライス・ウォーターフォールのごく一部の項目だけで、顧客別の最終的なポケット・プライスにはほとんど注意が払われていなかった事実がようやく明らかになったのである。

たしかにディーラー割引率はきちんと決まっており、そのとおり適用されていた。しかし大口割引は、率や適用基準は決まっていても、かなりの数の「おなじみさん」に、注文額とは無関係に最大限の割引率が適用されていたことが判明した。また特別値引についてはおおまかなガイドラインこそ決められていたものの（たとえば「年間仕入れ額が200万ドル以下の顧客には5％以上の特別値引は適用しない」など）、周知徹底されていなかったし、厳密に運用もされていなかった。

伝票外の項目になると、事態は一段と悪化していた。ガイドラインが曖昧なうえ、情報システムからは取引別はおろか顧客別のリポートさえ上がってこない。これでは営業やマーケティングの担当者に、ポケット・プライスを基準にしたインセンティブを設定することなど望むべくもなかった。

こうした分析結果を見ては、マナーク社の経営幹部も、取引レベルのプライシング・プロセスが無秩序状態に陥っていることを認めざるを得なかった。ポケット・プライス・ウォーターフォールの構成要素すべてについて、明確な規則も規律も定まっていない。そしてその最終的な結末、すなわちポケット・プライスにいたっては、だれも注意を払っていなかった。

製品・市場レベル

　バッテリーはコモディティ化が進んでおり、競合との差別化を図るのは難しい――マナーク社の経営幹部は長年にわたってそう信じ込んでいた。購買の決め手になるのは価格である。しかも安値攻勢をかけてくる競合が自社のシェアを脅かしている。したがって値上げなどとんでもない。そんなことをすれば売上数量が激減し、利益も吹き飛ぶ。したがって主要市場で価格引き上げの可能性を探るために市場調査を行うなど無益と見なしていた。このためマナーク社は10年近く調査を実施せず、消費者の認知便益や価格感応度をまったく知らずにいたのである。だが消費者の購買行動に根本的な変化が見受けられたことにくわえ、小規模の競合2社が合併したという経緯もあり、自社に対する顧客認知を把握するためには市場調査が必要だと経営幹部はようやく重い腰を上げた。製品・市場レベルの理解を深めるために、マナーク社は新しいタイプの消費者調査を実施。その結果、驚くべき事実が判明した。

　市場調査の目的は、マナーク社の主要製品について、現在の便益・対価のポジショニングを顧客がどう認知しているか最新のデータを収集すること。そして価格を変更したときに小売レベルにどのような影響を及ぼすかを調べることである。手法としてはバッテリーの購買経験をシミュレーションする離散型選択分析を行い、価格を始めとする商品属性を変えたときに消費者や小売店の選択にどのような影響が出るかを調べた。

　具体的な手順は次のとおりである。最初に、最近マナーク製または他社製のバッテリーを買ったことがあり、かつ調査への参加を希望する1200人を調査対象に選ぶ。質問構成としては、バックグラウンド情報（回答者の年齢、家族構成、持っている車、最近バッテリーを買ったときの状況、購入を検討した店など）を知るための質問をまず設定。これらの質問に対する回答に基づき、コンピュータ画面上にバッテリーを買うときの状況がセットされ、回答者は一連の質問に答えていく仕組みである（コラム参照）。

COLUMN マナーク製バッテリーの離散型選択調査

離散型選択分析は、高度な市場調査手法の一つである。この分析を行うと、多数の市場セグメントにわたって価格水準や便益の影響を知ることができる。

図13-6に、回答者に提示された選択肢を掲げた。それぞれの選択肢は、これからバッテリーを買うときに行きたい店、その店で扱われているブランド、商品の特徴、価格の組み合わせになっている。この組み合わせは、回答者が地元でバッテリーを買う場合に実際に遭遇する条件を正確に反映したものである。回答者は選択肢の中から自分の好きなものを選ぶよう要求される。

図13-6の場合に回答者が選択肢①を選んだとしよう。つまりABCオートパーツでマナーク製バッテリーを64.95ドルで買う。すると離散型選択ソフトウェアは次に少し違う選択肢を提示する。たとえば選択肢は図13-6と同じだが、マナーク製の価格を66.95ドルに引き上げ、もう一度選ぶよう回答者に要求するのだ。このときにも選択肢①が選ばれると、次の質問では価格は68.95ドルに引き上げられる。すると今度は、回答者は違う選択肢——たとえばオートキングでエベレスト製バッテリーを69.95ドルで買う——を選ぶとする。こうなったとき、次の質問では選択肢のパターンが変わる。たとえば選択肢③の保証期間を5年に延ばすか、あるいは全国

図13-6 マナークが実施した裁量選択調査

	選択肢①	選択肢②	選択肢③
販売店	ABCオートパーツ	オートキング	マスマート
ブランド	マナーク	エベレスト	クァルコ
商品の特徴			
●CCA（コールドクランキングアンペア）	700	700	650
●保証期間	5年	5年	4年
●全国どこでも入手可能	Yes	Yes	No
小売価格	64.95ドル	69.95ドル	59.95ドル

第13章　マナーク・バッテリーの事例

どこでも入手可能に変える。このように回答に応じて次の質問が変わり、離散型選択のシナリオが順次変更されていく仕組みである。回答者は最大15項目からなる連続的な質問に答える。

　離散型選択ソフトは回答者が行った選択を追跡し、どの商品属性を変えたときに回答者がどのような選択をしたか、詳しく分析する。

調査の結果、マナーク社の経営幹部は市場の現状を示す最新データを入手でき、これに基づいて主要商品・セグメントのバリュー・マップを作成することができた。**図13-7**にはメガライツのバリュー・マップを掲げる。調査で判明した事実は次のとおりである。

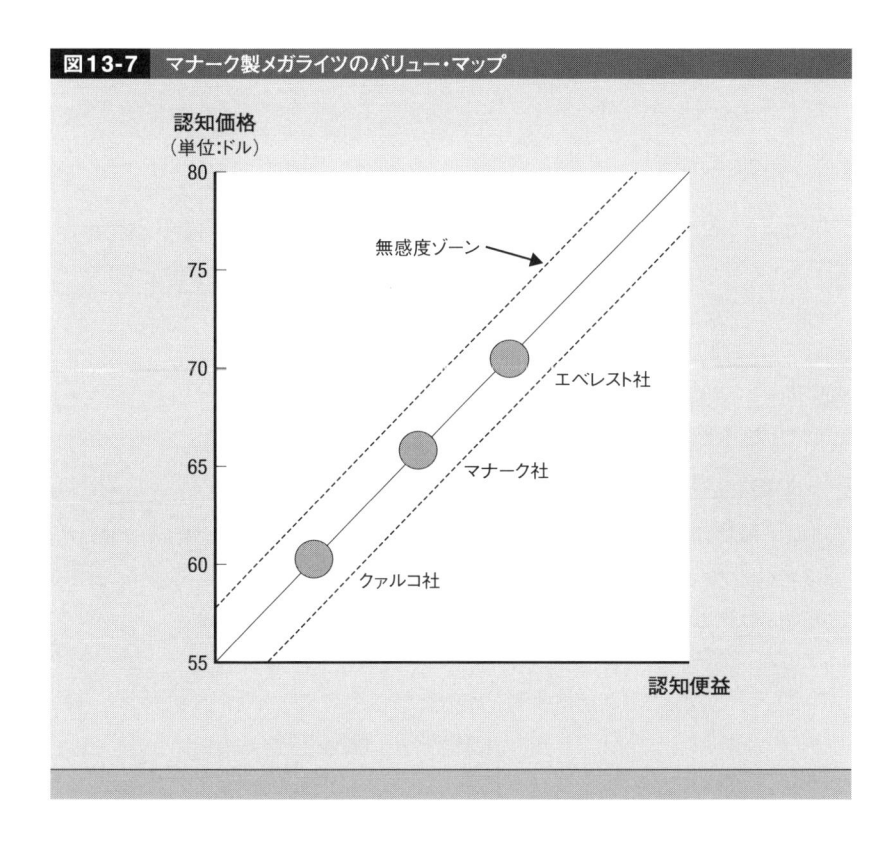

図13-7　マナーク製メガライツのバリュー・マップ

認知価格
（単位:ドル）

（縦軸: 55, 60, 65, 70, 75, 80）

無感度ゾーン
エベレスト社
マナーク社
クァルコ社

認知便益

■ほとんどの製品カテゴリーで、マナーク製バッテリーはほぼ価値均衡線（VEL）上に位置づけられている。競合品もそうである。

■マナーク社の商品を値下げしても、下げ幅が10％以内だと、競合メーカー、クァルコ社の顧客を呼び込むことはできない。競合品の価格がクァルコ社と同等になるまではまったくスイッチングを考えない価格感応度の高い顧客層が、小規模ではあるが存在する。

■マナーク社のほぼ全製品について小幅ながらはっきりした無感度ゾーンが存在し、2％程度の値上げをしても顧客を失うおそれはまずない。これは貴重な情報である。価格を1％引き上げるだけでどれほどの効果があるか、図13-2を確認してほしい。

■マナーク社は苛酷な条件に耐えられる高性能バッテリー「ウルトラ」を販売しているが、価格が妥当な水準より20％も低いことがわかった。ウルトラのターゲット市場、すなわちバッテリーを酷使する環境では、ウルトラの性能は社内の予想を上回る評価を得ていた。

こうしたデータから製品・市場レベルで利益改善の余地が予想外に多いことがわかり、マナーク社の経営幹部はさっそく効果的な対策の立案に着手した。

業界レベル

交換用バッテリー業界では、長年にわたってさまざまな動向が業界全体の価格水準に破壊的な押し下げ圧力をかけてきた。まずバッテリーの性能が向上し、平均耐用年数が10年間で15％伸びたため、消費需要が横ばいになった。同時に大手3社が製造工程の合理化に取り組み、結果として、工場は一つも増えていないのに業界全体の生産能力が11％拡大している。需要サイドや供給サイドのこうした事情により、供給能力が需要を22％上回ってしまった。

さらに交換用バッテリーを扱う流通経路で大幅な業界統合が実現。急成長中の全国・地域規模の自動車部品小売チェーンが、規模の小さい小売業者を次々

第13章 マナーク・バッテリーの事例

に買収した。並行して、全国展開する大型量販店やディスカウントショップでバッテリーを購入する消費者が増える。マナーク社を始めとするバッテリー・メーカーは、いつの間にか納入先の数が減り、大型化し、力をつけてきていることに気づかされた。彼らは購買力にものを言わせ、なんとかメーカーから値引を引き出そうとする。

しかも全国展開する量販店や自動車部品小売チェーンはマナーク製品の大安売りを盛んに宣伝し、小売店の間で売り込み合戦は激しくなる一方だ。その結果、マナーク製品の小売価格には一段の押し下げ圧力がかかる。競合にとっても事情は同じだった。おまけに生き残った数少ない小規模の自動車部品小売店ですら、マナーク社に値下げを要求する。そうしないと、全国規模の小売店が宣伝攻勢をかける安値に太刀打ちできないからだ。

慢性的な供給過剰に流通チャネルの統合が重なり、さらにブランド同士の競争激化も加わって、バッテリーの単価は過去5年間で19.6％も値下がりした。小売価格が下がればメーカーからの卸売価格もそれに見合うだけ下がる。相次ぐ価格下落を受けて、マナーク社も競合ももはや耐えられない水準まで利益率が落ち込んでしまった。

マナーク社と競合大手であるエベレスト社はなんとか業界全体の価格水準を押し上げようと躍起になったが、ことごとく失敗に終わる。エベレスト社が大口顧客に対して小幅の値上げを通告すると、それならマナーク社かクァルコ社に乗り換えると脅される。規模が小さく高コスト体質の小売業者にマナーク社が値上げを打診すると、そんな値段では全国展開する大手に伍していけないと泣きつかれる。結局エベレスト社もマナーク社も腰が引けてしまった。一方クァルコ社はクァルコ社でマナーク社の安い代替品として自社製品を売り込み、その結果として「交換用バッテリーなどどれも同じようなものだ」という認識を市場に植えつけてしまっていた。

マナーク社の経営幹部は、こと価格に関しては何か自社に有利になるような操作などできず、業界全体の値崩れが止むのを待つしかないと諦めていた。それでも、とめどない下落傾向の原因をなんとか探ろうと、業界の徹底的な調査を実施する。すると、次のことが判明した。

- バッテリーの購入先が複数にわたる消費者はごく少ない。つまり近所の小さな自動車部品店で買う消費者は、全国規模の量販店に行こうとすら考えない。このタイプの消費者は、地元の店で専門知識の豊富な店員からアドバイスを受けながら買うのを好む。逆に量販店好きの消費者は、小さな地元の店には足を向けない。
- エベレスト社とクァルコ社のコスト構造はマナーク社とは違うが、価格・売上数量・利益（マナーク社については図13-2参照）のトレードオフは3社とも同じである。つまり価格の押し下げ圧力がゆるめば、エベレスト社にとってもクァルコ社にとっても同じようにありがたいはずだ。さらにマナーク社が実施した離散型選択分析によると、エベレスト社かクァルコ社がこれ以上値下げをしても、値引を上回る利益を上げられるほどの顧客は獲得できない。
- マナーク社自身は健全な価格設定をしているつもりだが、クァルコ社は同社を攻撃的な値引をする競争相手と見なしている。理由は、マナーク社がクァルコ社の上得意客に対して不当に安い価格を提示し、「横取り」を目論んだことがあるからだ。このときクァルコ社は顧客を繋ぎ止めることに成功はしたものの、大幅値引を余儀なくされた。このためクァルコ社の経営陣は、マナーク社が価格を引き上げようとしても、あまり信用してくれない。
- 設備過剰は、当面は解消しそうにない。この不均衡を大幅に変えるような動きは、需要サイドと供給サイドのいずれにも見当たらない。

以上の点を踏まえ、マナーク社は業界レベルのプライス・マネジメントを新たな視点から見るようになる。そして長年にわたって業界にダメージを与えてきた価格押し下げ圧力に対し、手を打つ余地が思ったより多いことが判明したのである。

利益改善の機会を探る

　以上のように、プライス・マネジメントの3つのレベルについて「プライシング診断」を行った結果を紹介した。どのレベルにもプライシングに重大な問題点があり、同時に改善の機会があることがおわかりいただけたことと思う。得られたデータに基づき、マナーク社は価格設定を改善しうる余地を見つけ、恒常的に利益拡大を図るための対策を講じる。複数のレベルにまたがる対策もあるが、ここではレベルごとに分類して検討する。

◉──取引レベルの対策

　マナーク社は、取引レベルのプライシングを管理し規律を設けるための対策を講じた。第1に、取引レベルについてはポケット・プライスを基準に価格を管理することを決定。営業、マーケティング、価格設定担当者の意見を聞いたうえで、顧客のチャネルや規模ごとにターゲット・ポケット・プライスを設定した。ターゲットを設定するのは、第1にポケット・プライス・バンドを適正化する、第2に顧客ごとにポケット・プライスを少しでも押し上げるためである。小口の顧客には、原則として値引率の小さい高めのターゲットが設定された。一方マナーク社の市場を拡大中のフルサービスの販売店に対しては、低めのターゲットを設定した。

　第2に、顧客ごとにターゲット・ポケット・プライスと実際のポケット・プライスを比較。乖離が大きく儲けの少ない「不採算顧客」を突き止め、ポケット・プライスを他社と同水準に揃えるための是正策を練った。価格構成要素のなかで問題なのはどれかをはっきりさせるため、同程度の規模で儲けの大きい「優良顧客」の平均ポケット・プライス・ウォーターフォールも作成して比較検討。おかげで過大な値引が適用されている項目が一目瞭然になり、どの点を重点的に改善すべきかが明らかになった。標準から乖離した顧客に狙いを絞るこうした是正策のおかげで、マナーク社は1年と経たないうちにその大半の調整に成功した。

これと並行してマナーク社は、ポケット・プライスがすでにターゲットを上回る模範的な顧客を選別し、拡販を目指す。ポケット・プライスが高ければ当然利益率も高いので、マナーク社はこうした「超優良顧客」を特別に厚遇。マーケティングチームや営業チームが徹底的な顧客調査を行い、彼らが重視する価格以外のさまざまな便益を調べ上げて、顧客ごとに最も重要な便益を個別に提供できるようにした。ある顧客には商品を絞り込んだ販促をかけ、別の顧客にはサービス内容を改善し、また別の顧客には一括納入率を高めるといった具合である。こうしてマナーク社は値引をせずに大幅な売上げ増を達成することに成功した。

　第3に、取引レベルのプライシングにきちっと規律を設けるためのプログラムを策定。先に掲げたターゲット・ポケット・プライスのみならず、ポケット・プライス・ウォーターフォールの全要素について明確なガイドラインと価格決定時のルールを決めた。さらにIT部門が取引レベルの価格決定をサポートしモニターする新しい情報システムを構築。全部門でポケット・プライスをプライシング実績の基準とし、取引1件ごとに伝票外値引データの収集を開始する（以前はこうしたデータは大雑把な合計しかわからなかった）。また営業担当者、営業マネジャー、さらにはプロダクト・マネジャーにいたるまで、ターゲット・ポケット・プライスの実現件数をプライシングの実績として報酬に反映させるようにした。

◉──製品・市場レベルの対策

　製品・市場レベルでの対策は、離散型選択分析に基づいて組み立てられた。この分析の結果、消費者・市場について深い知識が得られたことが大いに役に立っている。各製品ラインの無感度ゾーンを把握できたため、マナーク社は過去数年間で初めての値上げを断行。上げ幅は1.5～2％程度ではあったが、この幅なら消費者が離反しないという確信があったため、同社は断固たる態度で実行することができた。値上げで顧客を取り逃がすことを懸念する小売店に対しては、分析結果を教え、弱気にならずに価格を引き上げるよう指導した。

　また高性能のウルトラ・シリーズについては基準価格を16％引き上げ、新

たに便益に重点を置いた広告を打った。市場調査の結果、ウルトラ・モデルの購買決定に際して消費者が何を一番重視するかがわかっていたため、自信を持ってこうした戦術を採れたのである。さらにウルトラ・シリーズのポジショニング、すなわち高い価格に見合った高い便益を印象づけるため、特別値引や裁量的値引の類は、伝票上であれ伝票外であれ、一切撥ねつけることにした。

またマナーク社の経営幹部は、どの製品ラインについても、価格水準をクァルコ社に近づけてほしいという現場からの要求は無視することを決める。クァルコ社はローエンドの競合だが、離散型選択分析の結果、クァルコ社の顧客は価格感応度が非常に高く、マナーク社の価格が同等以下にならない限りスイッチしないと判明したからである。

市場調査で得られたさまざまな知識を前に、マナーク社の経営幹部は、消費行動に関する最新のデータがいかに有用であるかに改めて気づかされた。それまでは目をつぶって飛行をしていたようなものである。そこで、毎年または隔年、あるいは重大な出来事が起きたときには市場調査を実施することが決定された。反復的な調査を通じてプライシングをめぐる多くの機会が明らかになるのはもちろん、こと自動車用バッテリーに関する限り、マナーク社は消費行動の「専門家」の域に到達した。信頼できる情報の裏づけを持って販売店にアドバイスができるようになったのである。

◉── 業界レベルの対策

取引レベルや製品・市場レベルでとる対策はほとんどの場合、直接的でわかりやすく、その影響も直ちに表れることが多い。だが業界レベルの対策は間接的であり、即効的効果にも乏しい。とは言えマナーク社が講じた対策のなかで最も重要なのはこのレベルだったと言えるだろう。業界の価格水準がこのまま下落し続けたら、取引レベルや製品・市場レベルで苦心の末に勝ち取った利益など簡単に吹き飛びかねない。

このレベルで最初にマナーク社が採った策は、小売業者の間で繰り広げられている破壊的な売り込み合戦を緩和することだった。マナーク社は消費行動調査の結果を小売業者に公開し、バッテリー小売チャネル──量販店、全国規

模の自動車部品チェーン、小規模な地元の専門店——が奪い合っているのは決して同じ顧客ではないという事実を示す。地元の専門店の顧客は全国展開する大型店に行く心配はないのだから、大型店が大々的に宣伝する価格をあまり気にする必要はない。同じように、自動車部品チェーンは量販店に顧客をとられる心配はほとんどないことを教えた。

次にマナーク社は全面的な定価の引き上げを行うことを決め、用意周到なコミュニケーション戦略を練る。価格引き上げはあくまで市場の実態に即したものであることを強調。引き上げの根拠と意図、さらにはマナーク社と小売店がそれによって得られるメリットを説明するプレスリリースも行った。さらに営業部隊のトレーニングを実施し、小売店に価格引き上げをどう説明するか、反対意見や質問にはどう対処するかを指導した。同社の社長とCEOはことあるごとに価格引き上げの正当性を訴え、主要顧客が値上げに抵抗を示した場合には、営業担当者を引き連れて説明に回った。つまりマナーク社はどんな場面でも、断固として価格を引き上げるという姿勢を明快に示したのである。

さらにマナーク社のマーケティング部門や営業部門は、自社が掲げる価格優位戦略に反すると受け取られかねない行動を慎むよう、自重に自重を重ねる。とくに、エベレスト社やクァルコ社とも取引している顧客、あるいは両者に内情が筒抜けになる顧客に対しては、取引レベルで挑発的な値引をしないよう、細心の注意を払った。また販促キャンペーンを行う場合には、価格優位戦略に反する値引のような印象を与えないよう、念を入れてチェックした。市場から誤解されかねない行動をとれば、業界で価格優位を目指す試みが台無しになることを、マナーク社のマネジャーたちは十分承知していたからある。

プライシング変革を根づかせる

プライシングによって業績を改善し、それを維持しようとするマナーク社の経営努力は、プライス・マネジメントの3つのレベルだけにはとどまらなかった。第12章でも触れたように、価格優位を確立するためには幅広い変革の取

り組みが必要である。プライシングをめぐる行動と意識を変えるために、マナーク社は変革プログラムで次の4点に取り組んだ。

1．**理解の徹底**：CEOや社長が市場に自社の価格設定方針を発信するのと並行して、社内で頻繁にプライシングを話題にした。毎月・毎四半期の経営会議では必ずプライシングを取り上げる。このようにして、経営幹部が価格優位を目指す確固たる意思を持っていることを社内外に明らかにした。

2．**組織・仕組みの整備**：プライシング・プロセスの改善、報奨制度の改革のほか、プライシングの意識を高めるために特別な対策も講じた。たとえば担当顧客向けのプライシングを大幅に改善させた営業スタッフを毎月選び、CEOや社長が表彰するといった具合である。こうした措置により、価格優位の確立が同社の最優先課題であることが、社内にしっかりと浸透した。

3．**人材・能力開発**：マナーク社は最も有能なマーケティング・マネジャーをプライシング・ディレクターに指名。プライシング・プロセスの調整やマーケティング・営業部門での能力育成を担当させた。新しいプライシング・ソフトウェアの開発やトレーニングもこのディレクターが指揮を執る。このほか販売店と定期的にワークショップ形式の会議を開き、マナーク社が考えるプライシング改善策についてブレインストーミングを行って知識の共有を図った。

4．**ロールモデルの構築**：CEOと社長は、マナーク社におけるプライシングの生きた見本として行動した。執拗に大幅値引を要求する顧客に対しては、たとえ大口顧客であっても毅然とした態度で臨む。また売上げとプライシングの両方で優れた成績を収めた営業スタッフを毎年選んで表彰し、インセンティブを強化した。

POINT

マナーク・バッテリーのケーススタディから、真剣に価格優位を目指す企業が進めるべき変革を学ぶことができる。変革プログラムは、プライス・マ

ネジメントの3つのレベルにまたがって実行されることが多い。価格優位を目指す困難な試みは、マナーク社にとって実り多いものとなった。開始初年度で、プライシングの改善によるROS上昇率は2.1％を記録。その後も徐々にROSは上がり続け、3年目の終わりには5.4％増となった。この間に同社の営業利益はほぼ倍増しており、しかもその水準が維持されている。すべて、3つのレベルにわたる用意周到な改革と規律ある行動のおかげと言えるだろう。プライシング以外の他の方法ではこれほど華々しい利益改善は決して実現できなかった、価格優位こそがこれを可能にしたのだと、今日にいたるまでマナーク社の経営幹部はそう確信している。

おわりに

　いまこそ、価格優位の確立の着手にふさわしいときである。自社の製品やサービスのプライス・マネジメントに秀でることは、事業を成功に導き収益性を確保する重要な要素である。企業はプライシングの能力を向上させ、確固たる意識を持って価格優位戦略を実行すべきだと我々は信じる。

　価格優位を目指すべき理由はいくつもある。まず、価格ほど短期間で利益率を押し上げられる経営手段はほかにない。平均価格水準をほんのわずか引き上げるだけで劇的な効果がある。価格を1％上げるだけで営業利益が大幅に上昇するのは、すでに論じたとおりだ。だがプライシングを改善すべき理由はそれだけではない。価格優位を実現するためには経営の他の方面でも努力が必要になるのであって、この点がきわめて重要である。

　第1に、顧客についてもっと深く知らなければならない。どんな便益が評価されるのか、どのように便益を提供すれば価格が高くても納得してもらえるのか。そのためには、顧客が自社の価格を競合とどのように比較しているのかを理解し、自社の価格を好意的に受け止めてもらえるようなプライシング・アーキテクチャを決定しなければならない。

　第2に、競合についてよく知らなければならない。彼らが提案する便益・対価のトレードオフを理解し、常に価値均衡線（VEL）上にポジショニングするよう努める。あるいはターゲット顧客層から見てバリュー・プラス領域に位置づけられるようにする。また競合の価格をめぐる動きや価格水準を確実に理解し、価格戦争につながりやすい誤解を極力減らすよう心がける。

　第3に、自社自身についても、よりよく知らなければならない。顧客別に得られる収益を正確に理解し、また、期待される便益を提供することが可能なのか、どこまで能力を高められるのかを冷徹に判断する。こうした理解に基づけば、自社に最適な市場や顧客をターゲティングすることが可能になる。また、

競争環境における自社の行動を厳しくチェックし、業界の価格水準をいたずらに押し下げるような行動がないか調べ、改善の余地を探ることも大切である。

　価格優位を達成しその対価すべてを手にすることは、決して偶然にはできない。プライシングの改善は、実に困難な課題である。市場の期待や競合の行動に対してその場しのぎの対応をしてはいけない。規律や制度を定め、プライシングに関わる行為を全社を挙げて積極的に管理しなければならないのだ。価格優位は追求する価値のある貴重な競争優位であること、その努力は必ず報われることが、本書を通じておわかりいただければ幸いである。また、プライシングの改善余地を突き止め実行する、統合化・構造化されたアプローチを理解していただきたい。価格優位を実現する機会は数多くあり、今日のほとんどの企業はそれを活かせていない。本書をきっかけに価格優位があなたの会社の武器になることを切に願う。

索引

数字・アルファベット

3種類の便益 ——— 63
3つのプライシング・レベル ——— 158
IBM ——— 133
KPI ——— 237
VEL ——— 54, 258

あ行

後追い（me-too）商品 ——— 115, 130
意思決定支援ツール ——— 201
委託販売費用 ——— 30
インターネット経由の価格弾力性調査 ——— 205
インターネット経由の価格調査 ——— 205
インテグレーション ——— 136, 139, 144
ウォーターフォールの構成要素 ——— 66
売上数量 ——— 6
売掛回収コスト ——— 30
上乗せ方式 ——— 112
営業利益 ——— 4
オンライン取引 ——— 30

か行

改良型商品 ——— 115, 130
価格 ——— 16
価格・売上数量・利益の関係 ——— 7
価格押し下げ圧力 ——— 8
価格感応度 ——— 255
価格構成 ——— 198
価格承認プロセス管理ツール ——— 200
価格戦争 ——— 173
価格戦争による値下げ ——— 174
価格戦争の回避 ——— 183
価格戦争のリスク ——— 183
価格弾力性 ——— 7, 64, 65, 102, 174
価格の透明性 ——— 98

価格偏重型の買い手 ——— 80
価格優位 ——— vi, 3, 12, 34, 229
価格優位戦略 ——— 264
価格優位のメリット ——— 232
革新的商品 ——— 115, 130
カスタマー・バリュー ——— 61
価値均衡線（VEL） ——— 54, 258
基準価格最適化ツール ——— 206
境界価格 ——— 65
業界戦略 ——— 18
業界レベル ——— 18, 22, 158, 263
競争優位としてプライシング手法 ——— 3
グローバル1200企業 ——— 4
現金割引 ——— 29
広告協賛金 ——— 30
交差弾力性 ——— 102
顧客認知 ——— 19
コストプラス方式 ——— 123
コスト優位 ——— 3
固定費 ——— 4, 6
コミュニケーション手法 ——— 66
コンジョイント分析 ——— 56, 119, 161

さ行

在庫ディスカウント ——— 30
最適価格 ——— 27
最適化ツール ——— 206
市場調査ツール ——— 203
実績制 ——— 227
実績報告・診断ツール ——— 203
事務処理ツール ——— 198
柔軟性 ——— 197
従量制 ——— 226
主要業績指標（KPI） ——— 237
消費者市場における価格への圧力 ——— 9

新規市場開拓ボーナス	30
浸透価格戦略	128
性能的便益	63
製品・市場戦略	19
製品・市場レベル	19, 22, 160, 262
セグメンテーションの最適化	197
ソリューション	133, 136, 139, 145, 223

た行

ターゲット・ポケット・プライス	261
ダイナミック・バリュー・マップ	67
ダイナミック・バリュー・マネジメント	67, 68
単品販売	135, 138, 141
チーフ・プライシング・オフィサー	233
逓増制	226
デプス・インタビュー	56
特別リベート	30
共食い（カニバリゼーション）	122
取引価格戦略	20
取引最適化ツール	206
取引レベル	19, 22, 163, 261
トレードオフ分析	56, 119

な行

認知価格	53, 63, 180, 214
認知便益	53, 56, 180, 214, 255
値引最適化ツール	207
年間取引ボーナス	29

は行

パッケージ商品のプライシング・アーキテクチャ	226
バリュー	52, 67
バリュー・プラス領域	55
バリュー・プロファイリング	52, 82
バリュー・マイナス領域	56
バリュー・マップ	52, 180, 257
バンドル	135, 138, 143
販促奨励金（伝票外）	30
販売枠確保のための費用	30
フォーカス・グループ	56
プライシング	v, 11
プライシング・アーキテクチャ	213
プライシング・ソフトウェア	194
プライシング・ツール	198
プライシングの機会	21
プライシングの透明性	97
プライシング分析の精度	195
プライス・コンフィギュレーター	198
プライス・フォロワー	90
プライス・フォロワーシップ	106
プライス・マネジメントの3つのレベル	17
プライス・マネジメントの最適化	17
プライス・リーダー	90
プライス・リーダーシップ	95
プロセス便益	63
ペナルティ	30
便益・対価のバランス	176
便益偏重型の買い手	80
変動費	4, 5
法人市場における価格への圧力	11
報復戦略	187
ポケット・ディスカウント	31
ポケット・プライス	30, 163, 178, 233, 250
ポケット・プライス・ウォーターフォール	31, 37, 147, 156, 164, 214, 216, 221, 250
ポケット・プライス・バンド	33, 39, 165, 252
ポケット・プライス・レシオ	237
ポケット・プライスの実態	34
ポケット・マージン	45, 220, 233
ポケット・マージン・ウォーターフォール	44, 147

ま行

マッキンゼー	vi
無感度ゾーン	64, 65, 130, 195
面接質問調査	56

や行

ユーノス・ロードスター	113
輸送費	30

ら行

リアルタイム・テスト・ツール	204
離散型選択分析	56, 161, 255, 256
略奪的プライシング	176
リレーションシップ便益	63

[監訳者]

山梨広一（やまなし・ひろかず）

マッキンゼー・アンド・カンパニー ディレクター。東京大学経済学部卒業。スタンフォード大学経営大学院（経営学修士）修了。富士写真フイルムを経て1990年マッキンゼー・アンド・カンパニー東京支社入社。小売・消費財グループ、および自動車・アセンブリグループのリーダー。成長戦略、マーケティング、M&A戦略、組織変革、オペレーション変革などのプロジェクトに従事する。主な著書に『ニューグロース戦略』（共著、NTT出版、1997年）、『マーケティング・プロフェッショナリズム』（共著、ダイヤモンド社、2002年）、『マッキンゼー プライシング』（共著、ダイヤモンド社、2005年）などがある。

菅原　章（すがはら・あきら）

マッキンゼー・アンド・カンパニー プリンシパル。京都大学工学部卒業。同大学院修士課程修了。1992年マッキンゼー・アンド・カンパニー東京支社入社。ヘルスケアおよびマーケティング研究グループのリーダー。事業戦略構築、マーケティング戦略立案、組織設計、および企業合併後のマネジメントなどを中心としたプロジェクトを実施。主な著書に『ビジネス分析による問題解決法』（日本能率協会マネジメントセンター、2002年）、『マーケティング・プロフェッショナリズム』（共著、ダイヤモンド社、2002年）、『マッキンゼー プライシング』（共著、ダイヤモンド社、2005年）などがある。

[訳者]

村井章子（むらい・あきこ）

翻訳者。上智大学文学部卒業。三井物産を経て英語・フランス語産業翻訳者として独立。経済・経営関係を中心に、新聞・雑誌掲載論文を主に手がける。月刊誌『DIAMONDハーバード・ビジネス・レビュー』（ダイヤモンド社）に翻訳協力。主な訳書に『マッキンゼー 戦略の進化』『マッキンゼー 経営の本質』『マッキンゼー プライシング』『駆け出しマネジャー　アレックス　リーダーシップを学ぶ』（以上ダイヤモンド社）『地球文明の未来学』（共訳、新評論）などがある。

［著者］

マイケル・V. マーン（Michael V. Marn）
1977年マッキンゼー・アンド・カンパニー入社、現在はクリーブランド・オフィスのプリンシパル。プライシングの改善に関する分析的アプローチを多数開発した実績を持つ。1974年ハイラム大学卒業、数学の学士号取得。1976年ケース・ウェスタン・リザーブ大学修士号（オペレーションズ・リサーチ）取得。プライシング研究所顧問委員会委員、全米プライシング会議年次総会で1992年、93年、96年、2001年に議長を務める。プライシングに関する論文多数。掲載誌はThe Wall Street Journal、The New York Times、Boardroom Reports、Sales and Marketing Management、Harvard Business Review、The McKinsey Quarterlyなど。

エリック・V. ログナー（Eric V. Roegner）
1994年マッキンゼー・アンド・カンパニー入社、現在はクリーブランド・オフィスのパートナー。プライシング、マーケティングを中心にコンサルティング業務に携わる。1994年ケース・ウェスタン・リザーブ大学とロッテルダム経営大学院でMBA取得。1991年プリンストン大学で機械・航空工学学士。The McKinsey Quarterly、Marketing Management、OESA Journalなどに論文発表。また講演も多数こなす。

クレイグ・C. ザワダ（Craig C. Zawada）
1997年マッキンゼー・アンド・カンパニー入社、現在はピッツバーグ・オフィスのパートナー。B2Bから消費者向けまで幅広く手がける。1992年ヨーク大学（カナダ）シューリッヒ経営大学院にて経営学の学士号取得、93年同大学院にてMBA取得。プライシング戦略に関する論文多数。掲載誌はHarvard Business Review、Mergers and Acquisition、The McKinsey Quarterlyなど。北米、欧州、南米各地でプライシング戦略に関する講演活動も行っている。

価格優位戦略——高価格で収益を最大化する実践シナリオ

2005年5月19日　第1刷発行
2010年9月22日　第2刷発行

著　者──マイケル・V. マーン／エリック・V. ログナー／クレイグ・C. ザワダ
監訳者──山梨広一／菅原章
訳　者──村井章子
発行所──ダイヤモンド社
　　　　〒150-8409　東京都渋谷区神宮前6-12-17
　　　　http://www.diamond.co.jp/
　　　　電話／03・5778・7232（編集）　03・5778・7240（販売）
装　丁────松昭教
製作進行───ダイヤモンド・グラフィック社
印　刷────勇進印刷（本文）・慶昌堂印刷（カバー）
製　本────ブックアート
編集担当───岩佐文夫

© 2005 The McKinsey & Company Inc.
ISBN 4-478-50253-6
落丁・乱丁本はお取替えいたします
無断転載・複製を禁ず
Printed in Japan

◆ダイヤモンド社の本◆

高くても売れ、安くても売れない
価格の"謎"を解く

価格を1％上げると、営業利益は23％向上する。「デフレの時代にいかに適切に販売価格を高め、利益を上げるか」──経営者やマーケティング担当者が抱える喫緊の課題に応える10本の珠玉の論文を掲載。

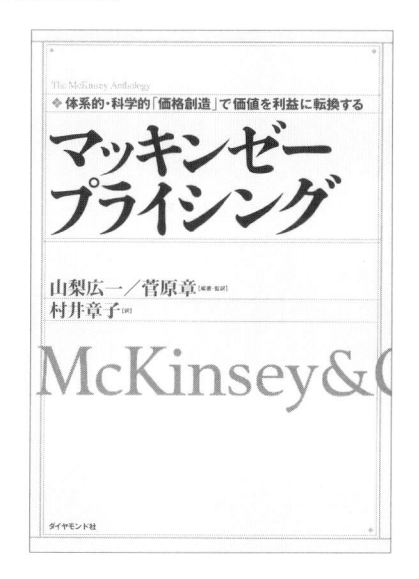

マッキンゼー　プライシング
体系的・科学的「価格創造」で価値を利益に転換する
山梨広一／菅原章［編著・監訳］　村井章子［訳］

●四六判上製●定価（本体2000円＋税）

http://www.diamond.co.jp/